W0257934

Beiträge zur Wirtschaftsinformatik

Band 1: Lore Alkier
**Zukunftsweisende Konzepte
für die EDV-Ausbildung**
1992, VIII / 207 Seiten, Brosch. DM 75,-
ISBN 3-7908-0568-8

Band 2: Ulrich Ludwig Küsters
**Entwicklung von regelbasierten
Expertensystemen in APL2**
1992, VIII/238 Seiten, Brosch. DM 79,-
ISBN 3-7908-0589-0

Band 3: Rolf J. N. Hildebrand
**Betriebswirtschaftliche Schwachstellen-
diagnosen im Fertigungsbereich mit
wissensbasierten Systemen**
1992, X/163 Seiten, Brosch. DM 65,-
ISBN 3-7908-0594-7

Gerhard Walpoth

Computergestützte Informationsbedarfsanalyse

Strategische Planung und Durchführung
von Informatikprojekten

Mit 71 Abbildungen

Physica-Verlag

Ein Unternehmen des
Springer-Verlags

Reihenherausgeber
Werner A. Müller
Peter Schuster

Autor
Dr. Gerhard Walpoth
Institut für Wirtschaftsinformatik
Universität Innsbruck
Innrain 52
A-6020 Innsbruck

ISBN-13: 978-3-7908-0648-9   e-ISBN-13: 978-3-642-46934-3
DOI: 10.1007/ 978-3-642-46934-3

Die Deutsche Bibliothek – CIP-Einheitsaufnahme
Walpoth, Gerhard:
Computergestützte Informationsbedarfsanalyse : strategische
Planung und Durchführung von Informatikprojekten / Gerhard
Walpoth. – Heidelberg : Physica-Verl., 1992
(Beiträge zur Wirtschaftsinformatik; Bd. 4)
NE: GT

Dieses Werk ist urheberrechtlich geschützt. Die dadurch begründeten Rechte, insbesondere
die der Übersetzung, des Nachdruckes, des Vortrags, der Entnahme von Abbildungen und Ta-
bellen, der Funksendungen, der Mikroverfilmung oder der Vervielfältigung auf anderen Wegen und der Speicherung in Datenverarbeitungsanlagen, bleiben, auch bei nur auszugsweiser
Verwertung, vorbehalten. Eine Vervielfältigung dieses Werkes oder von Teilen dieses Werkes
ist auch im Einzelfall nur in den Grenzen der gesetzlichen Bestimmungen des Urheberrechtsgesetzes der Bundesrepublik Deutschland vom 9. September 1965 in der Fassung vom 24. Juni
1985 zulässig. Sie ist grundsätzlich vergütungspflichtig. Zuwiderhandlungen unterliegen den
Strafbestimmungen des Urheberrechtsgesetzes.

© Physica-Verlag Heidelberg 1993

Die Wiedergabe von Gebrauchsnamen, Handelsnamen, Warenbezeichnungen usw. in diesem
Werk berechtigt auch ohne besondere Kennzeichnung nicht zu der Annahme, daß solche Namen im Sinne der Warenzeichen- und Markenschutz-Gesetzgebung als frei zu betrachten wären und daher von jedermann benutzt werden dürften.

7120/7130-543210 - Gedruckt auf säurefreiem Papier

Inhaltsverzeichnis

Abbildungsverzeichnis

Abkürzungsverzeichnis

a.a.O.	am anderen Ort
BIAIT	Business Information Analysis and Integration Technique
BICS	Business Information Control Study Methodology
BSP	Business System Planning
CASA	Computer-assistiertes Strategie Audit
CASE	Computer Aided Software Engineering
CSF	Critical Success Factors
DBVS	Datenbankverwaltungssystem
DOS	Disk Operating System (Betriebssystem)
DSS	Decision Support Systems
DV	Datenverarbeitung
ES	Expertensysteme
GAMMA	Ganzheitliche Modellierung und Management komplexer Anwendungssysteme
GF	Geschäftsfeld
GV	Geschäftsvorfall
GWA	Gemeinkostenwertanalyse
IBM	International Business Machines
IEW	Information Engineering Workbench
IKS	Informations- und Kommunikationssysteme
IKT	Informations- und Kommunikationstechnologie
IS	Informationssystem
ISD	Informationssystem-Design
KDBD	Konzeptionelles Datenbankdesign
KSA	Kommunikationsstrukturanalyse
MT	Manntag
OSD	Objektsystem-Design
PDB	Produkt- und Dienstleistungsbündel
PD	Prozeßdesign
ROI	Return on Investment
SGF	Strategisches Geschäftsfeld
SVA	Strategic Value Analysis

1. Einleitung

1.1. Problemstellung

In vielen Unternehmen explodieren die Kosten für Neueinführung, Wartung und Verbesserung von Informations- und Kommunikationssystemen (IKS). Einerseits handelt es sich dabei um tatsächlich anfallende Kosten, andererseits um ein unbestimmtes Gefühl der Manager, die Informatik sei zu teuer. Vor allem zwei Gründe sind hier anzuführen:

-   IKS werden ohne abgestimmte organisationsweite Systemplanung eingesetzt. Das Fehlen einer Unternehmensstrategie und einer daraus abgeleiteten Informatikstrategie führt zu Lösungen, die sich nicht mit dem Hinweis auf Unternehmensziele rechtfertigen lassen.

-   Durch immer komplexer werdende Informations- und Kommunikationstechnologie (IKT) steigt neben dem Sachaufwand vor allem auch der Personalaufwand bei der Einführung und Erhaltung von IKS.

1.2. Vorgehensrahmen

Die Problemstellung berührt Inhalte der Betriebswirtschaftslehre und der Informatik. Die Schnittmenge dieser Wissensgebiete bildet die Wirtschaftsinformatik.

Sowohl die Wirtschaftswissenschaften als auch die Informatik sind angewandte Wissenschaften, dasselbe gilt daher auch für die Wirtschaftsinformatik. Angewandte Wissenschaften unterscheiden sich von den Grundlagenwissenschaften nach Popper wie folgt:

"Die Erkenntnis beginnt nicht mit Wahrnehmungen oder Beobachtungen oder der Sammlung von Daten oder von Tatsachen, sondern sie beginnt mit Problemen".[1]

Der angewandte Wissenschafter strebt nach praktisch nützlichem Wissen im Gegensatz zur Erkenntnisgewinnung. Der reine Wissenschafter geht von Rätseln aus, der angewandte Forscher wählt Probleme der praktisch handelnden Menschen

---

[1]   Popper, Karl: Die Logik der Sozialwissenschaften. In: T.W. Adorno (Hrsg.): Der Positivismusstreit in der deutschen Soziologie, Berlin 1967, S. 104.

aus, für deren Lösung kein befriedigendes Wissen zur Verfügung steht. Es handelt sich somit auch um eine Realwissenschaft, d. h. es existiert ein reales Erkenntnisobjekt - das Unternehmen.

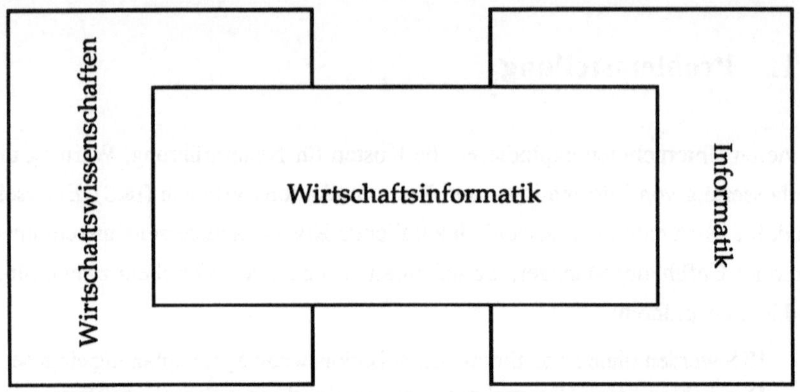

Abb. 1.1.: Einordnung der Wirtschaftsinformatik, Kurbel[2]

Theoretische und praktische Probleme sind verschieden. Das ergibt sich schon daraus, daß die empirischen Grundlagenwissenschaften ganz spezifische Aspekte der Wirklichkeit erfassen, während der handelnde Mensch in der Regel zur Lösung seines Problems zahlreiche verschiedene Aspekte der Wirklichkeit berücksichtigen muß. "Hypothesen müssen mit Beobachtungen der Realität konfrontiert werden, sie können nie als wahr bewiesen, wohl aber als falsch bestimmt werden, Wahrheit ist nichts endgültig Erreichbares, sondern ein Programm." (Popper)

Praxis ist menschliches Handeln und menschliches Verhalten. Der Anwendungszusammenhang der angewandten Wissenschaften ist daher immer ein gesellschaftlich natürlicher Konnex. Die Anwendung wissenschaftlichen Wissens erfolgt deshalb stets in **komplexen Systemen.** Äußerst komplexe Systeme sind nicht vollständig beschreibbar. Sie entziehen sich einer vollständigen geistigen Beherrschbarkeit, und Voraussagen über einen konkreten zukünftigen Systemzustand sind nicht möglich. Sie verhalten sich intuitionswidrig, d. h. sie nehmen immer wieder Zustände an, die wir nicht vorausgesehen haben, und die uns überraschen.

Vernünftiges menschliches Verhalten im Rahmen komplexer Systeme ist trotzdem möglich, weil die Systeme in ihrem Verhalten von relativ stabilen Regeln bestimmt sind, und weil der Mensch die Fähigkeit des Urteilens, des Unterscheidens von

---

2   Kurbel, K.: Wirtschaftsinformatik = Betriebswirtschaftslehre und/oder Informatik? Arbeitsbericht 6 Betriebsinformatik, Dortmund 1987, S. 1ff.

Wesentlichem und Unwesentlichem, besitzt. Reorganisationen, IKS-Einführungen sind langfristige Prozesse. Maßnahmen werden im Zeitablauf sukzessive getroffen, beteiligte oder betroffene Personen verhalten sich irrational. Oft ist ein erheblicher Teil der Maßnahmen darauf gerichtet, unerwünschte und unvorhergesehene Folgen früherer Maßnahmen wieder zu beseitigen, und das Ergebnis entspricht oft nicht den Erwartungen.

1.3. Zielsetzung und Aufbau des Buches

Ziel dieses Buches ist es, die Kostensituation bei der Einführung, Wartung und dem Unterhalt von Informations- und Kommunikationssystemen durch geeignete Lösungsvorschläge zu verbesssern.

Kritische Bereiche, welche neue Lösungsansätze erfordern, sind:

- Ein ganzheitliches Vorgehen bei der Durchführung von Informatikprojekten. Informatikprojekte sind aus Informatikgesamtkonzepten abzuleiten, diese wiederum stehen in enger Wechselbeziehung zur Unternehmensstrategie. Durch diesen direkten Zusammenhang lassen sich die Kosten für IKS auch in Hinsicht auf neue Wettbewerbspotentiale rechtfertigen.

- Die Informationsbeschaffung und Aufbereitung von Informationen für den Entwurf eines Informatikgesamtkonzepts und die Beschaffung und Verwaltung von Informationen, die für die Umsetzung des Gesamtkonzepts im Rahmen von Informatikprojekten notwendig sind.

- Eine Unterstützung dieser Aufgaben durch ein geeignetes Werkzeug.

Als Einstieg in die Thematik werden im folgenden zweiten Kapitel die Grundlagen der Systemplanung und Aspekte der Computerunterstützung beschrieben. Dieses Kapitel ist bewußt kurz gehalten und gibt dem interessierten Leser die Möglichkeit, die theoretischen Grundlagen für die computergestützte Informationsbedarfsanalyse überblicksartig zu erfassen. Für das weitere Verständnis der folgenden Kapitel ist diese Zusammenfassung nicht unbedingt nötig.

Im Mittelpunkt des dritten Kapitels steht die strategische Planung von Informatikprojekten. Themen sind der Einfluß der IKT auf die Wettbewerbssituation von Unternehmen, der Zusammenhang von strategischer Unternehmensplanung und Informatikplanung und schließlich eine Methode zur Durchführung der strategischen Informatikplanung. Diese Methode wird im Bereich des Informationsbedarfs soweit verfeinert, daß eine Datenbank erstellt werden kann, in der alle für die strategische Planung notwendigen Information gespeichert sind.

Kapitel vier beschreibt die Informatikprojektabwicklung der aus dem Informatikgesamtkonzept abgeleiteten Informatikprojekte. Beschrieben sind organisatorisch/personelle Aspekte, Projektmethodik, Projektcontrolling und inhaltliche Fragen von Informatikprojekten. Auch hier erfolgt die Verfeinerung der benötigten Informationen bis auf Attributsebene.

Das fünfte Kapitel ist dem Entwurf eines Werkzeugs gewidmet. Die Ergebnisse des dritten und vierten Kapitels werden durch eine Datenbank abgebildet und mit entsprechender Funktionalität zur Datenmanipulation und -darstellung ausgestattet. Der damit kreierte Prototyp eines Werkzeugs zur Unterstützung der Informationsbedarfsanalyse zeigt die Anwendbarkeit der theoretischen Entwürfe.

Die in diesem Buch gewählte Betrachtungsweise des Informationsmanagements erlaubt dem Leser eine ganzheitliche Sichtweise über den gesamten Themenkomplex. Zusammenhänge zwischen oft getrennt betrachteten Bereichen (z. B. Unternehmensplanung - Informatikplanung) sind augenscheinlich, wenn für beide Bereiche gleiche oder ähnliche Informationen notwendig sind. Damit die Informationsbedarfsanalyse kein Selbstzweck ist, sind Führungskräfte und Mitarbeiter aber gefordert, die vorhandenen Informationen auch entsprechend einzusetzen und zu verwerten.

2. Grundlagen der Systemplanung

Unter Systemplanung versteht man den Entwurf von IKS mit Hilfe einer Vorgangsweise, welche durch "vorausschauendes, systematisches Durchdenken und Formulieren von Zielen, Verhaltensweisen und Handlungsalternativen, das Auswählen optimaler Alternativen sowie das Festlegen von Anweisungen zur Realisierung optimaler Alternativen"[1] gekennzeichnet ist.

Die Systemplanung basiert auf drei grundlegenden Elementen:[2]

(1)   Der Unternehmenspolitik

(2)   Der Informations- und Kommunikationstechnologie

(3)   Der Umwelt

Heinrich beschreibt den Zusammenhang dieser Elemente als den Prozeß der Verknüpfung von Mensch - Aufgabe - Technik.[3] Die folgenden Ausführungen dienen der Bestimmung der betriebswirtschaftlichen Rahmenbedingungen, in welche die Planung von IKS eingebettet ist. Begriffe, die in der betriebswirtschaftlichen Literatur bereits ausdiskutiert sind, werden nur bei abweichender Verwendung explizit definiert.

2.1. Systemanalyse - Informationsbedarfsanalyse

Die zunehmende Popularität der IKT hat dazu geführt, daß die damit verbundene Sprache "modern" geworden ist. Aus dem Wort "Systemanalyse" (welches eigentlich aus dem naturwissenschaftlichen Bereich stammt[4]) wurde so ein "Allerwelts-

---

[1]   Heinrich, L., Burgholzer, P.: Systemplanung - Die Planung von Informations- und Kommunikationssystemen, Band 1, München - Wien 1987, S. 8.
      Heinrich, L., Roithmayr, F.: Wirtschaftsinformatiklexikon, 3. Auflage, München 1989, S. 12.

[2]   Head, R. V.: Planning Techniques for Systems Management, Wellesley Hills 1984, S. 10.

[3]   Heinrich, L., Burgholzer, P.: Systemplanung, Band 1, a.a.O., S. 10.

[4]   In dieser Form wird das Fremdwort "System" seit dem 18. Jhdt. (Aufklärung) benutzt; es stammt vom griechischen "systema" = das aus mehreren Teilen zusammengesetzte und gegliederte Ganze. "Analyse" ebenfalls aus dem 18. Jhdt., stammt vom griechischen "analysis" = Auflösung, Zergliederung.
      Duden, Etymologie, Herkunftswörterbuch der deutschen Sprache, Band 7, Mannheim - München - Zürich 1963, S. 697 und S. 24.

begriff"[5], unter dem sich jeder etwas anderes vorstellt. Als Beispiel dazu die Erläuterungen von Heinrich/Roithmayr zum Begriff Systemanalyse: "Zusammenfassende Bezeichnung für die Phasen Vorstudie und Feinstudie der Systemplanung. Eine eher einschränkende Definition versteht darunter lediglich den Weg vom Problem zum Softwareprodukt. Eine extensive Begriffsauslegung ... verwendet Systemanalyse als Synonym für Systemplanung."[6] Weitere gängige Definitionen der Systemanalyse als Problemlösungs- und Entscheidungsverfahren sind z. B. nach Grochla[7]: "Systemanalyse als Analyse mit Berücksichtigung der ganzheitlichen Betrachtungsweise." Oder nach Meffert[8], der sie als heuristisches Verfahren bezeichnet, durch das die Elemente und Beziehungen eines Systems im Sinne einer sukzessiven Annäherung ermittelt werden. Daraus läßt sich auch die Erklärung des Begriffs "System" ableiten, das demnach aus "Elementen mit Eigenschaften" besteht, "die durch Beziehungen miteinander verknüpft sind."[9] Vor allem im früheren Sprachgebrauch wird Systemanalyse oft mit Systemplanung gleichgesetzt.[10]

Zusammenfassend muß festgestellt werden, daß es **die** Systemanalyse als eindeutig abgegrenzten Begriff nicht gibt. Es handelt sich vielmehr um verschiedene Problemlösungsstrategien, die unter diesem Begriff subsumiert werden. Der Begriff Systemanalyse wird damit zu einer "Metapher bei der Bewältigung von komplexer Planung und Entscheidung".[11]

Da es der Wirtschaftsinformatik primär darum gehen muß, Systemen (Unternehmen, Organisationen, etc.) die benötigte Information zur Verfügung zu stellen, hat sich in diesem Bereich der Begriff Informationsbedarfsanalyse eingebürgert (bzw. die englischen Bezeichnungen "Information Requirement Analysis"[12] und

---

5   Grupp, B., Methoden der Istaufnahme und Problemanalyse, Arbeitstechniken für Mitarbeiter in EDV- und Büroprojekten, Wiesbaden 1987, S. 15.

6   Heinrich, L., Roithmayr, F.: Wirtschaftsinformatiklexikon, a.a.O., München - Wien 1989, S. 455.

7   Grochla, E.: Handwörterbuch der Organisation, Stuttgart 1969, Stichwort: Systemanalyse, Sp. 1612.

8   Meffert, H.: Systemtheorie aus betriebswirtschaftlicher Sicht. In: Schenk, K. (Hrsg.): Systemanalyse in den Wirtschafts- und Sozialwissenschaften, Berlin 1971, S. 177.

9   Fuchs, H.: Systemtheorie. In: Grochla, E. (Hrsg.): Handwörterbuch der Organisation, Stuttgart 1969, Sp. 1620.

10   Daniels, A., Yeates, D., Erbach, K.: Grundlagen der Systemanalyse, 2. überarbeitete und erweiterte Auflage, Köln 1970.

11   Epple, K.: Theorie und Praxis der Systemanalyse, a.a.O., S. 39.

12   Sen, A., Kerschberg, L.: Enterprise modeling for database specification and design. In: Data & Knowledge Engineering 2 (1987), North Holland, S. 33.

"Requirements Engineering"[13], welche aber auch nicht eindeutig abgegrenzt sind. Bei einer weiten sprachlichen Auslegung der Definition "Erfassen, Strukturieren und Beurteilen des Informationsbedarfs mit einer methodischen Vorgehensweise"[14] besteht allerdings wenig Unterschied zur Systemanalyse. Deshalb wird im folgenden nicht zwischen Informationsbedarfsanalyse und Systemanalyse unterschieden, Systemanalyse aber immer im Sinne der Informationsbedarfsanalyse interpretiert (daher nicht als Synonym für Systemplanung). Systemanalyse (Informationsbedarfsanalyse) bedeutet dann:[15]

- Welche Informationen werden benötigt?

- Wo werden die Informationen benötigt?

- Wann werden die Informationen benötigt?

- Wer liefert Informationen?

- Wie oft werden Informationen benötigt?

2.2. Systemstruktur

Die Systemanalyse ist eine wissenschaftliche Methode zur Untersuchung von komplexen Systemen. Sie betrachtet nicht die Einzelfaktoren eines Systems isoliert, sondern berücksichtigt deren Bedeutung und Einordnung in das Gesamtsystem. Damit folgt sie der Erkenntnis, daß es komplexe Systeme gibt, die Beobachtungen durch Veränderungen nur eines Faktors nicht zulassen.[16] Sinn der Systemanalyse ist die Kombination verschiedener Techniken, um Entscheidungsträgern Empfehlungen zur Auswahl verschiedener Handlungsalternativen zu geben. Untersuchungsgegenstand der Systemanalyse ist das Unternehmen. Dabei stehen nicht die betriebswirtschaftlichen Aspekte der Unternehmung im Mittelpunkt des Interesses, sondern das Unternehmen als komplexes, soziales System.[17]

---

13   Kühnel, B., Partsch. H., Reinshagen, K.: Requirements Engineering, Versuch einer Begriffserklärung. In: Informatik Spektrum, August 1987, Band 10, Heft 6, S. 334 - 335.

14   Heinrich, L., Roithmayr, F.: Wirtschaftsinformatiklexikon, a.a.O., S. 241.

15   Meffert, H.: Informationssysteme, Grundbegriffe der EDV und Systemanalyse, Düsseldorf 1975, S. 19f.

16   Epple, K.: Theorie und Praxis der Systemanalyse, München 1979, S. 36.

17   Kirsch, W.: Unternehmenspolitik: Von der Zielforschung zum strategischen Management, München 1981, S. 63.

2.2.1. Das Unternehmen aus der Sicht der IKS

Die Definition des Begriffs "Unternehmen" sieht zumeist das Verhältnis Unternehmen - Betrieb im Vordergrund. Allerdings herrscht keine einheitliche Auffassung vor, sondern im wesentlichen werden die folgenden drei Richtungen eingeschlagen: Walther ordnet den Betrieb der Unternehmung insofern unter, als er unter "Betrieb" nur die technisch-wirtschaftliche Seite versteht und die Unternehmung als finanz- und marktwirtschaftliche Einheit definiert.[18] Wöhe sieht die Unternehmung als finanzwirtschaftliche, juristische Komponente neben dem Betrieb als produktionswirtschaftlichem Teil.[19] Lohmann schließlich versteht unter Unternehmung die gesamte Wirtschaftseinheit, welche sich aus den einzelnen Funktionsbereichen zusammensetzt und selbständig ist.[20]

Aus Sicht der IKS läßt sich eine Abgrenzung des Untersuchungsgegenstandes wie folgt vornehmen:

-     Die Begriffe Betrieb und Unternehmen werden synonym verwendet.[21]

-     Als Betrieb oder Unternehmen werden wirtschaftliche Einheiten verstanden. Diese Wirtschaftseinheiten setzen sich aus einzelnen Funktionsbereichen zusammen, die in Summe (als Unternehmen) oder einzeln (als Funktionsbereich) das unmittelbare Umfeld von Informatikprojekten bilden können.

-     Die Beschreibung der Unternehmung orientiert sich am in der Wirtschaftsinformatik üblicherweise verwendeten systemtheoretischen Ansatz.[22] Die Methoden für die Informationsbedarfsanalyse, welche in den folgenden Kapiteln entwickelt werden, können jedoch unabhängig von der betriebswirtschaftlichen Betrachtungsweise der Unternehmung eingesetzt werden, da sich nur die Ausprägung der Informationen ändert und nicht die zugrundeliegende Struktur der Informationen (Daten) selbst.

---

[18]   Walther, A.: Einführung in die Wirtschaftslehre der Unternehmung, 1. Bd., 2. Auflage, Zürich 1959, S. 6ff.

[19]   Wöhe, G.: Einführung in die allgemeine Betriebswirtschaftslehre, 14. überarbeitete Auflage, Saarbrücken 1981, S. 12f.

[20]   Lohmann, M.: Einführung in die Betriebswirtschaftslehre, 4. Auflage, Tübingen 1964, S. 12ff.

[21]   Hüttner, M.: Betriebswirtschaftslehre, Einführung und Überblick, Berlin - New York, 1990, S. 6.
Siehe dazu auch die Ausführungen von Kirsch über das Erkenntnisobjekt der Organisationstheorie:
Kirsch, W.: Unternehmenspolitik und Unternehmensführung, München 1990, S. 14 - 19.

2.2.2. Das Unternehmen als System

"Ein System ist ein aus Teilen bestehendes Ganzes."[23]

In Anlehnung an Flechtner ist ein System eine geordnete Gesamtheit von Elementen, die zueinander in irgendwelchen Beziehungen stehen oder zwischen denen irgendwelche Beziehungen hergestellt werden können.[24] Ein System ist daher eine "Menge von Elementen", die - zumindest gedanklich - von einer Umwelt abgegrenzt sind und zueinander in wechselseitigen Beziehungen stehen.[25] Anders ausgedrückt: Eine Unternehmung nimmt z. B. Arbeitskräfte, Kapital, Betriebsstoffe auf (Elemente des Systems). In ihrem Inneren vollziehen sich eine Reihe von Prozessen (Funktionen), wie Planung, Lagerhaltung, Beschaffung, etc. (wechselseitige Beziehungen), die offensichtlich alle einem gemeinsamen Ziel dienen, wie z. B. möglichst viele der erbrachten Leistungen an den Markt abzugeben.

Mit Hilfe der Systemtheorie sollen diese Strukturen und Vorgänge in einem Modell abgebildet werden.[26] Einerseits wird damit eine Übertragung von Erkenntnissen aus einem (idealtypischen) System auf andere Systeme ermöglicht, andererseits wäre die Vielfalt der zu beobachtenden betrieblichen Einzelaktivitäten eher zur Verwirrung als zur Problemlösung geeignet, weshalb man sich auf das Wesentliche beschränken muß.

Die Systemtheorie ist die "formale Wissenschaft von der Struktur, den Verknüpfungen und dem Verhalten irgendwelcher Systeme".[27] Unternehmen sind dynamische Systeme, sie unterliegen laufenden Veränderungen. Von außen stellen sich diese Veränderungen als Aktivität des Gesamtsystems dar. Innerhalb des Unternehmens sind die Aktivitäten der betrieblichen Teilbereiche (=Subsysteme) in

---

22   Ulrich, H.: Die Unternehmung als produktives, soziales System, Grundlagen der allgemeinen Unternehmenslehre, Stuttgart - Bern 1970, S. 105.

23   Ulrich, H., Probst, G.: Anleitung zum ganzheitlichen Denken und Handeln, Bern - Stuttgart 1988, S. 27.

24   Flechtner, H. J.: Grundbegriffe der Kybernetik, Stuttgart 1966, S. 288. In: Ulrich, H.: Die Unternehmung als produktives, soziales System, a.a.O., S. 105.

25   Meffert, H.: Informationssysteme, Grundbegriffe der EDV und Systemanalyse, Düsseldorf 1985, S. 2.

26   Ein Modell ist "ein künstlich geschaffener Gegenstand, der in vereinfachender Weise die wesentlichen Merkmale eines Ausschnittes der Realität wiedergibt".
Heinen, H.: Das Zielsystem der Unternehmung, Grundlagen betriebswirtschaftlicher Entscheidungen, Wiesbaden 1966, S. 13.

27   Ulrich, H.: Die Unternehmung als produktives, soziales System, 2. überarbeitete Auflage, Bern 1970, S. 105.

Form von Prozessen erkennbar. Diese Prozesse (Funktionen, Geschäftsvorfälle) benötigen Eingangsdaten (Inputs) und erzeugen Ausgangsdaten (Outputs). In der Erfüllung dieser Funktionen sind gewisse "Freiheitsgrade" des Verhaltens festgestellt möglich.[28] Diese Freiheitsgrade führen zu einer Ausweitung auf die Zielbestimmung und damit oft zu Zielkonflikten.

Meffert unterscheidet einfache System-Regelkreise und vermaschte Regelkreise.[29] Im ersten Fall stellt die innere Struktur des Unternehmens eine Black-Box dar, von Interesse sind lediglich Beziehungen von und nach außen. Vermaschte Regelkreise stellen die Unternehmung als arbeitsteilige Systeme dar. Je nach Zentralisationsgrad bzw. Dezentralisationsgrad entstehen mehr oder weniger miteinander verbundene Regelkreise.

Unternehmen sind offene Systeme. Zwischen der Unternehmung und ihrer Umwelt bestehen "zirkuläre Wirkungsbeziehungen"[30]. Das bedeutet, daß ein einfaches Eingabe - Verarbeitung - Ausgabe - Schema nicht zur Darstellung ausreicht, weil in Wirklichkeit bereits ein Input nicht nur das System verändert, sondern auch die Umwelt (z. B. führt höherer Lebensstandard des Menschen zu mehr Verkehr, dieser zerstört die zum (Über-) Leben benötigte Umwelt und führt so zu einer dramatischen Rückwirkung auf das System (den Menschen) selbst). Die Offenheit eines Systems führt dazu, daß man seine Funktionsweise nicht verstehen kann, wenn diese Wechselwirkungen ignoriert werden. Zusätzlich muß bei einem künstlichen System wie der Unternehmung der in der Natur stattfindende Regelungsprozeß als Folge dieser gegenseitigen Beeinflussung (Evolution) künstlich nachvollzogen werden. Damit stellt sich die Frage nach den Zielen der Unternehmung.

2.2.3. Die Ziele der Unternehmung aus Sicht der IKS

Eine Unternehmung ist ein vom Menschen bewußt geschaffenes, künstliches System. Die Aktivitäten der Unternehmung münden in der Regel nicht in einer ziellosen Dynamik, sondern erzeugen zielgerichtet einen bestimmten Output.

---

28   Ulrich, H.: Die Unternehmung als produktives, soziales System, a.a.O., S. 119.
29   Meffert, H.: Informationssysteme, a.a.O., S. 17f.
30   Ulrich, H., Probst, G.: Anleitung zum ganzheitlichen Denken und Handeln, a.a.O., S. 50f.

Während natürliche Systeme gewisse Ziele systemimmanent in sich tragen, sind den künstlichen Systemen die Ziele vorzugegeben.[31]

Die Entscheidungen über die Ziele einer Unternehmung sind von grundlegender Bedeutung, da sie die Voraussetzung für ein einheitliches und zielgerichtetes Handeln bilden. Ohne Gesamtziel ist auch kein einheitliches Verhalten der Subsysteme (betrieblichen Teilbereiche) der Unternehmung zu erwarten. Letztlich hängt von der Existenz solcher Gesamtziele die Einheit der Unternehmung als aktionsfähiges Wirtschaftssystem ab.[32] Die Zielsetzung allein sichert natürlich noch kein einheitliches und zielgerichtetes Handeln der Unternehmensbereiche. Die Ziele müssen gegen die Umwelt und innere Widerstände in der Unternehmung durchgesetzt und operativ umgesetzt werden.

Ulrich definiert Ziel als "zukünftigen Zustand irgendwelcher Objekte, der durch entsprechendes eigenes Verhalten erreicht werden soll".[33] Damit das entsprechende Verhalten möglich wird, d. h. die einzelnen Elemente der Unternehmung zielgerichtet handeln können, müssen operationale (konkret definierte) Ziele vorliegen. Die drei Zieldimensionen[34] Inhalt, Ausmaß und zeitlicher Bezug sind ausreichend zu definieren. Diese operationalen Ziele sind zumeist nur Subziele innerhalb einer Gesamtzielsetzung für die Unternehmung. In Summe resultiert daraus ein Zielsystem, welches in sich möglichst widerspruchsfrei sein muß.[35]

Die folgenden Arbeitsschritte helfen bei der Entwicklung von Zielsystemen:[36]

- Zielsuche:
  Es müssen die "richtigen" Ziele gefunden werden.

- Operationalisierung der Ziele:
  Die Ziele sind hinsichtlich Inhalt, Termin, Erreichungsrestriktionen, Verant-

---

31   Einen Überblick über die verschiedenen Forschungsansätze und Richtungen der Zielforschung für die Unternehmung bringt Kirsch:
Kirsch, W.: Unternehmenspolitik und strategische Unternehmensführung, München 1990, S. 193 - 238.

32   Ulrich, H.: Die Unternehmung als produktives, soziales System, a.a.O., S. 186ff.

33   Ulrich, H.: Die Unternehmung als produktives, soziales System, a.a.O., S. 187.

34   Hüttner, M.: Betriebswirtschaftslehre, a.a.O., S. 14.

35   Heinen, E.: Das Zielssystem der Unternehmung, a.a.O., S. 25f.

36   Wild, J.: Grundlagen der Unternehmensplanung, 4. Auflage, Reinbek bei Hamburg 1982, S. 57 ff. In: Schlierenbeck, H.: Grundzüge der Betriebswirtschaftslehre, 9. völlig überarbeitete und erweiterte Auflage, München-Wien 1987, S. 67ff.
Lockemann, P., Schreiner, A., Trauboth, H., Klopprogge, M.: Systemanalyse, DV-Einsatzplanung, Berlin - New York 1983, S. 112ff.

wortlichkeit und Ressourcenzuteilung hinreichend und präzise zu formulieren. Damit wird sichergestellt, daß eine Kontrolle der Zielerfüllung möglich ist.

- Zielanalyse und Zielordnung:
  Operationalisierte Ziele werden auf ihre Beziehungen zueinander untersucht und in eine Zielhierarchie eingegliedert. Ziele können zueinander komplementär (ergänzend), konkurrierend (behindernd) oder indifferent (neutral) sein. Durch eine Gewichtung der verschiedenen Ziele ist die Erstellung einer Zielordnung möglich.

- Prüfung auf Realisierbarkeit:
  Nach der Definition von Zielen müssen diese nochmals überprüft werden, ob sie zu hoch oder zu niedrig angesetzt wurden.

- Zielentscheidung:
  Stehen zu diesem Zeitpunkt noch mehrere Zielvarianten zur Auswahl, ist zu entscheiden, welche Ziele nun konkret zu verfolgen sind.

- Durchsetzung der Ziele:
  Die für die Zielrealisierung verantwortlichen Personen müssen sich mit den angestrebten Zielen identifizieren können. Erleichtert wird dies durch Mitarbeit bei der Zielplanung.

- Zielüberprüfung und Zieländerungen:
  Die Zielsysteme sind periodisch auf ihren Erreichungsgrad zu überprüfen und eventuell zu korrigieren. Ursachen für Anpassungen sind beispielsweise Zielrealisierungen, Planabweichungen und Änderungen der Umweltbedingungen.

2.2.5. Die Zielsetzung der Informationsbedarfsanalyse

Unabhängig vom Untersuchungsgegenstand kann als Ziel jeder Informationsbedarfsanalyse das Streben nach optimalen Lösungsmöglichkeiten hinsichtlich Aufwand und Funktionserfüllung angesehen werden.[37] "Ziel dieser Vorgehensweise ist es, bereits bei einer vorläufigen Gestaltungskonzeption Aussagen darüber machen zu können, welchen Einfluß strukturelle und funktionale Veränderungen von Elementen möglicherweise auf die Struktur und Funktionsweise der mit diesen

---

[37] Epple, K.: Theorie und Praxis der Systemanalyse, a.a.O., S. 209.

in Beziehung stehenden Elemente und somit des gesamten Systems haben werden."[38] Ulrich definiert die Ziele der Systemanalyse mit:

- Analytischer Beschreibung des Unternehmens und des Unternehmensgeschehens durch formale Grundbegriffe, die nicht durch inhaltliche Annahmen über die Wirklichkeit belastet sind.

- Erkennen von Zusammenhängen und Erfassen komplexer Vorgänge im Unternehmen. Aufdeckung von bisher unbekannten Zusammenhängen.

- Eignung nicht nur zur Erkenntisgewinnung, sondern auch zur Konstruktion von Modellen betriebswirtschaftlicher Systeme.[39]

2.3. Computerunterstützung

The more the tools, the faster the rate of change![40]

2.3.1. Methoden und Werkzeuge

In der Literatur findet man die unterschiedlichsten Definitionen, was unter dem Begriff Werkzeug (Tools) zu verstehen ist. Die Palette reicht von der allgemeinen Formulierung "Hilfsmittel für die Aufgaben einer EDV-Abteilung"[41] bis zur Zweckbestimmung auf die Fertigungssteuerung, ebenfalls als Hilfsmittel zur Unterstützung und Kontrolle derselben.[42]

Die Notwendigkeit, Werkzeuge einzusetzen, ergibt sich aus der Aufgabe, komplexe Problemstellungen zu bewältigen. Für die Lösung komplexer Aufgaben, die nicht mehr zur Gänze überschaubar sind, müssen Hilfsmittel eingesetzt werden. Hauptziel dieser Hilfsmittel ist die Strukturierung und damit eine Verminderung der Komplexität. Jede Vorgangsweise, die sich zur Komplexitätsbewältigung bei der Lösung einer Aufgabe gewisser Vorschriften bedient, wird als strukturiert bezeichnet. Zusammenfassungen von solchen Vorschriften (Anweisungen) bezeichnet man als

---

38 Grochla, E.: Systemtheorie und Organisationstheorie. In: Grochla, E.:(Hrsg.): Organisationstheorie, 2. Teilband, Köln 1975, S. 562.

39 Ulrich, H.: Die Unternehmung als produktives, soziales System, a.a.O., S. 135f.

40 Burke, J.: Connections, London 1978. In: Hildebrand, K.: Software-Tools: Automatisierung im Software Engineering, Berlin - Heidelberg, 1990, S. V.

41 Steinbuch, P., Moos, A.: EDV - besser und billiger, Köln 1985, S. 23.

42 Berner, G.: Lexikon für DV-Systementwicklung, Köln 1986, Stichwort: Tools.

Methode. "A methodology is a documented set of practices and procedures that defines the development life cycle and specifies, how systems are to be developed."[43] Eine Methode zeichnet sich dadurch aus, daß eine Reihe von Werkzeugen zur Erhebung, Auswertung und Interpretation der Daten vorhanden ist. Methoden und damit auch das unterstützende Werkzeug können bei bestimmten (strukturierten) Problemen das menschliche Problemlösungsverhalten ersetzen.[44] Die Ziele solcher Methoden sind

- die Vorgabe von Richtlinien zur Zerlegung eines Problems in Teilprobleme,

- die Festlegung der Schnittstellen zwischen diesen Teilproblemen und

- die Auslagerung der Informationen auf externe Speicher (nicht nur elektronische!).

Ein einfaches und allgemein bekanntes Beispiel für die Anwendung einer Methode ist die Multiplikation von mehrstelligen Zahlen. Ohne entsprechende mathematische Regeln (Strukturierung) eine kaum zu lösende Aufgabe. Selbst dann schafft man es ohne Papier und Bleistift (Werkzeuge) nicht, alle Begriffe simultan im Gedächnis zu behalten und die Aufgabe zu lösen. Die Informationen werden daher ausgelagert, d. h. zu Papier (externer Speicher) gebracht. Damit ist normalerweise eine Lösung der Aufgabe mit geringer Fehlerwahrscheinlichkeit möglich. Eine Analyse des Vorgehens zeigt, daß die Multiplikation in zahlreiche sequentielle Schritte zerlegt wird, und die Schnittstellen dazwischen genau geregelt sind.[45]

Zusammenfassend gilt:

- Methoden sind Verfahren zur Strukturierung des Vorgehens und

- Werkzeuge dienen der Unterstützung von Methoden.[46]

Die Vorteile einer Computerunterstützung von Methoden liegen auf der Hand:

- Durch den Einsatz eines Entwicklungswerkzeugs wird eine gewisse Standardisierung herbeigeführt. Dies wird dadurch erreicht, daß der Einsatz von Werkzeugen nur bei einer entsprechend vorbereitenden Strukturierung des Problems möglich ist. Durch eine möglichst genau definierte Vorgehensweise

---

43 Koval, J. A.: Analyzing Systems, Englewood Cliffs 1988, S. 4.

44 Österle, H.: Entwurf betrieblicher Informationssysteme, München - Wien 1981, S. 66.

45 Österle, H.: Entwurf betrieblicher Informationssysteme, a.a.O., S. 68.

46 Palffy, T.: Rechnergestützte Analyse der Beschreibung im Entwurf betrieblicher Informationssysteme, St. Gallen 1985, S. 12 - 18.
    Hildebrand, K.: Software Tools, a.a.O., S. 27.

bleibt die Übersicht gewahrt, und die Kommunikation zwischen den beteiligten Gruppen wird erleichtert.

- Durch ein Vorgehensraster werden die Ergebnisse genauer definiert und sind damit auch besser kontrollierbar.

- Je nach Qualität des Werkzeugs wird das Projektteam von lästigen Routinetätigkeiten, aufwendigen Erhebungsarbeiten und Archivierungstätigkeiten, sowie generell von Verwaltungsarbeit, entlastet.

- Wird der Einsatz des Entwicklungswerkzeugs akzeptiert, so können auch die zur Lösung verwendeten Methoden nicht in Frage gestellt werden. Damit wird ein einheitliches und zielgerichtetes Arbeiten möglich, ohne daß wertvolle Zeit oder Ressourcen in grundlegende Fragen der Vorgangsmethodik investiert werden müssen.

Der Einsatz von Werkzeugen bringt natürlich auch einige Nachteile mit sich:

- Die höhere Strukturierung, bzw. sogar der Zwang zur Strukturierung, kann sich dann als Nachteil erweisen, wenn die Kreativität und Flexibilität des Projektteams dabei behindert werden.

- Werkzeugeinsatz zieht auch Kosten nach sich. Mit wachsender Komplexität der Aufgabe nehmen die Kosten und der Aufwand für den Einsatz von Werkzeugen zu und können im Extremfall den Nutzen übersteigen.

- Generell gilt, daß sich ein gutes Projektteam auch mit schlechten Methoden und Werkzeugen behelfen kann, ein schlechtes aber auch mit dem besten Werkzeug kein zufriedenstellendes Ergebnis erreichen wird.

2.3.2. Grenzen im Einsatz von Werkzeugen

Strukturierte Probleme können durch Werkzeuge optimal unterstützt werden. Methoden, die wie die Multiplikation nach einer endlichen Anzahl von Schritten zur Lösung führen, werden als Algorithmen bezeichnet. Diese Methoden bieten die besten Voraussetzungen für eine Computerunterstützung.

Weniger exakt strukturierte Probleme lassen sich entsprechend schlechter unterstützen. Bei der Einführung von IKT im Unternehmen und insbesondere bei der Informationsbedarfsanalyse treten naturgemäß schlecht strukturierbare Probleme oder Fragestellungen auf. (Ein Beispiel dafür ist die Forderung, das Anwendungssystem benutzerfreundlich zu gestalten.) Diese Problematik hat nicht zuletzt dazu beigetragen, daß es für die Informationsbedarfsanalyse bisher noch kein einheitliches Werkzeug gibt. Ein weiterer Grund dafür ist die Tatsache, daß sich keine der zahlreichen Methoden in diesem Bereich zumindest als Quasi-Standard durchsetzen konnte.

Während sich die Notwendigkeit, Werkzeuge einzusetzen, bei der Software-entwicklung vor allem in den späteren Projektphasen bereits als "Muß" durchgesetzt hat (Stichwort: CASE), hinkt der Werkzeugeinsatz bei der Systemanalyse in vielen Unternehmen nach. Meist wird sogar gänzlich darauf verzichtet. Folgende Gründe sind dafür ausschlaggebend:[47]

-   Es herrscht die Meinung, daß ein kreativer Prozeß wie die Systemanalyse bzw. -gestaltung mit einem Werkzeugeinsatz unvereinbar ist.

-   Es sind nur wenige Werkzeuge vorhanden, und diese sind kaum auf dem Markt präsent.

-   Für den Systemgestalter bzw. das Projektteam ergibt sich oft nur eine geringe Produktivitätssteigerung durch den Werkzeugeinsatz, d. h. ein negatives Kosten/Nutzen Verhältnis.

Boehm leitet aus seinen Erfahrungen bei der Entwicklung und dem Einsatz eines Entwurfssystems für betriebliche Informationssysteme (BIS) die Empfehlung ab, auf allumfassende computerunterstützte Entwurfssysteme zu verzichten, bis das Wesen des Entwurfs besser verstanden wird.[48] Ähnliches gilt auch für die Informationsbedarfsanalyse. Zuerst muß eine eindeutige Klärung der Methode, nach welcher die Analyse durchgeführt wird, erfolgen. Erst danach findet der Entwurf eines unterstützenden Werkzeuges statt.

2.3.3. Komplexitätsbewältigung

Der Begriff der Komplexität wird durch Abb. 2.1. und die Abgrenzung gegenüber der Kompliziertheit definiert.

Sogenannte *einfache oder triviale Systeme* zeichnen sich dadurch aus, daß einem bestimmten Input immer der gleiche entsprechende Output folgt. Handelt es sich dabei um Systeme mit geringer Dynamik (d. h. sind sie geringen oder keinen Veränderungen im Zeitablauf unterworfen), so nimmt mit zunehmender Vielzahl der Systemelemente und/oder zunehmender Vielfalt der Beziehungen unter diesen

---

[47]   Steinbuch, P., Moos, A.: EDV - besser und billiger, Köln 1985, S. 65.

[48]   Boehm, B. W.: Software Engineering - as it is. In: IEEE (Hrsg.): 4th International Conference on Software Engineering, München 1979, S. 11ff.

Elementen die Kompliziertheit des Systems zu. Ein kompliziertes System hat zwar eine Menge von Elementen und Beziehungen, ist aber in sich statisch.

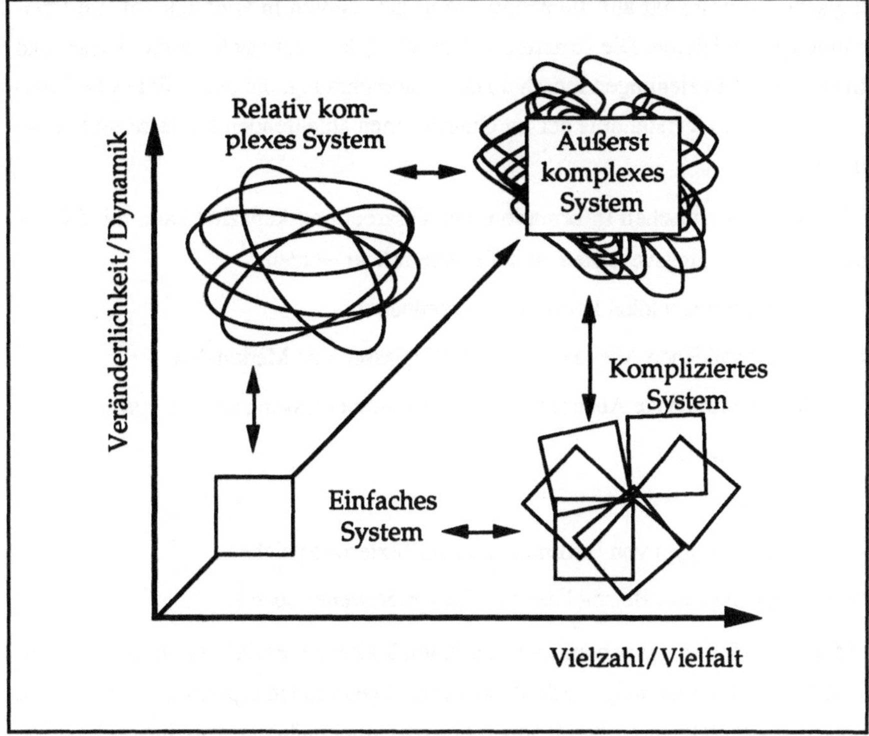

Abb. 2.1.: Komplexität und Kompliziertheit, nach Ulrich.[49]

Verändert ein System im Zeitablauf seine Eigenschaften, so spricht man bei geringer Vielzahl und Vielfalt von *relativ komplexen Systemen*. Mit zunehmender Eigendynamik und Vielzahl/Vielfalt entstehen schließlich *(äußerst) komplexe Systeme*, deren Zustand sich im Zeitablauf nicht mehr voraussehen läßt .

Je mehr Aufwand ein Mensch in das Verständnis eines Systems legen muß, desto komplexer ist das System (wobei es ein vollständiges Verstehen bzw. Durchschauen der Reaktionen eines äußerst komplexen Systems bisher nicht geben kann!). Betrachtet man den Faktor Mensch als gleichbleibend, gilt umgekehrt: Je komplexer ein System ist, desto mehr Aufwand muß in das Verständnis dieses Systems investiert werden. D. h. mit gegebener, zunehmender Komplexität steigen auch die Kosten für die Informationsbedarfsanalyse und damit der Anreiz, computergestützt zu arbeiten.

---

49   Ulrich, H., Probst, G.: Anleitung zum ganzheitlichen Denken und Handeln, a.a.O., S. 61.

Für Software unterscheidet Shneiderman zwischen logischer, struktureller und psychologischer Komplexität.[50] Umgelegt auf die Unternehmung bezieht sich die logische Komplexität auf die Möglichkeit, das System in Hinblick auf Zielerreichung zu verifizieren. Die strukturelle Komplexität bezieht sich auf die Anzahl und Intensität der Beziehungen innerhalb der Unternehmung, die psychologische Komplexität auf das Verständnis der im Unternehmen ablaufenden Prozesse und Funktionen.

Die Differenz zwischen Information und Verarbeitungskapazität kann mit folgendem Problemlösungsverhalten zum Teil überbrückt werden:[51]

- Informationen lokal konzentriert anordnen

- klassenbildende Abstraktion durch Weglassen von Merkmalen

- komplexbildende Abstraktion durch Zusammenfassung zu Aggregaten

- Segmentierung

- Reihung

- Auslagerungen von Informationen auf "externe Speicher".

(Siehe dazu auch das Beispiel der Multiplikation weiter oben.)

"Man muß davon ausgehen, daß das Komplexitätspotential, das in der wissenschaftlichen Systemanalyse erhellt wird, den Handelnden typisch überfordert und praktisch allenfalls in großen Kooperationszusammenhängen, also durch Organisation, zu bewältigen ist."[52] Ebenso Ulrich: "Ordnung bewältigt die Komplexität".[53] Einerseits auf materieller Ebene durch Organisationsmittel (Organigramme, Stellenbeschreibungen, Vorschriften, etc.), andererseits auf symbolischer Basis durch Einordnung von Instrumenten, Zielen, Einstellungen. Dadurch entstehende Ordnungsmuster koordinieren und führen zu einem Ganzen, bestimmen zulässsige Spielräume und Handlungsfelder, erlauben eine Orientierung und ermöglichen schließlich "Mustervorhersagen".[54]

---

50   Shneiderman, B.: Software Psychology - Human Factors in Computer and Information Systems, Winthrop, Cambridge 1980, S. 113. In: Palffy, T.: Rechnergestützte Analyse, a.a.O., S. 11.

51   Österle, H.: Entwurf betrieblicher Informationssysteme, a.a.O., S. 65.

52   Luhmann, N.: Zweckbegriff und Systemrationalität, a.a.O., S. 239.

53   Ulrich, H., Probst, G.: Anleitung zum ganzheitlichen Denken und Handeln, a.a.O., S. 76.

54   Ulrich, H., Probst, G.: Anleitung zum ganzheitlichen Denken und Handeln, a.a.O., S. 76.

2.4.   Beispiele für Methoden und Werkzeuge

Eine umfassende Beschreibung und Darstellung aller bekannten Methoden und Werkzeuge ist weder möglich noch sinnvoll. Nicht möglich vor allem deshalb, weil viele Werkzeuge und Methoden nur im Rahmen von Beratungsaufträgen angewandt bzw. verkauft werden und somit kaum Zugang zu Informationen darüber besteht. Allgemein zugängliche bzw. bekannte Methoden sind hingegen in der Literatur bereits ausführlich beschrieben. Im folgenden daher nur eine Aufzählung der wichtigsten Methoden und entsprechende Literaturhinweise dazu:

Business System Planning (BSP)[55]

Business Information Analysis and Integration Technique (BIAIT)[56]

Business Information Control Study Methodology (BICS)[57]

Strategic Value Analysis (SVA)[58]

GAMMA, Ganzheitliche Modellierung und Management komplexer Systeme[59]

Gemeinkostenwertanalyse (GWA)

Kommunikationsstrukturanalyse (KSA)[60]

Critical Success Factors (CSF)[61]

IEW (Information Engineering Workbench)[62]

---

[55] IBM, Business Systems Planning Executive Overview, GE20-0630-0, 1978.
IBM, Information Systems Planning Guide, GE20-0527-2, 1975, 1978.
Orsey, R. R.: Methodologies for Determining Information Flow, IBM Corporation.

[56] Carlson, M.: Business Information Analysis and Integration Technique (BIAIT) - The New Horizon. In: DATA BASE, 10(4), Spring 1979, S. 3 - 17.
Vesely, E.: Strategic Data Management, Englewood Cliffs 1990.

[57] Kerner, D. V.: Business Information Characterization Study, DATA BASE, 10(4), Spring 1979.
Kerner, D. V.: Business Information Control Study Methodology, IBM Corporation.

[58] Curtice, R. M.: Strategic Value Analysis, A Modern Approach to Systems and Data Planning, Englewood Cliffs 1987.

[59] Unicon, Management Systeme GmbH, Lerchenweg 6, D-7758 Meersburg.

[60] Hoyer, R.: Die Kommunikationsstrukturanalyse als Werkzeug zur Planung eines Informations- und Kommunikationssystems, TU Berlin 1985.

[61] Rockart, J. F.: Chief executives define their own data needs. In: Harvard Business Review, March - April 1979, S. 80 - 102.

[62] Knowledge Ware, Atlanta, GA 30026 in Zusammenarbeit mit Arthur Young International. In Österreich: Kärntner Straße 25, A - 1010 Wien.

2.5. Zusammenfassung

In diesem Kapitel wurden die theoretischen Grundlagen für eine computergestützte Informationsbedarfsanalyse kurz angerissen. Im Vordergrund der Beschreibung steht das Unternehmen als komplexes, soziales System im Sinne des systemtheoretischen Ansatzes. Zusätzlich handelt es sich beim Unternehmen um ein künstliches System; daraus folgt, daß der Unternehmung Ziele vorzugeben sind. Das System Unternehmen besteht aus mehreren Subsystemen, welche ihrerseits wieder Teilziele anstreben. Ausgangspunkt aller weiteren Überlegungen im Rahmen der Unternehmens- und Informatikplanung ist daher das Zielsystem des Unternehmens.

Zweiter Schwerpunkt dieses Kapitels ist das Thema Computerunterstützung. In diesem Zusammenhang tauchen die Begriffe Methoden und Werkzeuge auf. Methoden sind Verfahren zur Strukturierung des Vorgehens und Werkzeuge dienen der (Computer-)Unterstützung von Methoden. Methoden und Werkzeuge verfolgen vor allem das Ziel der Komplexitätsreduktion. Basis dieser Reduktion ist die Vorgabe von Richtlinien zur Zerlegung von Problemen in Teilprobleme, die Festlegung von Schnittstellen zwischen diesen Teilproblemen und die Auslagerung von Informationen auf externe Speicher. Dem Einsatz von Werkzeugen sind dort Grenzen gesetzt, wo schlecht strukturierbare Probleme auftreten.

3. Strategische Planung von Informatikprojekten

Die Planung von IKS beginnt bei der Definition von Unternehmens- und Informatikstrategien. Das folgende Kapitel beschäftigt sich mit dieser Fragestellung in Hinblick auf die für die Definition von Strategien benötigten Informationen.

3.1. Wettbewerbsvorteile durch Informationsmanagement

Eine Schweizer Fluggesellschaft steht im Ruf, eine der besten Informatikdepartments der Schweiz zu besitzen. Ein dort tätiger Berater sieht nach eigenen Angaben seine Aufgabe nicht primär darin, neues Wissen, neue Methoden oder Werkzeuge einzubringen, sondern das vorhandene Potential an Ideen und Chancen zu finden und daraus Vorteile für die Fluglinie am Markt zu entwickeln. Dieses Problem ist charakteristisch für viele Unternehmen. Die entscheidende strategische Schwachstelle liegt nicht darin, zu wenig Know-How, moderne Technologie oder Führungskonzepte zu besitzen, sondern es gelingt nicht, eigenes Wissen und Können in Wettbewerbsvorteile am Markt umzusetzen.[1]

Die zentrale Fragestellung lautet:
Sind alle richtigen organisatorischen Vorbereitungen für die nächsten Jahre getroffen, um durch Informations- und Kommunikationstechnologie Wettbewerbsvorteile zu erzielen?

3.1.1. IKT als Einflußfaktor für Wettbewerbsvorteile

Der Einsatz von Informations- und Kommunikationstechnologie beeinflußt den Wettbewerb auf drei Ebenen:[2]

---

[1] Simon, H.: Management strategischer Wettbwerbsvorteile. In: ZfB 58. Jg., 1988, Heft 4, S. 461.
Snellman, T.: Weichen für die 90er Jahre. In: Computerwoche Extra, Ausgabe Nr. 3, 1989, S. 40ff.

[2] Porter, M., Millar, V.:How information gives you competitive advantage. In: Harvard Business Review, July-August 1985, S. 149 - 160.
Porter, M., Millar, V.: Wettbewerbsvorteile durch Information. In: Harvard Manager, 1/1986, S. 26 - 35.

-    Veränderung der Branchenstruktur.

-    Neue Wettbewerbsvorteile.

-    Neue Märkte.

Die strategische Bedeutung der IKT ist durch folgende Merkmale charakterisiert:[3]

-    Die lang- bzw. zumindest mittelfristigen Auswirkungen der IKT.

-    Die informationstechnischen Maßnahmen können Wettbewerbskräfte, wie
     Verhandlungsmacht der Zulieferer und Kunden, Bedrohung durch neue Kon-
     kurrenten, Bedrohung durch Nachahmung, Rivalität zwischen Unternehmen,
     beeinflussen.

-    Die IKT berührt zumeist die Tätigkeiten des Top-Managements, bzw. muß
     zumindest von diesem wesentlich mitgetragen und unterstützt werden.

Die strategische Bedeutung des IKT Einsatzes bei der Erreichung neuer Wettbewerbsvorteile zeigt ein Blick auf die Wertschöpfungskette der Unternehmen.

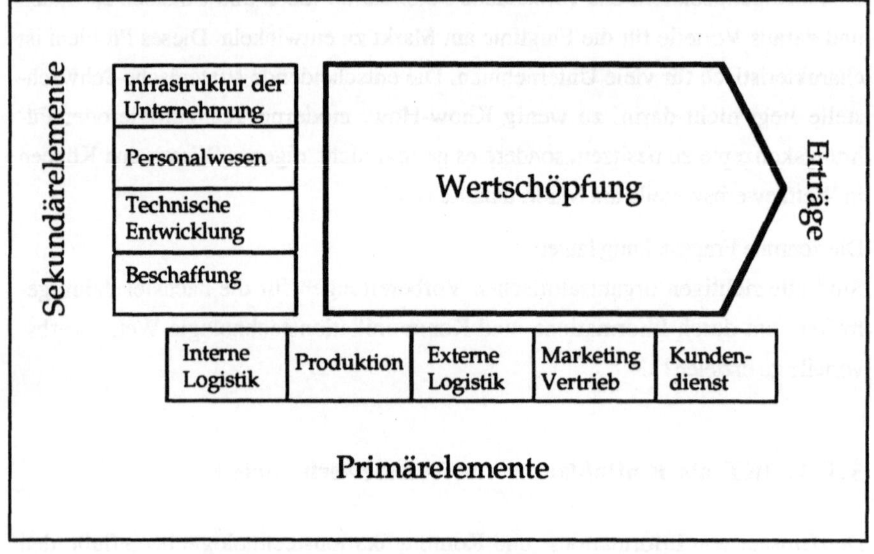

Abb. 3.1.: Wertschöpfungskette. Quelle: Porter.

Die Wertschöpfungskette gliedert die verschiedenen technischen und ökonomischen
Aktivitäten, die ein Unternehmen ausführt. Der Wert, den ein Unternehmen durch
den Verkauf von Produkten oder Dienstleistungen erzielt, wird stark vereinfacht
den Kosten der Aktivitäten gegenübergestellt. Ein Wettbewerbsvorteil ergibt sich

---

3   Mertens, P., Plattfaut, E.: Informationstechnik als strategische Waffe. In: Information
     Management, 2/86, S. 6f.

immer dann, wenn das Unternehmen diese Aktivitäten entweder zu geringeren Kosten als andere Unternehmen durchführen kann oder durch irgendwelche Maßnahmen einen höheren Preis erzielen kann (z. B. bessere Qualität, schnellerer Service, bessere Beratung).

Die verschiedenen Aktivitäten der Wertschöpfungskette lassen sich in primäre und sekundäre Elemente einteilen. Primäre Aktivitäten sind beispielsweise die physische Erstellung der Leistung, das Marketing und der Vertrieb, der Service und die Anwenderunterstützung nach dem Kauf. Die sekundären Aktivitäten liefern hingegen die Ressourcen und die Infrastruktur für die Durchführung der primären Aktivitäten.

Primäre und sekundäre Aktivitäten beeinflussen sich untereinander und gegenseitig. Die Verwendung eines besseren Rohstoffs erhöht beispielsweise die Herstellkosten, senkt aber die Kosten von Service und Wartung, bzw. erleichtert das Marketing. Die Wertschöpfungskette ist also tatsächlich eine Verkettung verschiedenster abhängiger Aktivitäten. Ziel ist die Optimierung der Wertschöpfungskette, d. h. Maßnahmen bei verschiedenen Aktivitäten zu setzen, deren Kosten in Summe geringer sind als der entstehende Nutzen.

Wertschöpfungsketten existieren nicht nur innerhalb einer Unternehmung, sondern sind eingebettet in sogenannte Wertschöpfungssysteme. Solchen Systemen gehören beispielsweise Wertschöpfungsketten von Lieferanten (die Inputs wie Rohstoffe, Dienstleistungen, etc. liefern) an, aber auch Aktivitäten von Kunden. Auch in diesen Beziehungen sind durch Koordinierung oder Verbesserung der Abhängigkeiten Wettbewerbsvorteile möglich.

Jede Wertschöpfungsaktivität besitzt eine physische und eine informationelle Komponente. Im Gegensatz zur bisherigen Entwicklung, deren Technologien vor allem den physischen Sektor beeinflußt haben, verläuft die Entwicklung nun auf dem informationellen Sektor wesentlich rascher als die Unternehmen dieser Entwicklung folgen können. Diese "Informationsrevolution"[4] führt zu einem erhöhten Einfluß von IKT auf die gesamte Wertschöpfungskette.

Beispiel:
Die Firma "Modern Elektronik" stellt Leiterplatten her. Um sich von der übermächtigen Konkurrenz, welche diese Leiterplatten billiger und in höherer Qualität anbietet, abzugrenzen, hat sich Modern Elektronik auf Sofortaufträge für Prototypen

---

4   Porter, M., Millar V.: Wettbewerbsvorteile ..., a. a. o., S. 29

spezialisiert.Bei diesen Sofortaufträgen ist vor allem die Lieferzeit und ein Fixpreise ausschlaggebend. Möglich wurde die Bearbeitung dieser Marktnische erst durch ein System, mit dem bei der telefonischen Anfrage des Kunden sofort eine Vorkalkulation möglich ist und bei (telefonischer) Auftragserteilung sofort die erfaßten Daten als Produktionsauftrag in die Fertigung weitergeleitet werden. Dieser Sofortservice wird mit durchaus branchenüblichen Preisaufschlägen bis zu 200 % auf die üblichen Preise verrechnet.

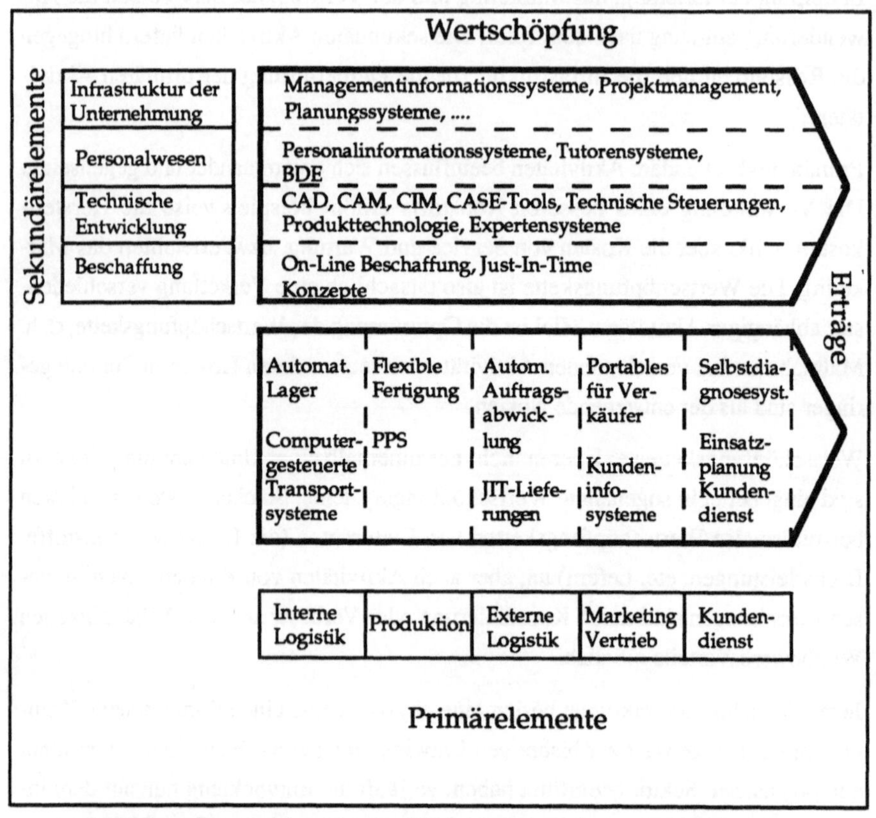

Abb. 3.2.: Durchdringung der Wertschöpfungskette durch die IKT. Quelle: nach Snellmann,T.: Weichen für die 90er Jahre, a.a.o, S. 42.

Der hohe Durchdringungsgrad mit IKT in vielen Branchen hat allerdings dazu geführt, daß mit der Automatisierung gewisser Aufgaben keine Vorteile mehr gegenüber den Konkurrenten erzielt werden können. Um für die Zukunft gut gerüstet zu sein, ist es unerläßlich, neue, strategische Potentiale, welche sich durch die laufende Weiterentwicklung der IKT ergeben, zu finden und auszuschöpfen.

3.1.2. Wettbewerbspotentiale durch IKT

Die Beantwortung folgender Fragen weisen auf neue Wettbewerbspotentiale hin:

Abb. 3.3.: Mögliche Wettbewerbspotentiale durch IKT.
Quelle: Nach Porter, Snellmann, McFarlan[5]

1. **Die Informationsintensität im Produkt, im Verfahren, der Dienstleistung:**
   Wieviele Informationen (d. h. Anteil an informellen Komponenten) stecken in einem Produkt bzw. einer Leistung? Merkmale für eine hohe Informationsintensität sind beispielsweise:

   - Eine große Anzahl von Lieferanten;

   - Produkte, deren Verkauf eine intensive Beratung voraussetzt;

   - Produkte, die aus einer großen Anzahl einzelner Teile bestehen;

---

5   Snellmann, T.: Weichen für die 90erJahre, a.a.O., S. 41
    Porter, M., Millar, V.: Wettbewerbsvorteile ..., a. a. o., S. 31.
    McFarlan, F. W.: Information technologiy changes the way you compete. In: Harvard Business Review Nr. 3, May-June 1984, S. 98-103

Zu diesen Merkmalen einer hohen Informationsintensität in der(n) Wertschöpfungskette(n) kommen noch Produkte/ Leistungen, die selbst in der Hauptsache Informationen liefern, viele Anwendungsmöglichkeiten besitzen oder die an Kunden verkauft werden, deren Geschäftstätigkeiten selbst durch eine hohe Informationsintensität gekennzeichnet sind. Liegt eines oder mehrere dieser Merkmale vor, so ist es sehr wahrscheinlich, daß durch einen gezielten Einsatz von IKT Wettbewerbsvorteile zu erzielen sind. Als Beispiel dafür dient immer wieder die deutsche Autoindustrie: Durch eine Integration ihrer (zahlreichen) Zulieferbetriebe in ein automatisiertes Bestellwesen und dadurch mögliche "Just-in-time" Lieferungen konnten Kosteneinsparungen durch die Senkung von Lagerhaltungskosten realisiert werden.[6] Ein anderes Beispiel findet sich am Personalcomputermarkt. "Apple"-Produkte mit einer ausgereiften Benutzerschnittstelle (hohe Informationsintensität) konnten wesentlich teurer verkauft werden als die (zumindest bis vor kurzem) weniger benutzerfreundlichen DOS-Systeme.

Die Abhängigkeit der Informationsintensität von der jeweiligen Branche zeigt eine empirische Untersuchung von Pfeiffer: Bauunternehmen haben in der Regel eine sehr niedrige Informationsintensität, die Nahrungs- und Genußmittelbranche, Stahlindustrie, Gießerei (niedrig); Bergbau, Energieversorgung, Handel, Spedition, Mineralöl, sonstige Konsumgüter (eher niedrig); Elektrotechnik, Feinmechanik, Optik, sonstige Investitionsgüter (eher hohe Intensität); Chemie, Kraftfahrzeugindustrie, Maschinenbau (hoch); das geht bis zu Banken und Versicherungen mit sehr hoher Informationsintensität.[7]

2. Auswirkungen der IKT auf die Branchenstruktur :

Die Struktur einer Branche ist von fünf grundlegenden Wettbewerbskräften bestimmt:[8]

- die Marktmacht der Anbieter,

- die Marktmacht der Nachfrager,

- die Höhe von Markteintrittsbarrieren,

- die Möglichkeit der Substituierbarkeit von Produkten und

- die Wettbewerbsintensität zwischen den bestehenden Konkurrenten.

Der Einsatz von IKT kann jeden dieser Faktoren direkt oder indirekt verändern. Die IKT stärkt die Macht der Abnehmer in der Industrie: durch die

---

6   Mertens, P., Schumann, M., Hohe, U.: Nutzeffekte strategischer Informationsverarbeitung. In: Angewandte Informatik, Dezember 1988, S. 515 - 523.

7   Pfeiffer, P.: Technologische Grundlage, Strategie und Organisation des Informationsmanagements, Berlin - New York 1990, S. 152.

8   Porter, M.: How Competitive Forces Shape Strategy. In: Harvard Business Review Nr. 5, 1979.

Automatisierung des Bestellwesens, bessere und schnellere Kommunikation und damit leichtere Evaluierung von Lieferquellen. Durch die Einführung von firmenübergreifenden Informationssystemen (z. B. Zulieferbetriebe für die Autoindustrie) erhöht sich die Abhängigkeit der schwächeren Marktpartner. (Geplante) Standards wie EDIFACT haben eine erhöhte Bindung von Marktpartnern zur Folge. Informationssysteme und technische Systeme erschweren durch die anfallenden hohen Kosten den Markteintritt für neue Mitbewerber und verdrängen kleinere Mitbieter. Beispiel dafür ist die Textilindustrie. Mit dem Aufkommen computergesteuerter Webmaschinen hatten viele kleine Betriebe praktisch keine Überlebenschance mehr und mußten aufgeben oder fusionieren.

Durch agressive Investitionen sind Unternehmen in der Lage, Mitbewerber zu zwingen mitzuziehen oder die Grundlagen des Wettbewerbs zu ihren Gunsten zu verändern. Als z. B. einzelne Banken damit begannen, Kontoauszugsdrucker zu installieren, mußten andere Institute nach kurzer Zeit mitziehen.

3. Wie können Wettbewerbsvorteile am sinnvollsten realisiert werden?

Soll mehr Information im Produkt-/Leistungspaket eingeführt werden oder soll das Produkt selbst mehr Informationen beinhalten?

Man kann davon ausgehen, daß die IKT jede Aktivität in der Wertschöpfungskette mehr oder weniger beeinflußt. Wichtig sind vor allem jene Bereiche, die hohe Kosten verursachen, strategisch als wichtig erkannt wurden und auf die die IKT tatsächlich einen hohen Einfluß ausüben kann. Zusätzlich muß auch der Grad der Realisierungschance für die Einführung einer neuen Technologie berücksichtigt werden.

Geprüft werden kann weiters, ob sich eventuell eine größere Wettbewerbsbreite (neue Marktsegmente, Eindringen in Nischen) ergibt. Umgekehrt besteht natürlich die Möglichkeit, durch das Schaffen von Eintrittsbarrieren eine Verengung der Wettbewerbsbreite und damit Vorteile am Markt zu erzielen. Eine Frage der Produktpolitik ist schließlich, ob mehr Informationen im Produktpaket und/oder mehr Information ins Produkt selbst impliziert werden. Ein Beispiel: Fehlerdiagnosesysteme bei modernen Kopierern ermöglichen dem Benutzer in den meisten Fällen, die Fehler selbst zu beheben und beschleunigen den Service bei größeren Reparaturen.[9] Dadurch kann einerseits die Zufriedenheit der Käufer gesteigert werden, andererseits wird der Kostenaufwand für Telefonservice und Wartungsarbeiten gesenkt.

---

[9] Z. B. das von Rank Xerox entwickelte RIC (Remote Interactive Communications - System), welches potentielle Störungen per Impuls an das zuständige Service-Center schickt; bei größeren Systemen kann das Kopiersystem in gewissen Fällen selbständig eine Nachjustierung vornehmen.

4.   **Entwicklung neuer Geschäftszweige durch IKT?**
     Oft hat sich gezeigt, daß durch die Einführung von IKT in gewissen Bereichen Zusatznutzen durch die Eröffnung neuer Geschäftszweige entstanden sind. So benötigten z. B. Banken für Kreditprüfungsverfahren eigene Software zur Bilanzauswertung. In weiterer Folge ergab sich ein Integrationsbedarf mit Finanzbuchhaltungssystemen und Kennzahlenberechnungen. Diese wurden den Kunden als zusätzliche Dienstleistung der Banken offeriert, sodaß heute fast jede Bank in der Lage ist, diese Aufgaben für ihre Kunden wahrzunehmen. Oft steht einer weitergehenden Vermarktung selbst entwickelter Software aber starkes Konkurrenzdenken gegenüber, das dazu führt, daß diese Lösungen lieber geheimgehalten als vermarktet werden.

5.   **Nutzung der Vorteile durch IKT:**
     Heute darf es nicht mehr darum gehen, ob die IKT wichtige Auswirkungen auf die Wettbewerbsposition einer Unternehmung hat, sondern mehr, wie und wann die gewünschten Wettbewerbsvorteile eintreten. Hilfreich kann dabei ein Durcharbeiten der oben angeführten Punkte sein. In weiterer Folge muß daraus eine Unternehmens- und Informatikstrategie erstellt werden, auf deren Grundlagen eine operative Maßnahmenplanung erfolgt. Durch die Einbeziehung strategischer Fragen und Entscheidungen ist die Mitarbeit aller Führungsebenen Grundvoraussetzung für die Realisierung.

Die oben angeführten Punkte sind natürlich weder vollständig noch unwidersprochen. Der Wettbewerb hängt oft von Faktoren ab, die nicht von allen Mitbewerbern beeinflußbar sind. Konkurrenten in Märkten mit einem starken Marktführer können zumeist nur reagieren, nicht agieren. Andererseits ist bei stark wachsenden Märkten das Hauptinteresse darauf gerichtet, der Nachfrage gerecht zu werden, und nicht darauf, Mitbewerber auszuschalten.[10]

Wettbewerbsvorteile ergeben sich nicht nur durch direkten Vergleich bzw. Differenzierung von Konkurrenten. Standortvorteile, kulturelle Vorteile, historische Vorteile und andere Umweltbedingungen beeinflussen den Wettbewerb durchaus ohne eigenes Zutun der Mitbewerber. Wettbewerb findet auch nicht nur am Markt des Hauptgeschäfts einer Unternehmung statt, sondern z. B. auch am Personalmarkt.

Kernpunkte der Kritik an den oben angeführten Punkten sind:

-    Die Wettbewerbsvorteile dürfen nicht nur langfristig betrachtet werden, sondern kurz-, mittel- und langfristig.

---

10   Wiseman, C.: Strategic Information Systems, Illinois 1988, S. 112ff.

- Nicht nur sogenannte unverwundbare Wettbewerbsvorteile sind relevant, sondern auch solche, die eine höhere Anfälligkeit gegen Nachahmung und Kopie haben.

- Der Wert eines Wettbewerbsvorteils wird nicht ausschließlich daran gemessen, ob der "Return on Investment" größer als der des (Industrie)Durchschnitts ist.

- Wettbewerbsvorteile sind nicht nur Preisvorteile oder Vorteile aus einer Produktdifferenzierung ("feature advantages"), auch andere Größen können Wettbewerbsvorteile darstellen.

- Der Wettbewerbsraum erstreckt sich nicht nur auf die direkten Konkurrenten, sondern auch auf Lieferanten, Kunden sowie Vertriebs- und Beschaffungskanäle.

- Es gibt nicht nur die generellen Strategien Kostenreduzierung, Spezialisierung und Differenzierung. Es gibt die strategischen Waffen: Kosten, Wachstum, Differenzierung, Innovation, Information, Zusammenarbeit (Zusammenschluß).[11]

Die meisten Überlegungen über strategische Systeme sind zudem nach außen gerichtet. Dies in dem Sinn, daß sie darauf abzielen, Kunden und/oder Lieferanten bessere Leistungen anzubieten.[12] Strategische Wettbewerbsvorteile sind aber auch im Unternehmen zu suchen, um damit die Produktivität der Mitarbeiter zu erhöhen (z. B. IDV - Individuelle Datenverarbeitung, Electronic Mail).

Problematisch ist die Definition des Nutzens beim Einsatz von IKT. Entsprechende Planung vorausgesetzt, sind die meisten Informationssysteme strategisch sinnvoll, "though the potential benefits are very subjective and not easily verified".[13] Eine ausschließliche Orientierung am Return On Investment läßt aber oft nur enge, gut definierte Ziele statt einer unternehmensweiten Strategie zu.

Mertens schlägt für die Suche nach Verwendungsmöglichkeiten der IKT als strategische Waffe folgende Punkte vor:[14]

- Die Analyse bestehender Konkurrenzsysteme (z. B. das Reservierungssystem *Apollo* der Fluggesellschaft United Airlines als Anwort auf SABRE, American Airlines).

---

11   Wiseman, C. : Strategic Information Systems, a.a.O., S. 122.

12   McNurlin, B. C. (Hrsg): Uncovering Strategic Systems, EDP Analyzer, October 1986, Vol. 24, No. 10, Montgomery Ave 1986, S. 3.

13   McFarlan, W. F.: Information technology changes the way you compete, a.a.O., S 101.

14   Mertens, P., Plattfaut, E.: Informationstechnik als strategische Waffe, a.a.o, S. 13ff.

- Besonderes Augenmerk auf Informationstechniken, in denen das Unternehmen bereits Know-How besitzt (Risikominimierung).

- Identifizierung von kritischen Erfolgsfaktoren.

- Nutzeffektsteigerungen durch eine Neugestaltung der Informationsflüsse zu Kunden und Lieferanten (z. B. Arzneimittelgroßhändler, die den Apotheken PC´s anbieten, über die Bestellungen direkt durchgeführt werden können).

Bei aller Wertschätzung für die IKT und deren Einfluß auf den Wettbewerb und damit den Erfolg der Unternehmen ist doch darauf hinzuweisen, daß es nicht nur Branchen gibt, wo die strategische Bedeutung der IKT sich in der Praxis bereits gezeigt hat, sondern auch andere, für die das oben Gesagte im Bereich der wissenschaftlichen Theorie liegt. Oft genanntes Beispiel für die Erzielung von Wettbewerbsvorteilen im anglo-amerikanischen Raum ist SABRE (Semi Automative Business Research), das Reservierungssystem der American Airlines. Max Hopper, Vizepräsident und IS-Chef der American Airlines, bringt es aber auf den Punkt: "IS not strategic for all".[15] Obwohl Informationssysteme zunehmend eine strategische Rolle in vielen Unternehmen spielen, sieht er dies hauptsächlich im Bereich von zeitkritischen Branchen, wie z. B. Fluglinien, Banken ("financial services"), etc., als notwendig an. Diese Ansicht ist zum einen Teil durchaus berechtigt, Ursachen für Fehlentwicklungen begründen sich andererseits oft durch die mangelnde Akzeptanz des IKT-Einsatzes durch das Top-Management.

Gründe, warum Informationssysteme vom Top-Management nicht akzeptiert werden, sind:

- Das Mangement hat keine Vorstellung der Kosten-Nutzen-Relationen beim Einsatz von Informationssystemen.

- Durch den Einsatz der IKT erhoffte Wettbewerbsvorteile sind nicht (von selbst) eingetreten.

- Das Management konzentriert sich auf kurzfristige und finanziell meßbare Ziele.

- Die IKT wirkt sich nicht direkt auf das Produkt aus. Damit wird der Einsatz der IKT nicht für strategisch wichtig gehalten.

- Das Management bekommt die Informationen nicht in jenem Ausmaß und Format, daß es damit direkt arbeiten kann.

---

[15] Moad, J.: Why You Should Be Making IS Allies. In: Datamation, International Edition, May 1, 1990, S. 32.
Das Beispiel SABRE zeigt aber auch, daß die Erzielung von Wettbewerbsvorteilen ein zyklischer Prozeß ist. Sonst könnte man sich wohl kaum die derzeit laufenden Übernahme/Zusammenschluß-Gespräche zwischen American Airlines und Panam erklären.

- Das Management wird durch eine "Informationsflut" nicht informiert, sondern abgeschreckt.

Grundvoraussetzung jedes erfolgreichen Informatikeinsatzes zur Verwirklichung von Wettbewerbsvorteilen ist daher eine uneingeschränkte Unterstützung von Seiten des Top-Managements ("gain top managements commitment"). Besondere Bedeutung hat daher die von allen Führungskräften mitgetragene Unternehmensstrategie und eine entsprechende Informatikplanung.

3.2. Unternehmensstrategie und Informatikstrategie

3.2.1. Die Bedeutung der Unternehmensstrategie

Der Einsatzbereich der IKT hat sich gewandelt: Vom ursprünglichen Buchungssystem über On-Line Systeme zur operationalen Steuerung der Betriebsabläufe bis hin zur "Information Era", der individuellen Entscheidungsunterstützung. Durch firmeninterne und firmenexterne Vernetzung (= Wired Society) haben Informationssysteme eine neue Komponente gewonnen. Dabei geht es nicht zuletzt um interne und externe Abhängigkeiten. Spätestens hier ist ersichtlich, daß die Planung von IKS eine Managementaufgabe von größter Tragweite geworden ist. Daraus folgt auch, daß die Informatikplanung nicht ohne Berücksichtigung der Unternehmensstrategie erfolgen kann. Umgekehrt ist bei der Formulierung der Unternehmensstrategie Rücksicht auf neue Möglichkeiten, die sich durch den Einsatz von IKT eröffnen, zu nehmen.

Eine Strategie ist die Entwicklung eines (ursprünglich) leitenden Gedankens, einer Vision, um bei sich ständig ändernden Bedingungen eine bestimmte Position am Markt zu erhalten bzw. zu erreichen (siehe Abb. 3.4.).

Die Funktion der Manager bei der Erstellung einer Strategie liegt einerseits in der Bewertung neuer Möglichkeiten und in der Fähigkeit, Prognosen zu erstellen, die dem tatsächlichen Verlauf der Ereignisse möglichst nahe kommen; andererseits in der Initiative und Professionalität, mit der aus dieser Fähigkeit Nutzen gezogen wird.[16]

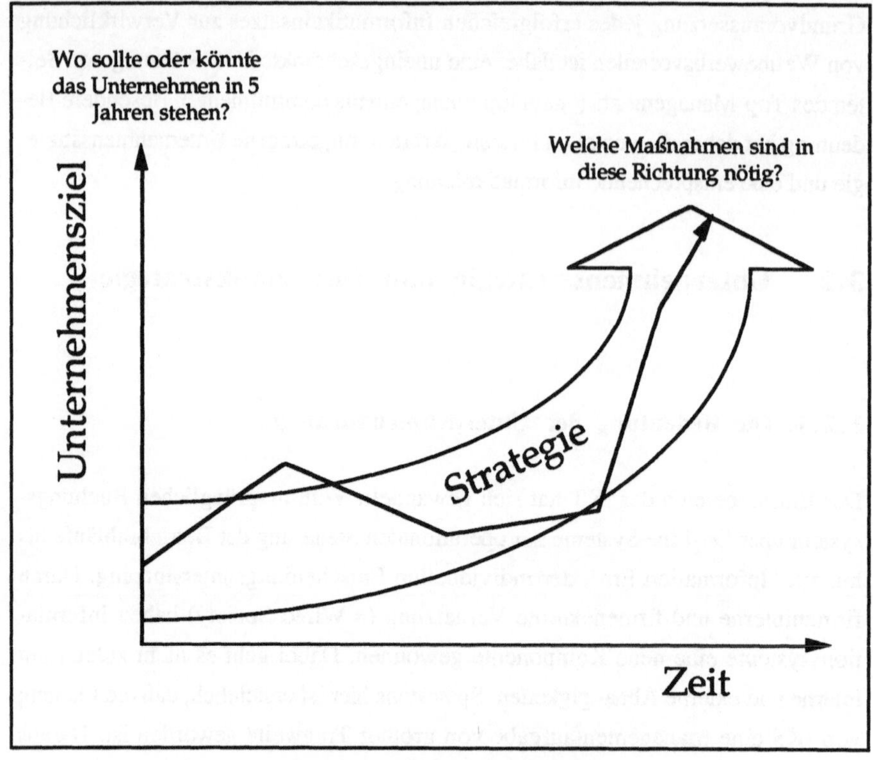

Abb. 3.4.: Strategiebegriff

Dabei sind besonders zwei Aspekte von übergeordneter Bedeutung:

-   Zum einen der instrumentelle Charakter von Strategien zur Erreichung der definierten Ziele und

-   zum zweiten der entscheidende Einfluß der Strategien auf das Ganze (Unternehmen).

3.2.2. Strategische Unternehmensplanung

"Daß eine Folge von kurzfristig immer wieder richtigen Entscheidungen doch in die absolut falsche Richtung führen kann, ... ist zum Schicksal ehemals blühender

---

16   Hinterhuber, H.: Zur Objektivierung strategischer Entscheidungen. In: Spremann/Zur
      (Hrsg.): Informationstechnologie und strategische Führung, Perspektiven und Anwendungen,
      Wiesbaden 1989, S. 29.

Unternehmen ... geworden. Sie sind mit dem Wandel ihres Umfelds nicht fertig geworden, weil sie sich wie der Wanderer im Dunkel verhielten, der mit der Laterne immer nur das Gelände vor seinen Füßen absuchte und nicht merkte, daß er auf dem falschen Weg war."[17]

Der Vorgang zur Definition einer (Unternehmens-)Strategie wird als strategische Planung bezeichnet. Die strategische Planung ist durch hohe Unsicherheit und Komplexität der Entscheidungen gekennzeichnet. Der Zeitraum für eine strategische Planung umfaßt normalerweise ca. 5 Jahre. Im Wesentlichen ist er abhängig von der Dynamik der Branche, dem Innovationstempo, der Risikofreudigkeit der Unternehmensleitung, dem Lebenszyklus der eigenen Produkte und dem möglichen zeitlichen, personellen und finanziellen Aufwand für die Planung.[18]

Detaillierter beschreibt Meffert die Dimensionen des Strategiebegriffs (unter der Prämisse, daß die Strategiedefinition sich aus Ziel- und Maßnahmenplanung zusammensetzt):[19]

Dem Setzen strategischer Ziele folgten die Wahl der Betätigungsfelder (strategische Geschäftsfelder) und das Festlegen von Prioritäten in diesen Betätigungsfeldern. Die weiteren Schritte dienen der Maßnahmenplanung: die Allokation von Ressourcen, die Definition von Steuerungsgrößen, eine globale Festsetzung von Maßnahmenbündeln (mit einer gewollt geringen Präzisierung der Maßnahmen).

Daraus sind folgende Teilprobleme abzuleiten:

1.   Die Definition von Geschäftsfeldern.

2.   Die Festlegung strategischer Ziele bzw. Schlüsselfaktoren für die Geschäftsfelder bzw. das gesamte Unternehmen.

3.   Die Formulierung funktionaler Strategien.

4.   Die Budgetierung als Festlegung und Allokation von Ressourcen zur Zielerreichung.

Hinterhuber schlägt die folgenden fünf Schritte zur *Strategiefindung* vor:[20]

---

17   Sommerlatte, T.: Jenseits von Darwin und Schumpeter. In: Arthur D. Little International (Hrsg.): Management des geordneten Wandels, Wiesbaden 1988, S. 3.

18   Stäehle, W.H.: Management: Eine verhaltenswissenschaftliche Perspektive, 4. neubearb. Auflage, München 1989, S. 99.

19   Meffert, H.: Strategische Unternehmensführung und Marketing: Beitrag zur marktorientierten Unternehmenspolitik, Wiesbaden 1988, S. 3ff.

20   Hinterhuber, H.: Strategische Unternehmensführung, 3. Auflage, Berlin - New York 1984, S. 37.

1.   Analyse der Ausgangsposition,

2.   Die Formulierung der Strategien,

3.   Ausarbeitung funktioneller Richtlinien,

4.   Gestaltung der Organisation,

5.   Aktionspläne auf Basis der Durchführungsplanung und eines geeigneten Motivations- und Überwachungssystems.

Voraussetzungen für beide Vorgangsmuster sind entsprechend motivierte Führungskräfte. Die Strategiefindung stellt hohe Ansprüche an Information, Intuition und Kreativität der Führungskräfte. Orientierungshilfen für strategisches Denken sind

-   Umweltbedingungen, die entweder als Chance oder als Hindernis Einfluß nehmen können.

-   die Erfolgspotentiale der Unternehmung gegenüber anderen Marktteilnehmern.

-   die Bedeutung und Relevanz des Verhaltens anderer Marktteilnehmer (gemessen an der Realisierung der eigenen Ziele).

-   die Wahrscheinlichkeit, mit der mit einem bestimmten Verhalten der Mitbewerber gerechnet werden kann.

-   die Analyseergebnisse der eigenen Stärken und Schwächen.

Strategisches Denken zeichnet sich daher durch folgende Eigenschaften aus:[21]

Zielorientierung:	Orientierung am langfristigen Erfolg der Unternehmung als Ganzes und an übergeordneten Zielen = Unternehmenspolitik
Erfolgsorientierung:	Im Vordergrund steht der Gesamterfolg auf längere Sicht. Kurzfristige Nachteile werden zugunsten längerfristiger (Zukunfts-) Vorteile in Kauf genommen.
Gründe für Unsicherheit und Ungewißheit:	Durch fehlende Informationen über die Reaktion der Unternehmung und die Veränderungen der Umwelt. Die strategische Orientierungsgrundlage ist eine weit in die Zukunft reichende Daten- und Informationsbasis.

---

21   Schertler, W.: Unternehmensorganisation, 3. Auflage, München - Wien 1988, S. 98.

Umfang: Vom angestrebten "Enderfolg" wird eine Gesamt-
                         strategie zur Zielerreichung abgeleitet. Besondere
                         Berücksichtigung finden die Umweltbedingungen.
Schwerpunkte: Methodische Schwerpunkte liegen in der Ableitung
                         der ersten Schritte von der erfolgreichen Lösung des
                         Gesamtproblems. Ein weiterer Schwerpunkt ist die
                         Analyse der Chancen und Risken der Unterneh-
                         mung (Stärken und Schwächen gegenüber der Kon-
                         kurrenz).

3.2.3. Aufbau einer Informatikstrategie

> "The development of information technology is far too important ...
> to be left to the information technologists."[22]

In den meisten Fällen wird man bei der Definition einer Unternehmensstrategie und
(implizit) der Maßnahmen zu ihrer Umsetzung nicht an der Informations- und
Kommunikationstechnologie herumkommen. Andererseits ist es nicht sinnvoll,
eine isolierte Informatikstrategie aufzubauen, die *vielleicht irgendwann einmal* mit
Unternehmenszielen abgestimmt wird. Leider ist dieser Fall in vielen Unternehmen
eingetreten: Meist über den Weg der Automatisierung des Rechnungswesens kam
die IKT in die Unternehmen. Früher oder später wurden dann noch andere Transaktionssysteme (wie Auftragsverwaltung, Lagerverwaltung) entwickelt oder ange-
schafft, und zur Entwicklung/Wartung eine eigene Informatikabteilung gegründet.
Diese entwickelte schließlich eine starke Eigendynamik. Irgendwann entstand dann
die Forderung oder meist die Einsicht (um die eigene Arbeit für die nächste Zukunft
zu rechtfertigen) nach einer "strategischen" Informatikplanung und damit der Erstellung eines "strategischen" Informatikkonzeptes.

Dieser an und für sich gute Ansatz ist problematisch, denn
strategisch ist an diesen Konzepten oft nur der Name. Die Ziele, welche mit diesen
Konzepten verfolgt werden, sind reine Informatikziele, wie Verbesserung der
Antwortzeiten, Unterstützung irgendeines Funktionalbereiches, höhere Sicherheit,
bessere Durchdringung der Unternehmung mit IKT, etc. Im günstigen Fall besteht

---

22   Rockart, J. F.: The Line Takes the Leadership - IS Management in a Wired Society. In:
     Information Management, 4/88, S. 8.

neben dieser "Informatikstrategie" auch eine Unternehmensstrategie.[23] Im günstigsten Fall verfolgen beide Strategien die gleichen Ziele.

In den meisten Fällen gilt aber weder das eine noch das andere. Solange Kosten keine oder nur eine geringe Rolle spielen, bzw. die allgemeine Zufriedenheit mit der Informatik (Abteilung) ungebrochen ist, fällt dieser Zustand kaum ins Gewicht. Tauchen jedoch die ersten Probleme (wie z. B. ein Anwendungsstau) auf, wird der Wettbewerb schärfer oder verschlechtert sich die Konjunkturlage, kommt auch die Unzufriedenheit mit der IKT im allgemeinen und der Abteilung "Informatik" (oder ähnlich) im speziellen. Besonders interessant wird die Lage dann, wenn auch das Top-Management nicht mehr mit der Informatiksituation zufrieden ist. Entweder wird dann ein externer Berater zu Hilfe gerufen, oder wichtige Projekte werden abgebrochen bzw. erst gar nicht initiiert. Oft kommt es dadurch zu einem regelrechten Teufelskreis: Aufgrund mangelnder Planung verkümmern in der dauernden Hektik des Nachlaufens hinter Änderungsanforderungen die Ansätze einer strategischen Planung beim Einsatz von IKT.[24]

Eine sinnvolle Informatikplanung muß daher immer von einer strategischen Unternehmensplanung abgeleitet sein. Die IKT darf nicht Selbstzweck sein, sondern muß dazu beitragen, (strategische) Unternehmensziele zu erreichen. Daraus leitet sich ab, daß das Top-Management die Entwicklung einer Informatikstrategie in Auftrag geben muß und ein Committment dazu abgibt. Ziel der Planung ist ein "Dokument, ... das beschreibt, welche Vorhaben zur Gestaltung der Informationsinfrastruktur langfristig realisiert werden sollen, und welches die wesentlichen Eigenschaften (Sachziele und Formalziele) dieser Vorhaben sind; ... ".[25] Darüber hinaus muß eine Informatikplanung auch geeignete Kontrollmöglichkeiten definieren, um die Umsetzung dieser Planung sicherzustellen.

---

[23]   In einer am Institut für Wirtschaftsinformatik (Universität Innsbruck) verfaßten Diplomarbeit wurden die größten österreichischen Unternehmen in dieser Hinsicht untersucht. Dabei hat sich herausgestellt, daß 42,7 % der untersuchten Unternehmen eine Unternehmensstrategie besitzen, nur 18,6 % eine IS-Strategie. Die Hälfte der Unternehmen, welche beide Strategien besitzen, haben die IS-Strategie im Rahmen der Unternehmensstrategie entwickelt.
       Wender, J.: Strategische Informationssystemplanung, Diplomarbeit Bd. 1, Innsbruck 1991, S. 70ff.

[24]   König, W., Niedereichholz, J.: Der Fortschritt der Informationstechnik und seine Auswirkungen auf Managementtechniken. In: ZfB 56. Jg., 1986, Heft 1, S. 13.

[25]   Heinrich, L. J.: Strategisches Informationsmanagement. In: Roithmayr, F. (Hrsg.): Der Computer als Instrument der Forschung und Lehre in den Sozial- und Wirtschaftswissenschaften, Wien - München 1989, S. 12f.

Inhalte einer Informatikstrategie sind daher:[26]

- Auswirkungen der IKT auf das Unternehmen als Ganzes, auf die Beziehungen am Markt.

- Technologische Infrastruktur (vorhandene Rechner, Software, Netze, etc.).

- vorhandene und geplante Anwendungssysteme und Datenstrukturen.

- Transaktionssysteme (Geschäftssysteme) und Informationserfordernisse.

- Planung der Umsetzung und Implementierung, Methoden und Werkzeuge, die eingesetzt werden sollen.

- Struktur und Fähigkeiten des Personals, Schulungsbedarf.

- Strategische Rechtfertigung durch Definition von Kosten, Nutzen und Risken.

Die oben angeführten Punkte werden im Stadium der Strategieerstellung natürlich noch relativ global ausfallen müssen. Trotzdem muß im Sinne des Strategiebegriffes (Ziel- und Maßnahmenplanung) die Formulierung so erfolgen, daß eine Kontrolle der gesteckten Ziele und eine Durchführung der Maßnahmen möglich ist. Formale Kriterien für die Informatikstrategie zu formulieren ist jedoch in diesem Zusammenhang nicht sehr sinnvoll - möglicherweise mögen sie im einen oder anderen Fall für die Erstellung hilfreich sein.[27]

Die Erstellung von Informatikstrategien ist natürlich schon Inhalt zahlreicher Methoden und oft auch Werkzeugen in der Praxis und/oder der Literatur. Einige davon sind im 2. Kapitel angeführt. In Anlehnung an Wiseman[28] wird hier noch ein etwas ausführlicherer Ansatz vorgestellt, der auch die vorher angesprochenen Komponenten besser berücksichtigt.

---

26   Bußmann, R.: Controlling der Informatikstrategie: "Ein iterativer Unternehmensprozeß". In: Informationssysteme-Controlling, Methoden und Verfahren in der Anwendung, IDG Communications Verlag AG, CSE, (Hrsg.): München 1990, S. 38.

27   Lehner, F.: Entwicklung von Informatik-Strategien, Paper, Institut für Wirtschaftsinformatik, Universität Linz, S. 11.
      Head, R. V.: Planning Techniques for Systems Management, Wellesley, MA, 1984, S. 145ff.

28   Wiseman, C.: Strategic Information Systems, a.a.O., S. 395ff.

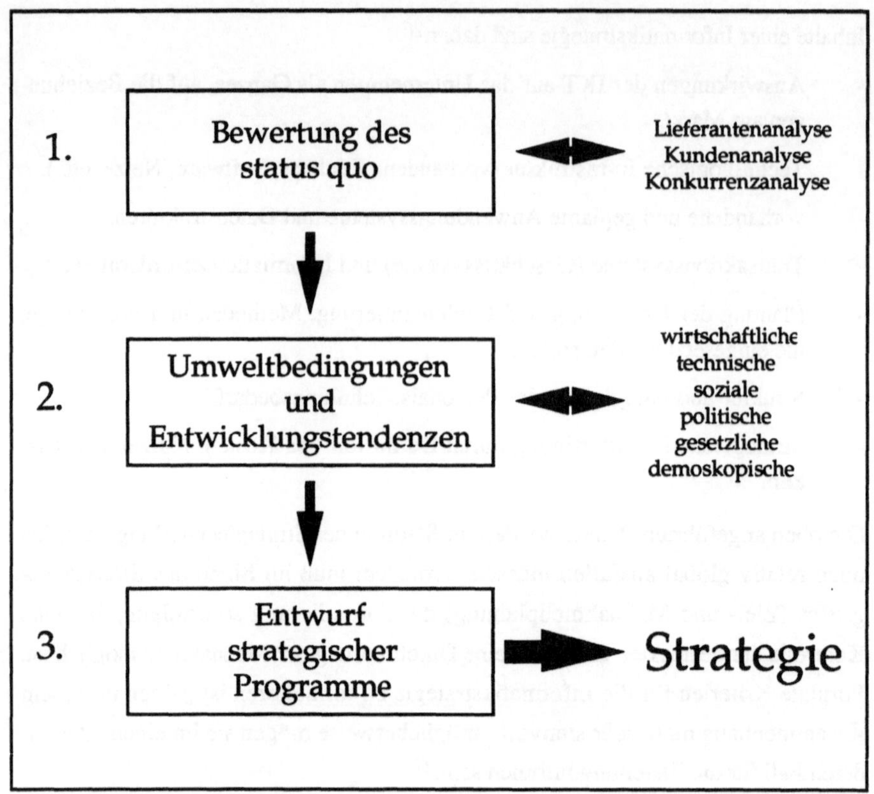

Abb. 3.5.: Strategieerstellung nach Wiseman

1. Bewertung des status quo

In einem ersten Schritt wird der Geschäftsbereich der Unternehmung definiert. Das beinhaltet Fragen nach Marktanteil, Marktsegmenten, Angebot an Leistungen/Produkten und die Stellung der Unternehmung im Vergleich zu den Konkurrenten. Im speziellen kann dies durch eine Analyse von Lieferanten, Kunden und Konkurrenten geschehen.

Bei der **Lieferantenanalyse** werden die Leistungen/Produkte in Hinblick auf ihre Auswirkung auf den Gewinn (oder eine andere definierte Kennzahl) hin untersucht (Profit Impact). Durch eine Gegenüberstellung mit dem Lieferrisiko (Supply Risk) läßt sich eine Matrix aufstellen, die Anhaltspunkte gibt, ob es sich um eine strategische (strategic), eine unkritische (noncritical), eine engpaßähnliche (bottleneck) oder eine einflußreiche (leverage) Lieferbeziehung handelt.

Die Klassifizierung erlaubt eine bessere Einschätzung der Beziehung zu Lieferanten und deren Abhängigkeiten und Möglichkeiten. Strategisch wichtige Lieferanten

sind z. B. durch On-Line Verbindungen oder andere Maßnahmen mehr an das eigene Unternehmen zu binden.

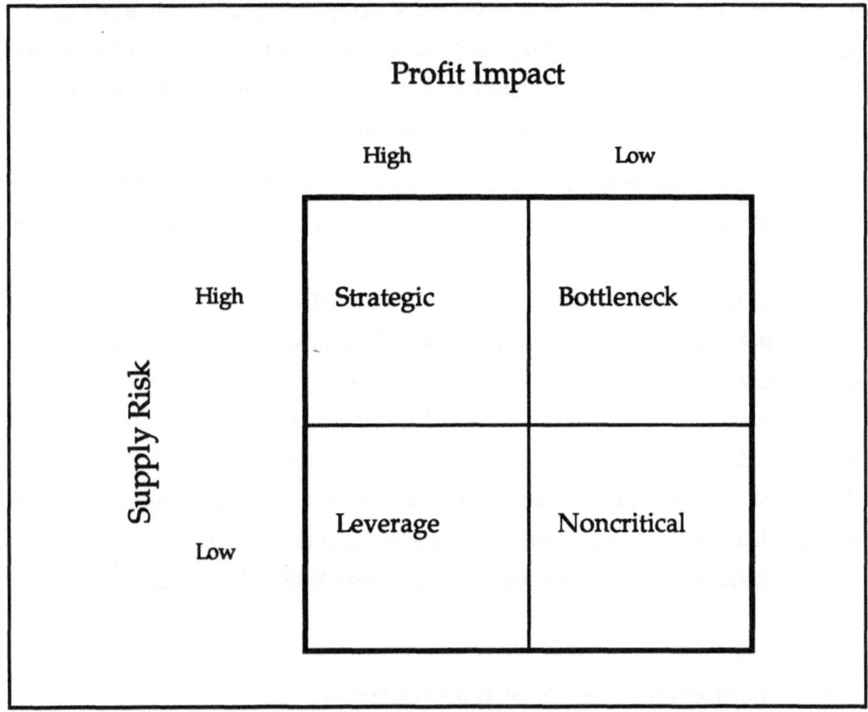

Abb. 3.6.: Lieferantenbeziehung. Quelle: Wiseman, C. : Strategic Information
Systems, a.a.o., S. 397.

Die **Kundenanalyse** läßt sich mit der Frage "Wieso kauft der Kunde bei uns und
nicht bei der Konkurrenz?" grob zusammenfassen. Genauer wird die Analyse
durch die Aufteilung der Kunden in Geschäftsfelder. Auch diese Fragen lassen sich
detaillierter formulieren:

> Wann kaufen die Kunden? - Wieviel wird gekauft? - Wer trifft die Kaufent-
> scheidung? - Welche Informationen (Beratung) benötigt der Kunde für die
> Kaufentscheidung? - Wie wird das Produkt benutzt, werden alle Möglich-
> keiten (richtig) ausgenützt? - Finden Vergleiche mit Konkurrenzprodukten
> statt? - Wie markenbewußt/firmentreu sind die Käufer? - Können wir Kunden
> von Konkurrenten gewinnen?

Sind diese und ähnliche Fragen beantwortet, sollte es möglich sein, pro Geschäftsfeld Stärken und Schwächen am Absatzmarkt zu erkennen. Zur Strategiefindung
auf dieser Ebene hat Wiseman einen sogenannten "strategic option generator" ent-

wickelt.[29] Dieser mag zwar ein guter Anhaltspunkt zur Strategieentwicklung sein, birgt aber die Gefahr in sich, als "Strategieautomat" mißverstanden zu werden.[30] Abgesehen davon, daß viele Aufgaben eines Vorgehensmodells mit Vollständigkeitsanspruch nicht berücksichtigt sind, ist der Strategiefindungsprozeß nicht zuletzt auch ein intuitiver Prozeß, der durch zu restriktives und methodisches Vorgehen nicht gefördert, sondern eher behindert wird.

Die **Konkurrenzanalyse** bezieht sich auf das Produkt, die Personalsituation, die Funktionalbereiche, die Organisation und IKT und die Unternehmenskultur. In diesen Bereichen wird - soweit möglich - zwischen den Konkurrenten und dem eigenen Unternehmen verglichen. Beispielsweise: Besitzt die Konkurrenz besser ausgebildetes, innovativeres Personal als wir? Geben wir mehr für F&E aus als die Konkurrenz? - Zur Informationsbeschaffung kann ein "strategic intelligence system" ausgezeichnete Dienste leisten.[31] Es besteht aus Berichten, Zeitungsausschnitten, Zeitungsartikeln und anderen (legal?) beschafften Unterlagen über die Konkurrenz. Bei entsprechender Information ist es z. B. auch möglich, sich bei strategischen Entscheidungen in die Rolle des maßgeblichen Konkurrenten zu versetzen und dessen Reaktionen mit einer gewissen Wahrscheinlichkeit vorauszusehen.

2. Umweltbedingungen und Entwicklungstendenzen

Hier wird versucht, Umweltbedingungen, die das Unternehmen in irgendeiner Weise beeinflussen können, zu finden und deren Entwicklung und Auswirkung auf das Unternehmen vorauszusehen. Umweltbedingungen sind vor allem wirtschaftliche, soziale, politische, demoskopische und gesetzliche Rahmenbedingungen, in denen das Unternehmen sinnvoll wirtschaften muß. Auch hier sind Ansatzpunkte für den Einsatz der IKT zu suchen.

3. Entwurf strategischer Programme

Der Entwurf strategischer Programme erfolgt auf Basis der zwei vorangegangenen Schritte. Heinrich unterteilt diesen Prozeß in eine "strategische Anwendungssy-

---

29   MacMillan, I., Wiseman, C.: Creating Competitive Weapons from Information Systems, Journal of Business Strategy, Fall 1984.

30   Lehner, F.: Entwicklung von Informatik-Strategien, a.a.O., S. 18f.

31   Wiseman, C.: Strategic Information Systems, a.a.O., S. 400.

stem-Planung" und eine "strategische Infrastruktur-Planung".[32] Erstere bezieht sich auf die Formulierung von Vorgaben für die Entwicklung neuer Anwendungssysteme (= Teilsysteme eines IKS) bzw. das Füllen von Anwendungslücken. Der zweite Begriff umfaßt die Planung der Ressourcenbereitstellung, um die Potentiale der Informationsfunktion in der Unternehmung zu aktivieren. Diese Unterteilung wird vor allem dort sinnvoll sein, wo es sich um Unternehmensgrößen handelt, bei denen die EDV-Infrastruktur in Form eines Rechenzentrums vorliegt. Zusätzlich muß Bedarf an größeren zentralen Anschaffungen in der EDV-Infrastruktur gegeben sein. In anderen Fällen ist es oft ausreichend, wenn die Planung der Infrastruktur im Rahmen einer Sachmittelplanung bei den Einzelprojekten des Projektportfolios (abgeleitet aus der Informatikstrategie) stattfindet.

Die strategische Planung ist ein dynamischer Prozeß und muß laufend erfolgen.[33] In vielen Unternehmen wird die Strategieerstellung als ein einmaliger Prozeß empfunden, der - spät aber doch - durchgeführt wird und dessen Ergebnisse so gut wie möglich umgesetzt werden. Berücksichtigt man die Ausgangsdaten der Strategieformulierung, so wird klar, daß sich mit deren Änderung natürlich auch die Strategie ändern muß. So können sich etwa durch wirtschaftspolitische Maßnahmen die Umweltbedingungen völlig ändern (z. B. ändert ein Nachtfahrverbot in Österreich die Ausgangslage für Frächter), oder durch Aktivitäten der Konkurrenz wird das Wettbewerbsfeld verschoben. Das heißt nicht, daß der für die Strategieerstellung definierte Zeitraum von normalerweise mindestens 5 Jahren in Frage zu stellen ist bzw. Unternehmensziele jährlich zu ändern sind. Es kann aber kurzfristig notwendig sein, die Maßnahmen für die Zielerreichung anzupassen oder zu ändern.[34] Da hier zweifellos ein Interessenskonflikt zwischen der langfristigen Planung einerseits und sich ständig ändernden Rahmenbedingungen andererseits besteht, schlägt Head folgendes vor:

"Compromises between ad hoc and annualized planning are not uncommon, in which certain portions of the plan that change little from year to year are not reissued, whereas others containing time- and task-oriented milestones are redone.

---

[32]   Heinrich, L. J.: Strategisches Informationsmanagement, a.a.O., S. 20f.

[33]   Mock, A.: Wirtschaftskybernetische Erfahrungen in der Wirtschaftspraxis. In: Witte, T. (Hrsg): Wirtschaftskybernetik und Systemanalyse, Band II, Systemforschung und Kybernetik für Wirtschaft und Gesellschaft, Berlin 1986, S. 7.

[34]   Hierzu auch das Beispiel der Chemie Linz AG mit der Anpassung ihrer Strategie an den Produktlebenszyklus.
       Bachinger, H.: Die strategische Ausrichtung der ORG/DV als Wachstumsprozeß. In: Information Management, 3/87, S. 18 - 23.

Goals, as abiding statements of purpose, may remain unchanged, whereas objectives might be updated annually or perhaps even more frequently. This suggests that a plan could be published in two sections, "permanent" and "changeable", or that a loose leaf notebook format be adopted in which sections or individual pages can be removed and replaced".[35]

Die Notwendigkeit einer ständigen Kontrolle der strategischen Entscheidungen und eine gewisse Änderungsbereitschaft lassen sich auch mit dem Charakter der Entscheidungssituation, in welcher strategische Entscheidungen getroffen werden, begründen. Eine vollkommene Reduzierung von Komplexität und Ungewißheit ist - allgemein anerkannt - nicht möglich. Mit anderen Worten konstruieren Manager "eine überschaubare strategische Entscheidungssituation, indem sie Annahmen setzen, Prioritäten formulieren und gewisse Entwicklungen und Handlungsalternativen ignorieren".[36]

Die getroffene Auswahl aus den Alternativen, die Strategie, kann daher immer auch falsch sein. Deshalb muß als Kompensationsfunktion dazu eine strategische Kontrolle erfolgen, welche die Aufgabe besitzt, die strategische Planung (bzw. deren Ergebnisse) daraufhin zu überwachen, ob sie befriedigende oder kritische Situationen verursacht. Diese Kontrollfunktion wird aber nicht im Sinne einer nachgeordneten Revision, sondern als begleitende Funktion des Planungsprozesses verstanden. [37]

3.2.4. Zusammenhang von Unternehmenstrategie und Informatikstrategie

"Die Technologie beeinflußt die Strategie, die Strategie hat Auswirkungen auf die Organisationsstruktur, die Unternehmenskultur, die im Unternehmen eingesetzte Technologie und das Rollenverständnis der Individuen."[38] Die Informatikstrategie

---

[35]   Head, R. V.: Planning Techniques for Systems Management, Wellesley, MA, 1984, S. 141.

[36]   Steinmann, H., Schreyögg, G.: Strategische Kontrolle, Unsicherheit und Flexibilität. In: Ballwieser, W., Berger, K.H. (Hrsg.): Information und Wirtschaftlichkeit, Hannover 1985, S. 660.

[37]   Steinmann, H., Schreyögg, G.: Strategische Kontrolle, Unsicherheit und Flexibilität,a.a.O., S. 661.
Luhmann, H.: Zweckbegriff und Systemrationalität, Frankfurt a. M. 1973, S. 323ff.

[38]   Martiny, L., Klotz, M.: Strategisches Informationsmanagement, Bedeutung und organisatorische Umsetzung, München - Wien 1989, S. 99.

ist immer in Abstimmung mit der Unternehmensstrategie zu entwickeln. Grundlegendes Prinzip ist, daß die unternehmensstrategischen Ziele Vorrang gegenüber der Technologie haben, die zur Erreichung dieser Ziele benutzt wird.[39]

Der Zusammenhang von Unternehmens- und Informatikstrategie ist evident. Eine isolierte Informatikstrategie ist so sinnlos, wie eine Unternehmensstrategie ohne Rücksicht auf Potentiale der IKT veraltet ist. Es besteht eine wechselseitige Abhängigkeit, die sich auch aus annähernd gleichen Grunddaten für beide Planungsprozesse ableiten läßt.[40] Man kann daher durchaus mit einiger Berechtigung die Frage stellen, ob eine solche begriffliche Trennung noch sinnvoll ist. Resultate der Planungsprozesse sind Projektportfolios. Es gibt sicherlich Projekte, die den Bereich der IKT nicht berühren. Daneben gibt es jedoch Projekte, die gewisse Schnittstellen zur IKT aufweisen. Schließlich existieren sogenannte "reine Informatikprojekte", die zusätzlich zumindest noch Organisationsprojekte sind.

Auch in der betrieblichen Praxis ist erkennbar, daß die Trennung von Informatik- und Unternehmensstrategie eher negativ zu beurteilen ist. Als Informatikstrategie bezeichnete Konzepte sind zu oft von Unternehmenszielen isoliert und auf die Fortschreibung oder Neuanschaffung von Hardware fixiert. Dazu kommt noch, daß der Aufwand gescheut wird, korrekte Pläne zu entwickeln; statt dessen wird einer halbherzigen, technischen Planung des Informatikeinsatzes im Unternehmen der Vorzug gegeben. Umgekehrt berücksichtigt man auch den Einsatz der IKT in der Unternehmensplanung noch viel zu wenig.

So zeigt eine empirische Untersuchung in den USA über die Einbindung von IS executives bei der Unternehmensplanung auf, daß nur 12 % stark beteiligt sind, 14 % "immerhin" beteiligt, 39 % "irgendwie" dabei und schließlich 35 % fast nicht beteiligt sind.[41] Informatikfragen, mit denen sich die Unternehmensführung beschäftigt, sind dann beispielsweise nur mehr die Genehmigung des Budgets der

---

[39] Krüger, W.: Organisation der Unternehmung, Stuttgart 1984, S. 28.

[40] Hanssmann spricht in diesem Zusammenhang von Unternehmensstrategie und "indirekten Strategien", die in die Unternehmensstrategie eingebettet sind.
Hanssmann, F.: Informatik-Strategie im Kielwasser der Unternehmensstrategie. In: Handbuch der modernen Datenverarbeitung, Strategische Planung der Informationsverarbeitung, Heft 154/1990, S. 29.

[41] Hershey, L., Eatman, J.L.: Why IS Execs Feel Left Out Of Big Decisions. In: Datamation, International Edition, May 15, 1990, S. 98.

Informatik, Unstimmigkeiten zwischen Informatik- und Fachabteilungen und spontane Aktionen zur Lösung akuter Probleme eines Anwendungssystems.[42]

Die IKT hat offensichtlich (noch) nicht in allen Führungsetagen den Stellenwert einer geschäftspolitischen Größe. Der nächste Punkt beschäftigt sich daher mit der IKT als Erfolgsfaktor im Unternehmen.

3.3. Der Erfolgsfaktor Informatik

Zahlreiche praktische Beispiele und theoretische Abhandlungen weisen darauf hin, daß die IKT ein Erfolgsfaktor für ein Unternehmen sein kann.[43] Die Voraussetzungen dafür sind in diesem Kapitel beschrieben:[44]

Im wesentlichen wird das Ausmaß, in dem die IKT zum Erfolg einer Unternehmung beiträgt (wobei Erfolg nicht unbedingt als Gewinn zu interpretieren ist) von folgenden Faktoren bestimmt:

-     der Ausschöpfung der Möglichkeiten, welche die IKT bietet.

-     der Qualität des bestehenden IKS.

-     der Leistungsfähigkeit der Infrastruktur der Unternehmung zur Weiterentwicklung des IKS.

Die erfolgreiche Beeinflussung dieser Faktoren ist durch informationsbewußtes Management, Management des Informationssystems und durch das Management der Informatik möglich.

Die Wahrnehmung eines informationsbewußten Managements (auch informationsbewußte Unternehmensstrategie[45]) bedeutet, bei der Lösung von Geschäftsproblemen und auf der Suche nach neuen Geschäftsfeldern verstärkt die Möglichkeiten der IKT einzubeziehen.

---

[42]   Österle, H.: Unternehmensstrategie und Standardsoftware: Schlüsselentscheidungen für die 90er Jahre. In: Österle, H. (Hrsg.): Integrierte Standardsoftware: Entscheidungshilfen für den Einsatz von Softwarepaketen, Band 1: Managemententscheidungen, Hallbergmoos 1990, S. 12f.

[43]   Mertens, P., Schumann, M., Hohe U.: Informationstechnik als Mittel zur Verbesserung der Wettbewerbsposition - Erkenntnisse aus einer Beispielsammlung. In: Spreman/Zur (Hrsg.): Informationstechnologie und strategische Führung, Wiesbaden 1989, S. 109 - 135.

[44]   Österle, H.: Unternehmensstrategie und Standardsoftware, a.a.O., S. 14.
Österle, H.: Erfolgsfaktor Informatik - Umsetzung der Informationstechnik in der Unternehmensführung. In: Information Management, 3/87, S. 24 - 31.

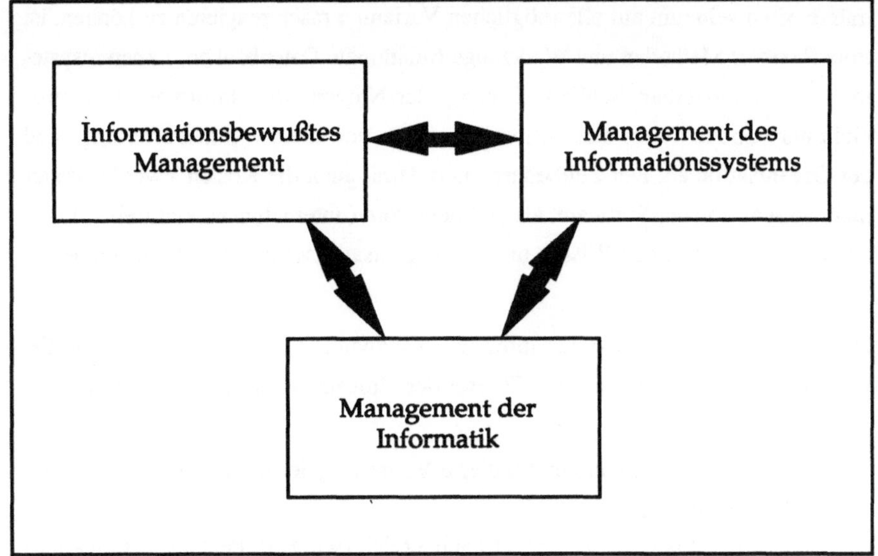

Abb. 3.7.: Aufbau eines Erfolgsfaktors Informatik. Quelle: Österle, H.

Isoliert betrachtet, wird die Leistungsfähigkeit des Systems durch das Management des IKS selbst verbessert (z. B. durch erhöhte Integration, durch Dezentralisation etc.). Ein wichtiger Aspekt hierbei ist die Gestaltung der Organisation.

Mit dem Management der Informatik werden schließlich die technisch-organisatorischen Rahmenbedingungen (Infrastruktur) für die Entwicklung und den Unterhalt eines leistungsfähigen IKS zur Verfügung gestellt.

Zwischen diesen drei Aufgaben bestehen Interdependenzen. Die Unternehmensführung muß die IKT in Fachlösungen umsetzen: Daraus entsteht in Summe das IKS, welches die Infrastruktur der Informatik bestimmt. Andererseits werden durch die Informatik im Unternehmen auch Grenzen bzw. Rahmenbedingungen für die Anwendung der IKT und damit die Entwicklung des IKS gesetzt.

3.3.1. Informationsbewußtes Management

Nicht die Informatikabteilung, sondern das Fachmanagement muß für den eigenen Zuständigkeitsbereich die Möglichkeiten der IKT erkennen und in eine Strategie umsetzen. Die Festlegung auf eine konkrete Strategie ist die erste Schlüsselentscheidung, die zu treffen ist. Die Forderung vieler Führungskräfte, ein System

---

45   Österle, H.:Unternehmensstrategie und Standardsoftware, a.a.O., S. 14.

müsse offen sein, um auf alle möglichen Varianten rasch reagieren zu können, ist trotz flexibler Methoden und Werkzeuge (relationale Datenbanken, Expertensysteme) nicht realisierbar. Schließlich hängt der Nutzen eines Informationssystems nicht nur von Hardware und Software, sondern vor allem von den Menschen und der Organisation ab. Der Zeitbedarf - und damit auch die Kosten - werden daher nicht so sehr von der Software, als vielmehr vom (unternehmens)kulturellen Wandel, dem aufzubauenden Wissen und den organisatorischen Veränderungen beeinflußt.

Die schwierigste Aufgabe des informationsbewußten Managements ist das Erkennen der Einsatzgebiete der IKT. Bei der Umsetzung sollten folgende Punkte helfen:[46]

- eine permanente, fachlich fundierte Vertretung der Informatik in der Unternehmensführung.

- die Informatik muß als eigener Fachbereich (wie z. B. Personal, Produktion) eingerichtet werden (mit organisatorischen Kompetenzen).

- Informatikaufgaben sind in den Fachbereichen zu lesen (in Zusammenarbeit mit der Informatikabteilung). Damit verbunden ist die Sicherstellung eines entsprechenden Informatikwissens in den Fachabteilungen (z. B. PC-Kenntnisse, Projektmanagement, Datenmodellierung und spezielle Softwarekenntnisse im erforderlichen Ausmaß).

- die IKT muß bewußt in der Unternehmensplanung aufscheinen.

- die Kreativität in der Anwendung muß gewährleistet bleiben. Das bedeutet, daß Wettbewerbsvorteile nur durch kreative Informatiklösungen erzielt werden und nicht durch Basissysteme.

3.3.2. Management des Informationssystems

Jede organisatorische Einheit muß über ihre informationelle Seite nachdenken. Das oft schon vorhandene Potential an Informationen muß ausgenutzt werden. Griese unterscheidet dabei ein Management der Produktionsfaktoren (Mitarbeiter, IKT, Kapital), ein Management der Produktionsprozesse (Entwicklung, Wartung, Betrieb) und originäre Führungsaufgaben (Planung, Kontrolle, Organisation, Innovation). [47]

---

[46]   Österle, H.: Erfolgsfaktor Informatik, a.a.O., S. 26f.

[47]   Griese, J.: Die Bedeutung von Informationssystemen im internationalen Wettbewerb. In: Wirtschaftsinformatik, 2/90, S. 139.

Die meisten Anwender kennen nur die für sie unbedingt notwendigen Grundtransaktionen, die sie zur Abwicklung ihres Tagesgeschäfts benötigen. Damit liegen wertvolle Ressourcen an Informationen brach. In Zukunft sollte zumindest jeder Manager ein Datenbankstrukturdiagramm ebenso selbstverständlich lesen können, wie er heute eine Bilanz liest (lesen können sollte)[48]. Damit wäre er in der Lage, den Aufbau von gespeicherten Informationen zu verstehen, und könnte diese auch besser nutzen. Zudem können komplexe Zusammenhänge auf diese Art und Weise gut dargestellt werden, sodaß sich die Darstellungsform auch für andere Probleme gut anwenden läßt.[49]

"Mit dem Aufkommen der Datenbanken in den Unternehmen wird eine ungeheuer vergrößerte Menge an Daten für die Entscheidungsfindung verfügbar, aber es bleibt schwierig, sie zu brauchbarer Information aufzubereiten. Eine wichtige Ergänzung zu den Informationsystemen ist ein kleiner Stab intelligenter Experten, der die Struktur der verschiedenen Datenbanken versteht und weiß, wie aus ihnen auf Anforderung Informationen herausgesucht werden können. Diese flexible menschliche Fähigkeit wird benötigt, um die Kluft zwischen den Datenbanksystemen und ihren Benutzern zu überbrücken."[50]

Nicht nur die interne Abfrage von Daten/Informationen bereitet den meisten Anwendern Probleme, sondern auch die externe Abfrage. Durch Zugriff auf externe Datenbanken und Informationen werden oft wichtigere Informationen für Entscheidungen geliefert als durch interne Berichte.

Auf Seite der IKS sind folgende Maßnahmen zu überlegen:

Die Architektur eines IKS ist strategisch zu planen und weiterzuentwickeln (siehe

---

48   Der amerikanische Konzern Du Pont (Industrie) hat drei Erfolgsfaktoren zur Erlangung von Wettbewerbsvorteilen definiert: "Encouraging executive education, better support of marketing, introduction of a new planning process for IS". Zum ersten Faktor konnte nachher festgestellt werden: "This program was significant ... because it raised the awareness of line executives on. the importance of their managing the use of information. This ... has resulted in line managers being assigned responsibility for making effective use of information systems within their business units." In:
McNurlin, B. C.(Hrsg): Uncovering Strategic Systems, EDP Analyzer, October 1986, Vol. 24, No. 10, Montgomery Ave 1986, S. 2.

49   Siehe dazu auch:
Moser, F.: Müssen Manager Datenbanken verstehen. In: Zeitschrift für Betriebswirtschaft, 53. Jg. 1983, Heft 3, S. 300 - 303.

50   Martin, J.: Einführung in die Datenbanktechnik, übersetzt und teilweise überarbeitet, München - Wien 1987, S. 316. Original: Martin, J.: Principles of Data-Base Management, Englewood Cliffs 1976.

auch weiter oben). Die Orientierung erfolgt primär an den Daten und nicht mehr an den Funktionen. Damit wird die Auflösung bestehender Organisationsstrukturen erleichtert und eine Anpassung an die Möglichkeiten der IKT verbessert. Aktive Integrationsmaßnahmen und Standardisierung der Datentypen machen IKS effektiver. Personalfluktuation, schlechte Dokumentation, Zukauf von Software von verschiedenen Herstellern wirken immer desintegrierend und sind daher nach Möglichkeit zu vermeiden.

Schließlich sind IKS nicht nur als Ganzes oder als ganze Applikationen einer Wirtschaftlichkeitsrechnung zu unterziehen, sondern jede einzelne Teilfunktion. Folgewirkungen auf andere Teilfunktionen sind natürlich zu berücksichtigen. Aus empirischen Untersuchungen ist bekannt, daß der Weiterentwicklungsaufwand und Unterhalt auf die Gesamtlebenszeit eines Informationssystems gesehen ca. das 2 - 3fache des Erstentwicklungsaufwands ausmacht.[51] Daher sind durch den Aufbau eines entsprechenden IS-Controllings die Qualität und die Kosten des IKS vor allem nach der Systemeinführung laufend zu überprüfen.[52] Die Verantwortung für die fachliche Funktion des IKS liegt beim entsprechend geschulten Fachbereich. Der Informatikbereich hat neben der technischen Verantwortung koordinierende und beratende Funktion.

3.3.3. Management der Informatik

Das Management der Informatik bedeutet in erster Linie Management der Abteilung Informatik. Darüber hinaus muß es aber auch die Informatikaufgaben aller anderen Bereiche der Unternehmung umfassen. Es handelt sich somit um eine Aufgabe, die vergleichbar mit Unternehmensplanung als "interfunktionaler Querschnittsbereich"[53] zu verstehen ist.

Viele EDV-Systeme werden in Form betrieblicher Rechenzentren betrieben bzw. geführt. Diese sind durch die Abwicklung einer Vielzahl verschiedener Verwal-

---

51   Griese, J., Seibt, D.: Ergebnisse des Arbeitskreises Wirtschaftlichkeit der Informationsverarbeitung. In: Zfbf, Heft 7, 39. Jg. 1987, S. 515ff.

52   Siehe dazu:
      IM Information Management, Heft 5, Mai 1992.
      Roithmayr, F.: Controlling von Informations- und Kommunikationssystemen, München 1988, S. 39ff.

53   Hanssmann, F.: Grundbegriffe der Unternehmensplanung: Versuch einer Abgrenzung und systemaren Verknüpfung. In: Die Betriebswirtschaft, 42, 1982, S. 399.

tungsaufgaben gekennzeichnet.[54] Im Vordergrund stehen dabei Routinearbeiten, wie Fakturierung, Lohnverrechnung, Rechnungswesen, etc. Selbstverständlich sind auch diese klassischen Funktionen wahrzunehmen und damit auch Aufgaben, wie zentrale Datenerfassung, Speicherung und Verarbeitung von Daten, Rechnerkoppelung, Transaktionsbetrieb, Beratung über Systembenutzung und Verwaltung von Massenspeichern. Durch technischen Fortschritt, zusätzliche (auch strategische) Anwendungen, erhöhtem Durchdringungsgrad und damit erhöhter Abhängigkeit von IKT-Systemen haben sich die Anforderungen an ein betriebliches Rechenzentrum bzw. eine Informatikabteilung wesentlich geändert.

Das Selbstverständnis der Informatikabteilung muß über die bereits 1978 erfolgte Definition von Szyperski hinausgehen. Es geht nicht mehr nur darum, eine "Servicefunktion zu erfüllen; ... sich (Anm.) inhaltlich prozessual und organisatorisch den Unternehmungsaufgaben und deren Erfüllung anzupassen"[55], sondern aktiv folgende Aufgabenschwerpunkte vermehrt wahrzunehmen:[56]

- Im Gegensatz zur Zentralisierung in Form eines betrieblichen Rechenzentrums gilt es, die Informatikfunktionen sinnvoll zu verteilen, d. h. klare Zuweisungen von Verantwortung und Kompetenz für Informatik- und Fachabteilung zu treffen. Dies gilt sowohl für die ständige Aufbau- und Ablauforganisation als auch für Informatikprojekte.

- In vielen Unternehmen wird durch einen Applikation-Backlog (Anwendungsstau) das Funktionieren des IS behindert. Zusätzlich entsteht Unzufriedenheit bei Benutzern und Projektmitarbeitern. Eine wirkungsvolle Maßnahme ist z. B. der verstärkte Einsatz von Standardsoftware. Damit werden Entwicklungszeiten verkürzt und das Unternehmen kann von der Erfahrung profitieren, welche im Softwarepaket bereits verarbeitet ist.
  Eine andere Maßnahme ist der Aufbau einer wirkungsvollen Entwicklungsumgebung. Ist eine Eigenentwicklung notwendig, so helfen Standards bei der Beherrschung der Komplexität und erhöhen die Entwicklungsproduktivität.

- Eine wichtige (wenn nicht die wichtigste) Aufgabe im Rahmen des Management der Informatik ist die Personalentwicklung. Durch eine entsprechende Einstellungspolitik und Schulung muß sowohl bei Fachbereichsmitarbeitern

---

54 Graef, M., Greiller, R.: Organisation und Betrieb eines Rechenzentrums, 2. überarbeitete Auflage, Stuttgart - Wiesbaden 1982, S. 26f.

55 Szyperski, N.: Realisierung von Informationssystemen in deutschen Unternehmungen, 1978. In: Selig, J. : EDV-Management, Eine empirische Untersuchung der Entwicklung von Anwendungssystemen in deutschen Unternehmen, Berlin - Heidelberg 1986, S. 43.

56 Österle, H.: Erfolgsfaktor Informatik - Umsetzung der Informationstechnik in der Unternehmensführung. In: Information Management, 3/87, S. 30f.

als auch bei den Mitarbeitern in der Informatikabteilung das entsprechende (Methoden-, Informatik-, Anwender-) Wissen akquiriert oder aufgebaut werden.

Noch Mitte der 80er Jahre wurde in Deutschland empirisch festgestellt, daß von EDV-Abteilungen 59 % ein hauptsächlich dienendes Selbstverständnis, 26 % ein dienendes und gestaltendes und nur 15 % ein vorwiegend gestaltendes Selbstverständnis hatten.[57] (Auch wenn diese Zahlen auf Grund der geringen Untersuchungsmenge - nur 27 Unternehmen - statistisch fragwürdig sind, bestätigen sie doch eine subjektiv feststellbare Tendenz.)

Ein Problem am Rande stellt die Abgrenzung der Informatik von anderen Technologien (z. B. Telefon) und/oder die Abgrenzung gegenüber der Organisation dar. Die Arbeitsgebiete von Organisation und Informatik lassen sich in der Regel nicht trennen, und, so kommt es in der Praxis immer wieder zu unklaren Aufgabenverteilungen beider Bereiche. Die beste Lösung ist die Zusammenlegung beider Funktionen zu einer Abteilung "Organisation und Informatik", wie dies auch in der Praxis oft zu beobachten ist. Bei stark in Richtung Telekommunikation orientierten Unternehmen, ist immer häufiger der Begriff Telematik als Zusammenfassung von Informatik und Telekommunikation zu finden.

3.3.4. Aktzeptanz des Erfolgsfaktors IKT

Die Akzeptanz der Informations- und Kommunikationstechnologie als Erfolgsfaktor hängt nicht zuletzt vom Nutzen ab, der dem Einsatz der IKT zugebilligt wird. Erstes Problem ist sicher die Schwierigkeit, Nutzen eindeutig zu definieren. Dies führt oft zur Entscheidungsunlust beim Top-Management. Letztlich muß in den Augen der Entscheidungsträger eine Rechtfertigung für alle Ausgaben existieren. Bei näherer Betrachtung lassen sich folgende Fälle von Informatikausgaben unterscheiden:[58]

1.   Es handelt sich um Instandhaltung und Wartung eines "alten" Systems, um es an geänderte Geschäftserfordernisse anzupassen.

2.   Es handelt sich um Pilotprojekte, um sich über die Möglichkeiten der IKT auf dem laufenden zu halten und um mit dieser Technologie zu experimentieren.

---

[57]   Selig, J.: EDV-Management, Eine empirische Untersuchung der Entwicklung von Anwendungssystemen in deutschen Unternehmen, Berlin - Heidelberg 1986, S. 43.

[58]   McFarlan, W. F.: Information technologiy changes the way you compete, a.a.O., S 102.

3.   Ausgaben zur Erlangung neuer, bereits definierter Wettbewerbsvorteile.

4.   Ausgaben, um zumindest mit anderen Mitbewerbern gleichzuziehen.

5.   Ausgaben, die durch einen klar definierten ROI (Return on Investment) gerechtfertigt sind.

Empirisch ist belegt, daß erfolgreiche Unternehmen den Nutzen der IKT höher einschätzen als weniger erfolgreiche Unternehmen.[59] Die Nutzenbewertung hängt dabei besonders von der strategischen Orientierung ab. Die Zufriedenheit mit der eingesetzten IKT sinkt, sobald die Zielsetzung ausschließlich (oder zumindest zum größten Teil) mit Kostensenkung oder Produktivitätssteigerung angegeben wird. Entweder der erwartete Kostensenkungseffekt tritt ungenügend ein, oder die Kosten der Umstellung sind höher als geplant und führen damit in Summe zu einem negativen Ergebnis. Durchwegs zufrieden mit der IKT sind Unternehmen, die den IKT-Einsatz vor allem mit der Marktorientierung begründen (z. B. mit effizienterem Informationsaustausch mit Kunden oder Lieferanten). Diese Orientierung ist bei erfolgreichen Unternehmen besonders ausgeprägt. Umgekehrt könnte man auch vermuten, daß diese Unternehmen deshalb erfolgreich wirtschaften!

3.4.   Vorgehensmodell zur computergestützten strategischen Informatikplanung

3.4.1. Ziele, Aufbau und Prämissen

Im folgenden wird ein Modell zur computergestützten Informationsbedarfsanalyse für die strategische Informatikplanung entworfen. Bei der Definition von Anforderungen an ein solches System lassen sich mit Sicherheit zwei Konstanten feststellen:

Zum einen die zunehmende Geschwindigkeit von Veränderungen und zum zweiten die zunehmende Komplexität von menschlichen Einrichtungen.[60] Ein Weg, um die

---

59   Meyer-Piening, A.: IT ist ein Maßstab für Unternehmenserfolg. In: Computerwoche, 20. 11. 1987, S. 42 - 47.

60   Hinterhuber, H., Plörer, V., Popp, W., Pucher, R.: Die EDV-unterstützte Erstellung von Planbilanzen für strategische Geschäftseinheiten. In: Strategische Planung, Bd. 2, 1986, S. 228.

Unternehmung bestmöglich auf die zukünftigen Entwicklungen vorzubereiten, besteht in der Minimierung der Zeiten, um:

1. Den gegenwärtigen Stand der Unternehmung, der strategischen Geschäftseinheiten und der Abteilungen zu erkennen.

2. Die unternehmungsexternen Entwicklungen und Kräfte zu erfassen, die für die Strategien der Geschäftseinheiten relevant sind.

Wichtigste "Komponente" im Planungsprozeß bleibt der Mensch, in diesem Fall die Manager einer Unternehmung. Für den Erfolg der Unternehmung ist nicht die strategische Planung oder Computerunterstützung an sich ausschlaggebend, sondern die Qualität des strategischen Denkens und Handelns der Führungskräfte. Die Computerunterstützung muß also vor allem die Entscheidungsfindung der Manager unterstützen, ohne dabei durch Restriktionen die Kreativität einzuschränken und originelle Lösungen zu verhindern. Ziele des Modells und des Werkzeugs sind daher:

-   Es wird ein Vorgangsmuster geschaffen, um die für strategische Planung wichtigen Informationen zu akquirieren. Diese Informationen werden so gespeichert, daß sie für alle am Entscheidungsprozeß beteiligten Personen zugänglich und transparent sind. Gleichzeitig besteht die Möglichkeit, Informationen einzeln mit Bewertungen und Präferenzen zu versehen, um die Komplexität einer globalen Betrachtung zu entschärfen.

-   Die in einem ersten Schritt gesammelten Informationen dienen als Grundlage für die Definition einer Unternehmensstrategie durch das Management.

-   Abhängig von den Informationen und vorgenommenen Bewertungen der Informationen ist ein Projektportfolio zu erstellen, das bereits eine Reihung nach Prioritäten enthalten kann. Die Entscheidung, welche Projekte zuerst und welche später durchgeführt werden, bleibt beim Management.

Die Rahmenbedingungen für dieses Modell sind:

(1) Es gibt vorerst keine Trennung zwischen Unternehmensstrategie und Informatikstrategie. Informationen werden unabhängig von dieser Trennung gesammelt. Damit sollen Probleme vermieden werden, die zu folgenden Aussagen führen:

-   Diese Informationen sind für eine Unternehmensstrategie nicht wichtig (zu technisch!) oder

-   Darum soll sich das Top-Management kümmern, wir müssen die Informatikprobleme lösen.

(2) Welche Strategie aus den gesammelten Informationen erstellt wird, bleibt dem Anwender überlassen. Die Methode und das Werkzeug unterstützen das Sammeln von Informationen (Informationsbedarf). Diese Informationen werden gespeichert und dienen dann als Basis für Experten, um daraus Strategien abzuleiten. Es handelt sich daher nicht um ein Expertensystem im engeren Sinn, welches aus den Komponenten Wissensbasis und Problemlösung besteht.[61]

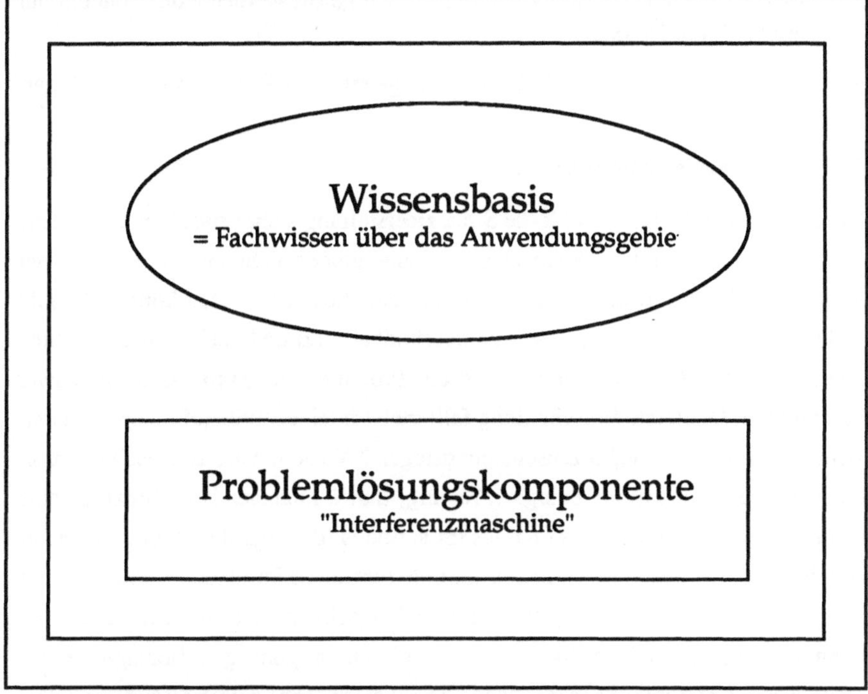

Abb. 3.8.: Wissensbasierte Systeme, Quelle: Kurbel, K.

Die Aufgabe der Problemlösung wird von den eigentlichen Experten wahrgenommen, d. h. von den mit der Strategieerstellung betrauten Führungskräften. Dies geschieht auf Grund einer Wissensbasis, die das Wissen des einzelnen Entscheidungsträgers übersteigt (durch Fortschreibung des Wissens und Beteiligung mehrerer Personen). Die Erstellung eines Expertensystems zur Strategiefindung auf Basis des hier entwickelten Prototyps ist natürlich nicht ausgeschlossen.

---

61   Kurbel, K.: Entwicklung und Einsatz von Expertensystemen, Eine anwendungsorientierte Einführung in wissensbasierte Systeme, Berlin - Heidelberg 1989, S. 17f.

Eine gute Übersicht und einen eigenen Lösungsvorschlag für Expertensystemansätze bei der Strategieerstellung bringt z. B. Plattfaut.[62] (Eine aktuelle Übersicht über Expertensysteme im allgemeinen betrieblichen Einsatz ist bei Mertens[63] zu finden.). Der Einsatz von Expertensystemen ist derzeit dort sinnvoll, wo:

1. Problemlösungen durch den Gebrauch von Expertenwissen, Urteilsvermögen und Erfahrung gekennzeichnet sind.

2. Eine Aufgabe nicht streng deterministisch gelöst werden kann, sondern nur mit Hilfe der Heuristik.

3. Experten vorhanden sind, die in der Lage sind, ihr Wissen systematisch darzustellen.

4. Das Problem abgrenzbar ist.

Die ersten zwei Punkte sind für die Strategieerstellung sicher zutreffend. Die dritte Anforderung ist nicht bzw. kaum erfüllt. Einmal gibt es nicht nur eine Methode der Strategiefindung und damit *den* Experten, der diese anwenden könnte. Es gibt mehrere Lösungsvorschläge, die alle begründbar sind und auch zum Ziel führen können. Zum anderen läßt sich die Art des Problemlösungsprozesses nur schwer beschreiben. Die letzte Entscheidung fällt meist in einer "stillen Stunde" und entzieht sich somit meist jeder Entscheidungsregel. "We do not act as a result of consideration, but as a way of being. ... Saying, that a manager is optimizing some value by choosing among alternatives for action is like regarding language understanding as a process of choosing among formal definitions."[64] Was aus der Perspektive eines einfachen Systems rational zu sein scheint, ist im Kontext eines komplexen Systems oft irrational. Der Planer kann nur günstigere Bedingungen für strategische Entscheidungen der Manager schaffen, aber niemals Strategie selbst

---

62 Plattfaut, E.: DV-Unterstützung strategischer Unternehmensplanung, Beispiele und Expertensystemansatz, Berlin - Heidelberg 1988.
    Hinweise, wann Expertensysteme menschlichen Experten vorzuziehen sind und umgekehrt, nennen:
    Lebsanft, E. W, Gill, U.: Expertensysteme in der Praxis - Kriterien für die Verwendung von Expertensystemen zur Problemlösung. In: Savory, S. (Hrsg.): Expertensysteme: Nutzen für ihr Unternehmen, Ein Leitfaden für Entscheidungsträger, München - Wien 1987, S. 135 - 149.
    Scheer, A. W. (Hrsg.): Betriebliche Exptertensysteme I, Einsatz von Expertensystemen in der Betriebswirtschaft - Eine Bestandsaufnahme, Wiesbaden 1988, S. 17 - 20.

63 Mertens, P., Borkowski, V., Geis, W.: Betriebliche Expertensystemanwendungen, 2. völlig neu bearbeitete und erweiterte Auflage, Berlin-Heidelberg 1990.

64 Winograd, T., Flores, F.: Understanding Computers and Cognition, A New Foundation for Design, Reading Mass. 1987, S. 146.

machen! (Malik, Hochschule St. Gallen). Der vierte Punkt kann nicht erfüllt werden, wenn die strategische Planung ganzheitlich betrachtet wird.

Zur Beurteilung des Einsatzes von Expertensystemen für die strategische Planung kann auch der folgende Ansatz herangezogen werden. Generell können Planungsaufgaben in operative, taktische und strategische unterschieden werden; Probleme in strukturierte, halb strukturierte und unstrukturierte.[65] Daraus leitet Schmidt die folgende Zusammenstellung von möglichen Entscheidungstechnologien ab:[66]

Planungsaufgabe	Problemstruktur		
	strukturiert	halb stukturiert	unstrukturiert
Operativ	EDV	ES	ES*
Taktisch	EDV/DSS	ES/DSS	ES*
Strategisch	ES/DSS	ES*	?

Abb. 3.9.: Entscheidungstechnologien, entnommen aus Schmidt, R.

(Herkömmliche EDV-Systeme = EDV, Entscheidungsunterstützungssysteme = DSS, Expertensysteme = ES bzw. Weiterentwicklung von ES = ES*).

Diese Abbildung wird gestützt durch die Analyse bereits bekannter Expertensysteme (zum Teil zu Recht so genannt, teilweise nicht) zum Thema strategische Planung, wie Computer Aided Strategy Audit (TU Berlin), Decidex (Frankreich), Integrated Consulting System (Standford Research Institute), Marketing Strategy Assistant, Situation Assessment Expert System, Sales Mix DSS, Strategy Checking by Artificial Intelligence, Sourcenet Expert, Strategic Intelligence System (University of Michigan), Stratassist und Stratex.[67] Einen weiteren interessanten Ansatz zu diesem Thema stellt das System CASA (Computer-assistiertes Strategie

---

65   Clifford, J.: Designing Expert Systems in a Business Environment. In: Pau, L. F. (Hrsg.): Artificial Intelligence in Economics and Management, Amsterdam 1986, S. 222.

66   Schmidt, R.: Expertensysteme zur Unterstützung der strategischen Planung. In: Spremann/Zur (Hrsg.): Informationstechnologie und strategische Führung, a.a.o, S. 259.

67   Eine kurze Beschreibung dieser Systeme und kritische Würdigung in: Schmidt, R.: Expertensysteme zur Unterstützung der strategischen Planung, a.a.o, S. 260 - 265.

Audit) dar.[68] Dieses wird aber nicht als Expertensystem bezeichnet, sondern als System, welches sich gewisser Technologien und Methoden der künstlichen Intelligenz bedient.

Ohne im einzelnen auf alle angeführten Systeme einzugehen, kann zusammenfassend festgestellt werden, daß es nach dem derzeitigen Stand der Expertensystemtechnik noch nicht möglich bzw. sinnvoll ist, unstrukturierte, strategische Fragestellungen vollständig automatisationsgestützt zu lösen. Sehr wohl können aber Teilbereiche herausgegriffen bzw. bestimmte Strategiefindungsmethoden unterstützt werden. In diesem Zusammenhang wird oft auch auf Schlagworte, wie "Kreativitätsfreisetzung" und "Intelligenzverstärker", hingewiesen.[69] Wesentliche Aspekte (besonders auch im Zusammenhang mit der Informationsbedarfsanalyse), wie die Problemerkennung und Dokumentation, wurden durch Expertensysteme bisher nicht gelöst.

Vor allen Dingen mangelt es vielen Expertensystemen an einer effizienten Speicherung und Verwaltung einer großen Fakten- und Regelbasis.[70] Die Verwaltung des Informationsbedarfs kann daher nach dem heutigen Stand der Technik besser mit Hilfe von Datenbankverwaltungssystemen (DBVS) auf Basis einer entsprechenden Datenmodellierung erfolgen. Diese Erkenntnis spiegelt sich z. B. auch verstärkt in Anstrengungen zur Koppelung von Expertensystemen und DBVS wider - "Die zentrale Informationsquelle ist nun einmal die Datenbasis"[71] - bzw. in den ersten Ansätzen von deduktiven Datenbanken.[72] [Deduktive Datenbanken weisen zusätzlich zur Funktionalität relationaler Datenbanksysteme eine deklarative Regelsprache (zur Definition von komplexen Relationen = Views) bzw. einen

---

68   Müller-Wünsch, M.: Computer-assistiertes Strategie Audit - ein wissensbasiertes System zur Strategieberatung. In: Information Management, 2/89, S. 26 - 30.

69   Zelewski, S.: Einsatz von Expertensystemen in den Unternehmen, Anwendungsmöglichkeiten, Bewertungsaspekte und Probleme künstlicher Intelligenz, Stuttgart 1989, S. 75.

70   Härder, T., Nelson, M., Puppe. F.: Zur Kopplung von Datenbank- und Expertensystemen. In: Savory, S. E. (Hrsg.): Expertensysteme, State of the Art 3, München 1987, S. 23.

71   Scheer, A.W., Steinmann, D.: Einführung in den Themenbereich Expertensysteme. In: Scheer, A. W. et al (Hrsg.): Betriebliche Expertensysteme I, Einsatz von Expertensystemen in der Betriebswirtschaft - Eine Bestandsaufnahme, Wiesbaden 1988, S. 21.

72   Deduktive Datenbanken gestatten in unterschiedlichem Ausmaß aus den gespeicherten Daten weitere Daten abzuleiten. Einen Überblick über das Gebiet des semantischen Wissens in Datenbanken (wozu auch die deduktiven Datenbanken gehören) bringt Gebhardt:
Gebhardt, F.: Semantisches Wissen in Datenbanken - Ein Literaturbericht, Informatik Spektrum, Band 10, Heft 2, April 1987, S. 79 - 98.
Kießling, W., Güntzer, U.: Deduktive Datenbanksysteme auf dem Weg zur Praxis. In: Informatik, Forschung und Entwicklung, Band 5, Heft 4, 1990, S. 187.

leistungsfähigen Deduktionsmechanismus zur Beantwortung von Anfragen an solche Regeldefinitionen auf.] Grundsätzlich ist festzustellen, daß es Bestrebungen gibt, Datenbanken mit deduktiven Fähigkeiten zu entwickeln und auch mit multimedialen Fähigkeiten auszustatten.[73] Es ist daher sinnvoll, Anleihen an verschiedene Techniken und Begriffe der künstlichen Intelligenz und der Hypertexttechnologie zu nehmen, den Gesamtkomplex der Informationsbedarfsanalyse aber auf Basis von DBVS zu realisieren.

3.4.2. Aufbau einer Wissensbasis

Grundidee ist der Aufbau einer Wissensbasis für strategische Entscheidungen. Wie gerade ausgeführt, handelt es sich um kein klassisches Expertensystem. Trotzdem bleibt eine Komponente eines solchen Systems, die Wissensbasis, im Mittelpunkt des Interesses. Die Vorgangsweise der Erstellung dieser Wissensbasis kann daher - mit Einschränkungen - aus der Expertensystem-Theorie und -Praxis hergeleitet werden.

Der Aufbau einer Wissensbasis wird als Knowledge Engineering bezeichnet.[74] Darunter ist die Aufarbeitung der "Domäne", also, des Fachwissens des jeweiligen Anwendungsgebiets zu verstehen, d. h., daß der Prozeß, wie das menschliche Wissen extrahiert und kodifiziert wird, mit einem Rechnersystem verarbeitet werden kann.[75] Normalerweise besteht dieses Wissen aus Fachbegriffen und Regeln, die der Experte zur Lösung eines Problems benötigt. Dazu kommt noch das Allgemeinwissen des Experten, welches nicht immer bewußt, sondern oft nur intuitiv eingesetzt wird.

Das Knowledge Engineering selbst läßt sich weiter unterteilen in die Knowledge Acquisition und die Modellierung.

Die **Knowledge Acquisition** oder Wissenserhebung kann auf verschiedensten Quellen basieren. Wichtigste Quelle ist das Expertenwissen eines oder mehrerer Ex-

---

[73]   Neumaier, H.: State of the Art 6, Relationale Datenbanken, Wien - München 1989, S. 20.

[74]   Felgentreu, K., Krasemann, H. Meßing J. : Entwicklungsstrategien. In: HMD, Handbuch der modernen Datenverarbeitung, Expertensysteme, Heft 147, Mai 1989, S. 35 - 43.

[75]   Brownston, L., Farrell, R., Kant, E., Martin, N.: Programming Expert Systems in OPS5, p.20. Reading: Addison-Wesley 1985. In: Crasemann, C., Krasemann. H.: Der Wissens-Ingenieur - ein neuer Hut auf altem Kopf, Informatik Spektrum, Band 11, Heft 1, Februar 1988, S. 43.

perten. Andere Informanten sind z. B. Fachliteratur, Datenbanken, empirische Daten, Gesetze, Berichte, etc. Im Vordergrund steht aber meist die Expertenbefragung. Ziel ist, das bei wenigen Experten vorhandene Wissen allgemein zugänglich zu machen. Der ursprüngliche Gedanke war, daß es damit auch Nicht-Fachleuten möglich wäre, mit dem Expertenwissen einschlägige Probleme zu lösen. Inzwischen ist diese Vorstellung dahingehend korrigiert worden, daß beim Anwender zumindest Grundkenntnisse des Wissensgebietes vorhanden sein müssen.

Die **Modellierung** dient der Formalisierung und Organisation des Wissens. Anhaltspunkte dafür liefert das Vierschichtenmodell zur Klassifizierung des Wissens.[76]

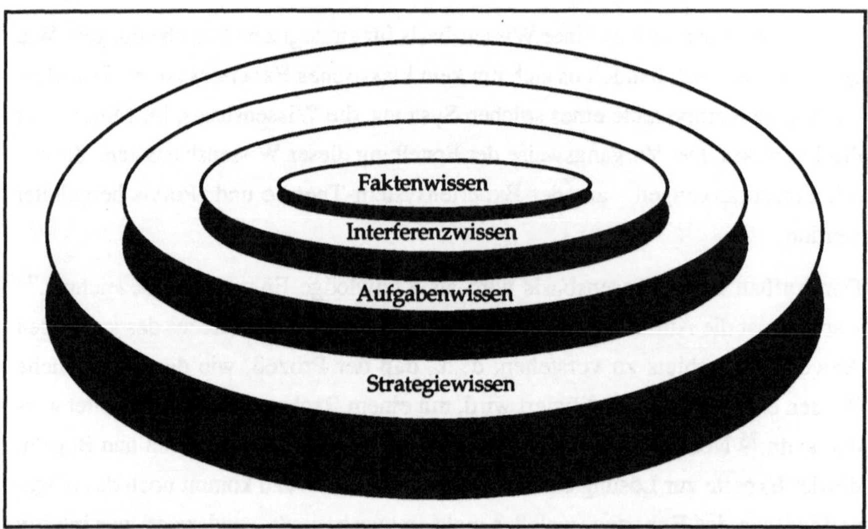

Abb. 3.10.: Vierschichtenmodell. Quelle: Felgentreu, K., et al.

Das Faktenwissen, die innerste Schicht, enthält die für den Aufgabenbereich maßgebenden Grundkonzepte und Beziehungen. Diese ergeben sich unmittelbar aus der Wissensakquisition.

Das Interferenzwissen, die zweite Schicht, enthält die Prozeduren zur Wissensverarbeitung. Die dritte Schicht, das Aufgabenwissen, enthält das Wissen um die zur Problemlösung erforderlichen Aufgaben und deren Zerlegung in Teilaufgaben. Die äußerste Schicht, das Strategiewissen, beinhaltet schließlich das Wissen über das Aufgabenwissen.

---

[76]   Felgentreu, K., Krasemann, H. Meßing J.: Entwicklungsstrategien, a.a.O., S. 37f.

Buchanan unterscheidet drei mögliche Arten der Wissenserhebung:[77]

1. Indirekte Wissenserhebung

Abb. 3.11.: Indirekte Wissenserhebung

Bei dieser Art der Wissensakquisition versucht der sogenannte Knowledge-Engineer von den Experten das Wissen zu erhalten. Techniken dazu sind die Expertenbeobachtung, die Problemdiskussion, die Problembeschreibung, die Systemverfeinerung, die Systemüberprüfung und die Systemvalidierung. Neuere Methoden sind die Protokollanalyse ("Think aloud protocols"), die Textanalyse und die Verfremdungstechnik.[78]

2. Direkte Wissenserhebung

Abb. 3.12.: Direkte Wissenserhebung

Hier gibt der Experte sein Wissen direkt in das Expertensystem ein. Die Akquisitionskomponente des Expertensystems muß so mächtig sein, daß es dem Experten ohne besondere Kenntnisse des Systems möglich ist, das System "zu füllen". Sonst muß der Experte entsprechendes Verständis für die Struktur und "Denkweise" des Systems aufbringen, um dieses zufriedenstellend benützen zu können. Diese Form der Erhebung wird vor allem bei der Fortschreibung der Wissensbasis verwendet, weniger bei der Neuanlage. Typische Anwendungsbeispiele sind auch sogenannte "Expertensystemshells" (z. B. NEXPERT).

---

[77] Buchanan, B.G., et al.: Constructing an Expert System. In: Hayes-Roth, F., Waterman, D. A., Lenat, D. B. (Hrsg.): Building Expert Systems, London 1983, S. 130f.

3.   Automatische Wissenserhebung

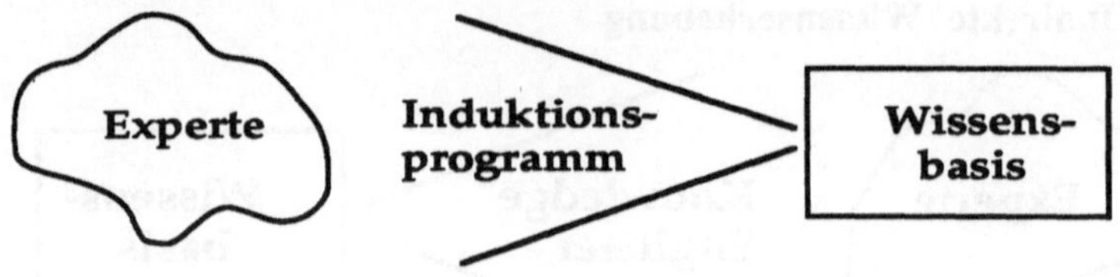

Abb. 3.13.: Automatische Wissenserhebung

Hier handelt es sich um "self-learning-systems". Bei der Problemlösung wird laufend die Wissensbasis erweitert und vervollständigt. Diese Art der Wissens-akquisition ist aber noch weitgehend ungelöst.

Der Wissenserwerb bzw. die Wissenserhebung stellt sowohl in theoretischer als auch in praktischer Hinsicht immer noch eines der schwierigsten Probleme bei Ex-pertensystemen dar. Er wird daher oft als "Knowledge Engineering bottleneck" be-zeichnet.[79]

Savory weist darauf hin, daß der Versuch, " ... die aus dem allgemeinen Software-engineering vertrauten Phasen-Modelle des Software Entwicklungsprozesses auf den Bau von Wissensbasen als einem Sonderfall von Softwarentwicklung mit nur geringen Aenderungen zu übertragen" die hauptsächliche Ursache dafür ist, daß Methode und Praxis der Wissenserhebung zusammenhanglos gegenüberstehen.[80] Von den weiteren Überlegungen kann von vornherein die automatische Wissenser-hebung ausgenommen werden. Für die Erhebung des Faktenwissens ist ein selbst-lernendes System derzeit technisch nicht gelöst.

Die grundlegenden Probleme jeder Art von Wissenstransfer zeigt die folgende Ab-bildung. Oft ist schon der Austausch von einfachen Botschaften zwischen zwei Personen schwierig:

---

[78]   Kurbel, K.: Entwicklung und Einsatz von Expertensystemen, a.a.O., S. 76f.

[79]   Turban, E.: Decision Support and Expert Systems, Management Support Systems, Second Edition, New York 1988, S. 453.

[80]   Savory, S.: Künstliche Intelligenz und Expertensysteme, Ein Forschungsbericht der Nixdorf AG, 2. Auflage, München - Wien 1985, S. 133.

Abb. 3.14.: Kommunikation, Quelle IBM.

Die Wissensakquirierung ist zusätzlich durch folgende Probleme gekennzeichnet:[81] Das Wissen muß in einen Computer eingegeben und dort in einer gewissen Weise strukturiert werden. Dadurch ist es notwendig, sich auf einer tieferen, detaillierteren Ebene auszudrücken, als dies normalerweise zwischen zwei Menschen der Fall wäre. Das menschliche Wissen existiert sozusagen compiliert, der Mensch kennt nicht alle Arbeitsschritte seines Gehirns bei der Aufarbeitung und Verknüpfung von einzelnen Informationen zu dem, was unter "Wissen" verstanden wird.

Im Gegensatz zum oben angeführten Kommunikationsbeispiel gibt es nicht nur Sender und Empfänger sondern mehrere Teilnehmer. Diese zu koordinieren, unterschiedliche Hintergründe richtig einzuschätzen und verschiedene Ausdrucksweisen

---

[81] Turban, E.: Decision Support and Expert Systems, a.a.O., S. 457.

richtig zu interpretieren erfordert erheblichen Arbeitsaufwand. Ein weiteres Problem - welches bereits angesprochen wurde - ist, daß es den Experten oft nicht möglich ist, ihr Wissen so darzustellen, wie sie es tatsächlich verwenden. Dazu ist es auch notwendig, die Struktur des Expertenwissens zu erkennen.

Ziel des hier entwickelten Werkzeugs ist die direkte Wissenserhebung. Dies ist dadurch erleichtert, daß es um die Abfrage von Faktenwissen geht und nicht um Regeln zur Strategiefindung. Voraussetzung dafür ist, daß Aufgaben des Knowledge Engineers entweder vom Anwender übernommen werden oder aber im Werkzeug implementiert sind. Sinnvollerweise ist eine weitgehende Einbindung ins Werkzeug den "verteilten Knowledge Engineers" vorzuziehen.

Die Aufgaben der Wissensingenieure besteht darin, Wissen eines menschlichen Experten in Erfahrung zu bringen und in eine Wissensbasis einzugliedern. Wesentlich ist das Herausarbeiten von Wissen und die Übertragung in geeignete Wissensrepräsentationsschemata. Der Knowledge-Engineer muß

-     das Anwendungsgebiet analysieren,

-     das Expertenwissen eruieren,

-     und die Wissensbasis entwerfen.

Umgelegt auf ein Werkzeug ergeben sich daraus folgende Anforderungen:

1.   Es muß ein allgemeingültiges Schema gefunden werden, aus dem hervorgeht, welche Informationen für das Anwendungsgebiet (Strategiefindung) notwendig sind.

2.   Die Experten füllen die leere Wissensbasis mit Informationen. Dabei ist es hilfreich, wenn das System durch entsprechende Fragen, Beispiele, Eingabemasken und Hilfstexte die Art und Tiefe der benötigten Informationen vorgibt.

Ähnlich dem klassischen Softwareentwurf gilt auch hier, daß das Werkzeug vorerst konzeptionell gut durchdacht sein muß, bevor mit der Implementierung begonnen wird. Im nächsten Arbeitsschritt erfolgt daher der Entwurf eines konzeptionellen Wissensmodells.

3.4.3. Entwurf des konzeptionellen Wissensmodells

Mit Hilfe dieses Modells wird ein von der Implementation unabhängiges Datenmodell für strategierelevante Faktoren und Informationen erstellt. Der Entwurf folgt

dem Beispiel der Datenmodellierung und gliedert sich in Auflistung von Datentypen, Bildung von Entitätstypen (Entitäten), Feststellen von Beziehungen und
Normalisierung. Die Dokumentation erfolgt mit Einrückungslisten und Strukturdia-
grammen.

3.4.3.1. Erstellen einer Komponentenliste

Die folgende Komponentenliste zeigt eine Auswahl der gefundenen Datentypen
(ohne Struktur bzw. Reihung):

> Umwelteinflüsse
> Strategische Geschäftsfelder
> Wettbewerbsvorteile
> Dynamik der Branche
> Innovationstempo
> Branche
> Produktlebenszyklus
> Risikofreude der Unternehmensleitung
> Kritische Erfolgsfaktoren
> Informationstechnik
> Kundeninformationen
> Lieferanteninformationen
> Konkurrenten
> Unternehmenskultur
> ....
> ....
> ....
> etc.

Zwei Arten von Datentypen können unterschieden werden: Elementare Datentypen
(die nicht weiter zerlegbar sind) und zusammengesetzte Datentypen. Die Strukturierung der oben gesammelten Begriffe erfolgt durch Bildung von Entitätstypen.
Entitätstypen sind zusammengesetzte Datentypen, über die Informationen gespeichert werden sollen.

3.4.3.2. Identifizierung von Entitätstypen

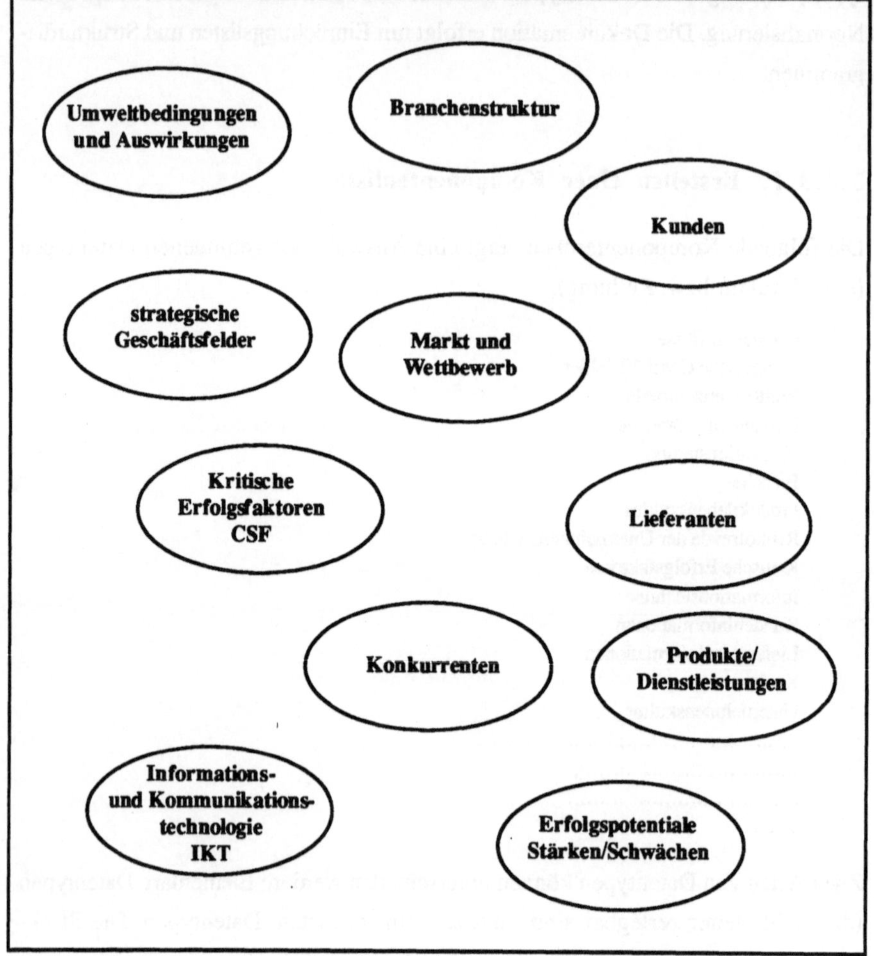

Abb. 3.15.: Identifizierung von Entitätstypen

Umweltbedingungen und Maßnahmen
     Umweltbedingung
     Auswirkung auf das Unternehmen
     mögliche Maßnahmen

Strategische Geschäftsfelder
     Beschreibung
     Profitabilität
     Eigenschaft
     Anteil am Umsatz/Gewinn
     Verantwortung
     Einsatz IKT

Kritische Erfolgsfaktoren (CSF)
    Beschreibung
    Beitrag IKT zur Erfüllung des CSF generell

Informations- und Kommunikationstechnologie (IKT)
    Beschreibung

Konkurrenten
    Name
    Adresse
    Produktleistungsvergleich
    Preisvergleich
    Marktanteil
    Image
    Standortvorteile, Personalsituation, Unternehmenskultur
    etc.

Lieferanten
    Name
    Adresse
    strategische Bedeutung
    Lieferrisiko
    Bindung
    etc.

Kunden
    Name
    Adresse
    Produktbeziehung, Preis, Qualität für Kaufentscheidung
    Beratung, Dienstleistungen
    Präferenzen
    etc.

Markt und Wettbewerb
    Marktsitutation
    Wettbewerbssituation

Branchenstruktur
    Branche
    Beschreibung

Erfolgspotentiale - Stärken/Schwächen
    Beschreibung
    Realisierungschance
    Nachahmungsgefahr
    etc.

Produkte/Dienstleistungen
    Produktbeschreibung
    Informationsintensität

Der Zusammenhang zwischen den einzelnen Entitätstypen läßt sich (stark vereinfacht) mit dem folgenden semantischen Netz darstellen:

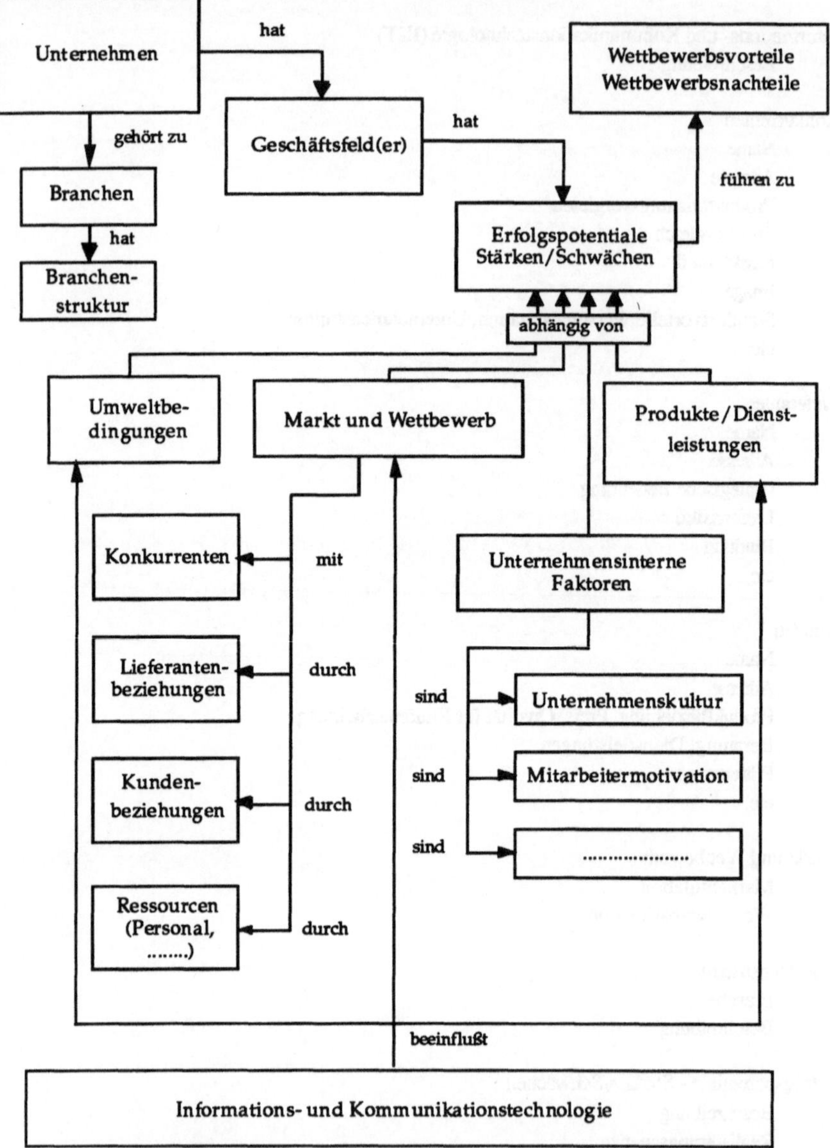

Abb. 3.16.: Zusammenhang der Entitätstypen als semantisches Netz

Die Abbildung zeigt, daß ein Unternehmen in Geschäftsfelder aufgeteilt wird und in
jedem Geschäftsfeld gewisse Stärken und Schwächen existieren. Diese führen entweder zu Wettbewerbsvorteilen oder -nachteilen. Zudem gehört jedes Unternehmen
zu einer oder mehren Branchen mit unterschiedlicher Branchenstruktur. Die Gestal-

tung der Wettbewerbsvorteile/-nachteile hängt einmal global von der Branchenstruktur ab, im Detail können sie über die Stärken/Schwächen in den Geschäftsfeldern beeinflußt werden. Diese sind abhängig von den Umweltbedingungen, vom Markt und Wettbewerb (mit Konkurrenten, Lieferanten, Kunden und um Ressourcen), internen Faktoren (Unternehmenskultur, Mitarbeitermotivation, etc.) und von den Produkten/ Dienstleistungen, die angeboten werden. Diese Einflußgrößen sind ihrerseits durch IKT beeinflußbar. Damit ist der Zusammenhang zwischen IKT und Wettbewerbsvorteilen (eventuell auch Nachteilen) dargestellt.

Diese - wie gesagt starkt vereinfachte - Darstellung soll zeigen, daß es nicht ohne weiteres möglich ist, die relevanten Informationen zur Strategieerstellung in ein (Datenbank-)Korsett zu zwängen. Andererseits bestehen statisch abbildbare Zusammenhänge und diese lassen sich auch abbilden und zur Entscheidungsfindung heranziehen. Es gilt daher, zwei Probleme bei der Abbildung zu bewältigen:

1. Die Menge der Informationen und die Komplexität der Zusammenhänge so darzustellen, daß auf dieser Grundlage Entscheidungen sinnvoll zu unterstützen sind.

2. Das System offen zu halten, um unterschiedlichste Ansätze und Präferenzen der Strategieerstellung nicht im vorhinein auszuschließen.

Die erste Forderung liest sich wie eine klassische Datenbankaufgabe. Informationen werden in eine relativ starre Struktur gebracht, eventuell bewertet und danach nach unterschiedlichsten Kriterien zusammengefaßt und ausgewertet. Komplexe Systeme haben aber leider die Eigenschaft, sich nicht oder nur sehr schlecht in Form eines Modells abbilden zu lassen (Ansätze dazu siehe vor allem bei Scheer W.A.). Zudem wäre es dann nur mehr im geringen Ausmaß ein "offenes" System, d. h. für jede Branche, jeden Strategiefindungsansatz, etc. wäre eine eigene Datenbankstruktur nötig.

Die zweite Forderung läßt sich z. B. mittels Hypertextsystemen lösen. Der Benutzer kann mehr oder weniger ohne Zwänge Texte zu bestimmten Sachverhalten anlegen und miteinander, untereinander und durcheinander verbinden. Dieser Vorgang wird auch als "lost in hyper-space" bezeichnet, und auch gute Navigations-Module verhindern nicht immer, daß selbst der Ersteller des Hypertext-Systems nicht alle gespeicherten Informationen wiederfindet. Außerdem lassen sich formatfrei gespeicherte Texte schlecht automatisiert verarbeiten und auswerten.

Nach dem heutigen Stand der Technik sind die gestellten Anforderungen durch eine Mischung beider Systeme am ehesten zu erfüllen. Ein brauchbarer Weg ist die

Speicherung in Art eines Lexikons (Encyclopedia). Technisch ist dies auf Basis eines herkömmlichen relationalen Datenbankverwaltungssystems mit einer Verbindung zu Hypertextsystemen realisierbar. Damit sind hypertextähnliche Bedingungen geschaffen, ohne die Vorteile der besseren Auswertbarkeit zu verlieren. Ein kurzes Beispiel soll dies erläutern:

Beispiel zur Erläuterung der gewählten Darstellungform:

Ein wichtiger Informationsbestandteil sind Daten über die Konkurrenz. Beim Aufbau einer Datenbank bzw. Datei zur Speicherung dieser Daten sind die Attribute für den Entitätstyp "Konkurrenten" zu bestimmen:

1. Lösung mit Aufbau einer relationalen, normalisierten Datenbank

Konkurrent

Name	Adresse	Kontakt	....	Image	Markta.	....
xxxxxxxx	xxxxxxxx	xxxxxxxx	xxxxxxxx	xxxxxxxx	xxxxxxxx	xxxxxxxx
xxxxxxxx	xxxxxxxx	xxxxxxxx	xxxxxxxx	xxxxxxxx	xxxxxxxx	xxxxxxxx
xxxxxxxx	xxxxxxxx	xxxxxxxx	xxxxxxxx	xxxxxxxx	xxxxxxxx	xxxxxxxx
xxxxxxxx	xxxxxxxx				xxxxxxxx	xxxxxxxx
xxxxxxxx	xxxxxxxx				xxxxxxxx	xxxxxxxx
xxxxxxxx	xxxxxxx					xxxxxxxx
xxxxxxxx	xxxxxx					xxxxxxxx
xxxxxxxx	xxx					xxxxxxxx
xxxxxxxx	xx				x	xxxxxxxx
xxxxxxxx	xx				x	xxxxxxxx
xxxxxxxx	xx				x	xxxxxxxx
xxxxxxxx	xxx				xx	xxxxxxxx
xxxxxxxx	xxxx				xxx	xxxxxxxx
xxxxxxxx	xxxxxx				xxxx	xxxxxxxx
xxxxxxxx	xxxxxxx				xxxxx	xxxxxxxx
xxxxxxxx	xxxxxxxx	xxxxxxx	xxxxxxx	xxxxxxx	xxxxxxxx	xxxxxxxx
xxxxxxxx	xxxxxxxx	xxxxxxxx	xxxxxxxx	xxxxxxxx	xxxxxxxx	xxxxxxxx
xxxxxxxx	xxxxxxxx	xxxxxxxx	xxxxxxxx	xxxxxxxx	xxxxxxxx	xxxxxxxx
xxxxxxxx	xxxxxxxx	xxxxxxxx	xxxxxxxx	xxxxxxxx	xxxxxxxx	xxxxxxxx

Abb. 3.17.: „Klassische" Datenbankdarstellung in Tabellenform

Konkurrent
    Name
    Adresse
    Kontaktperson
    Marktanteil
    Image
    Standort
    Wissensvorsprung
    Human-Ressources
    Qualität
    etc...........

Selbst diese unvollständige Liste zeigt bereits die möglichen Problemfelder:

- Viele Attribut-Ausprägungen sind nicht von allen Mitbewerbern bekannt.

- Es läßt sich im voraus nicht die ganze Palette von möglichen Attributen bestimmen, d. h. irgendwann tauchen Informationen auf, für die kein Platz vorgesehen ist.

- Eine dynamische Datenhaltung im Sinne einer Fortschreibung von Werten ist nur mit großem Aufwand möglich. Ändern sich z. B. die Marktanteilswerte, so soll im Normalfall nicht der alte Wert überschrieben und der neue eingesetzt werden, sondern beide aufscheinen.

- Viele Informationen lassen sich nicht standardisieren. So ist z. B. das Attribut *Image* nicht sinnvoll mit "gut, schlecht, mittel" zu beschreiben. Um dem zu entgehen, wäre ein umfangreiches Datenbanksystem mit neuen Entitätstypen (z. B. Image) anzulegen.

2. *Hypertext System*

Ein Hypertext-System (oft wird ungenau synonym der Begriff Hypermedia verwendet)[82] kann man sich als eine beliebige Anzahl von Karteikarten vorstellen. Diese Karten sind mit Text und/oder Grafik beschrieben und beliebig miteinander verknüpft. Dadurch ist es möglich, für jede Art von Information einen Platz zu finden, ohne sich Gedanken über eine Strukturierung machen zu müssen. Die Verknüpfung der Informationen erfolgt nicht nur auf Ebene der Karten, sondern auch von den Karteninhalten sind Referenzen möglich. "Hypertext is usually defined as the nonlinear viewing of information."[83] Nicht-linear bedeutet, daß gespeicherte Informationen in beliebiger Reihenfolge durch Auswahl des entsprechenden Themas abrufbar sind. Kennzeichen von Hypertext-Systemen sind:

- "the notion that such systems contain various types of information ... and

- that once a user has located a "chunk" of such information there will be a number of references, called links, in the information which can be followed automatically such as by clicking with the mouse on one of the link-icons shown."[84]

---

[82] Conklin, E. J.: Hypertext: An Introduction and Survey, IEEE Computer 20, 1987, S. 17 - 41.

[83] Shneiderman, B., Kearsley, G.: Hypertext Hands-On, An Introduction to a New Way of Organizing and Accessing Information, Addison-Wesley Publication 1989, S. XIX.

[84] Mauere, H., Tomek, I.: Some aspects of Hypermedia Systems and their treatment in Hyper-G. In: Wirtschaftsinformatik 2/90, April 1990, Braunschweig, S. 187.

Die folgende Grafik zeigt die Abbildung mittels Hypertext:

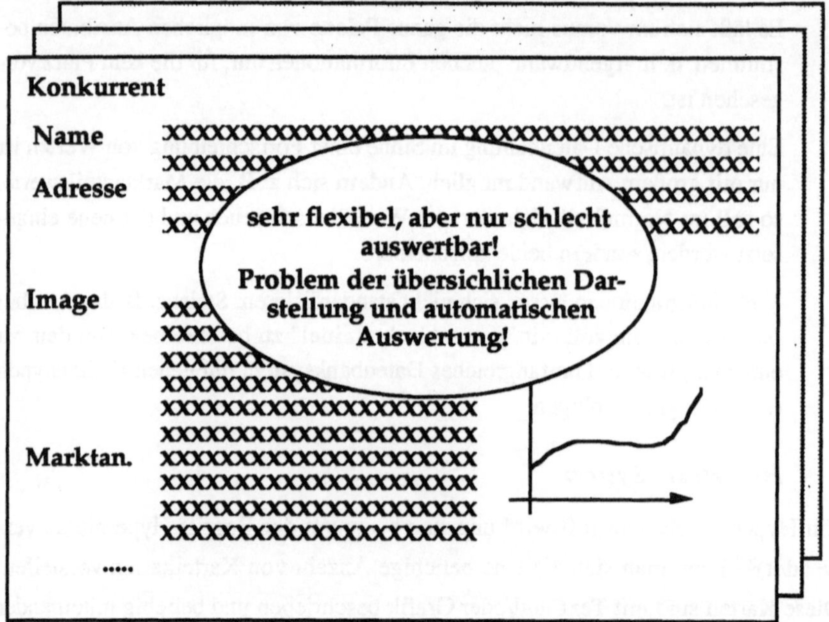

Abb. 3.18.: Darstellung mit Hypertext (Beispiel)

Die Informationen über einen Konkurrenten können wie hier auf einer Karte stehen oder auch auf mehrere Karten verteilt werden. In dieser Abbildung können natürlich nicht alle Aspekte eines Hypertext-Systems gezeigt werden: [85]

- Hypermedia (hier im eigentlichen Sinn des Wortes verstanden)
- Collaboration und
- Authoring.

Hypermedia bezieht sich auf die multimedialen Fähigkeiten, die es erlauben, Informationen als Text, Bild, Grafik und Sprache zu speichern. Collaboration ist das interaktive Arbeiten von mehreren Benutzern bei der Erstellung und beim Lesen von Hypertext-Dokumenten. Dahinter steckt eine wesentliche Idee von Hypertext-Systemen: Verteilte Information kann von vielen Personen ergänzt und gelesen werden. Authoring bezieht sich auf die Definition der Struktur von Hypertext-Systemen. Dies gilt für Regeln zur Strukturierung der Information, Eingaberegeln, Bildschirme, Dokumentengröße, etc.

---

[85]   Shneiderman, B., Kearsley, G.: Hypertext Hands-On, a.a.O., S. XX f (röm. Numerieung!).

Die Vorteile einer Darstellung durch Hypertext-Systeme sind offensichtlich:

- Optimale Flexibilität des Werkzeugs

- Multi-media Eigenschaften

- beliebige Verknüpfungsmöglichkeiten von Information

- Hoher Benutzerkomfort

Die Eignung für die hier vorliegende Fragestellung ist anhand der folgenden Muß-Kriterien zu prüfen:

Gewichtigster Nachteil ist die fehlende Struktur (bzw. der fehlende Zwang zu einer Struktur). Wie schon beschrieben, handelt es sich - salopp ausgedrückt - um "chunks" ("Informationsklumpen"), die zur vollständigen Verwirrung noch beliebig durch "links" verbunden werden können.

- Durch die fehlende Strukturierung sind die Informationen nicht gefiltert. Dadurch entsteht die Möglichkeit, daß sich im Laufe der Zeit Daten ansammeln, die nicht notwendig sind. "... limiting the length of each entry ... forces you to think through what you really want to say."[86]

- Die gesammelten Informationen lassen sich nicht komprimiert darstellen. Eine automatisierte Auswertung der Daten ist nicht oder nur sehr schlecht möglich.

- Umfangreichere Systeme werden sehr schnell unübersichtlich (Hyperspace). Der Experte ist mehr mit der Navigation denn mit der Entscheidungsfindung beschäftigt.

Der Einsatz eines Hypertextsystems ist nur sinnvoll, wenn durch entsprechende Selbstkontrolle gewährleistet ist, daß Informationen strukturiert und sinnvoll aufgebaut werden. Im Normalfall geschieht dies dann, wenn nur eine Person mit dem System arbeitet. Sobald mehrere Personen beteiligt sind, erweist sich die Offenheit der Hypertextdarstellung als Bumerang .

3. Datenbankdarstellung mit Hypertextverbindung

Diese Darstellungsform vereint die Vorteile der beiden oben genannten Formen, ohne dabei (alle) Nachteile zu übernehmen. Die gute Strukturierbarkeit und die damit mögliche automatische Auswertung stammt von der klassischen Datenbankdarstellung. Die Form der Komplexitätsbewältigung (durch formfreie Eingabe) kommt von den Hypertextsystemen.

---

[86] Canning, B. (Hrsg.): Using the Idea Generator. In: EDP-Analyzer, December 1986, S. 12.

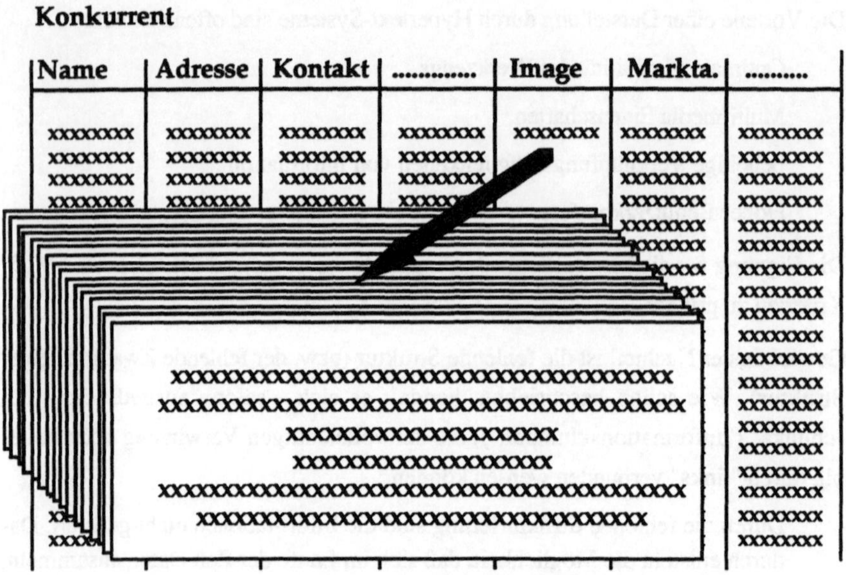

Konkurrent

Name	Adresse	Kontakt	....	Image	Markta.	....

Abb. 3.19.: Datenbankdarstellung mit Hypertext-Feldern

3.4.3.3. Beschreibung der Attribute

Auf Grund der gewählten Darstellungsform ist folgender Datenbankaufbau notwendig:

Entitätstyp: Umweltbedingungen und Maßnahmen

In der Literatur ist eine Differenzierung in eine "generelle Umwelt" und eine "Aufgabenumwelt" zu finden.[87] Die Aufgabenumwelt beinhaltet nur jene Umweltfaktoren, die einen unmittelbaren Bezug zur Zielsetzung und den Austauschbeziehungen der Unternehmung haben (Kundenbeziehungen, Lieferantenbeziehungen, Konkurrenzsituation, Arbeitsmarkt, Kapitalgeber, etc.). Die generelle Umwelt umfaßt hingegegen gesellschaftliche, politische, gesetzliche, technologische und ökologische Rahmenbedingungen. Eine dritte Dimension wird durch die "interne Umwelt" eingeführt. Sie beschreibt Faktoren, wie Unternehmensgröße, angewandte Technologien, usw.

---

87   Schertler, W.: Unternehmensorganisation, a.a.O., S. 62.

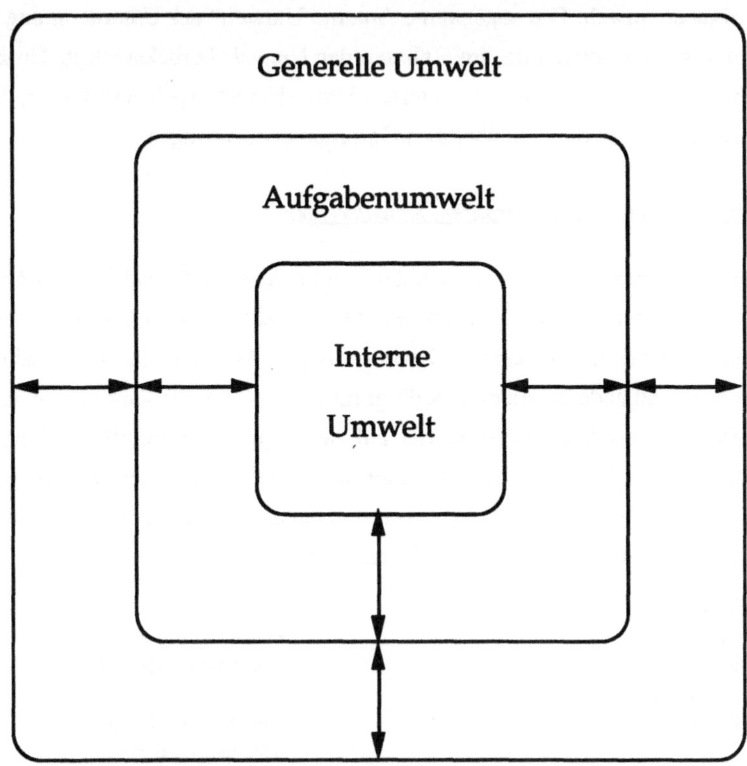

Abb. 3.20.: Umweltbeziehungen. Quelle: Schertler, W.

Der Entitätstyp *Umwelt* hat folgende Attribute:

Umwelt (Makroumwelt)

<u>Umwelt-Nummer</u>	als Primärschlüssel
Umweltbedingung	Text für Ordnungsbegriff
Beschreibung der Bedingung	Hypertext-Feld
Aktualität (wirksam ab)	Jahreszahl
Auswirkungen auf das Unternehmen	Hypertext-Feld
Maßnahme(n)	Hypertext-Feld, da mehrere
	Maßnahmen möglich sind!

Die Aufgabenumwelt umfaßt die bisher getrennt ausgewiesenen Entitätstypen Kundenbeziehungen, Lieferantenbeziehungen und Konkurrenzverhältnisse. Eine Zusammenfassung dieser Begriffe ist hier nicht sinnvoll. Im Sinne einer (zumindest möglichen) detaillierten Lieferanten-, Kunden- und Konkurrenzanalyse ist die Trennung zielführender. Nur so ist ein "strategic intelligence system" möglich (Vgl. weiter oben). Die Aufgabenumwelt umfaßt daher "nur" mehr Rahmenbedingungen des Arbeitsmarktes, des Kapitalmarktes und ähnliches. Da sich diese Sachverhalte auch im oben angeführten Aufbau der Umwelt einbauen lassen, entfällt der Entitätstyp Aufgabenumwelt. Die sogenannte "interne Umwelt" der Unternehmung wird ebenfalls, soweit notwendig, im Rahmen der *Umwelt* berücksichtigt. Großteils sind diese Informationen (die der internen Umwelt) nicht speicherrelevant, da die Entscheidungsträger ohnehin über diese Informationen verfügen.

Entitätstyp: Kunden, Lieferanten, Konkurrenten

Ziel der Kundenanalyse ist das Feststellen von Stärken und Schwächen am Absatzmarkt. Die Beziehung zum Kunden besteht zwangsläufig zum Großteil über das Produkt und die dazu angebotenen Dienstleistungen. Aber auch Bestellmodalitäten, Präferenzen und andere - nicht unbedingt rationelle - Gründe wirken sich auf die Absatzbeziehungen aus. Die Antworten auf die Frage: "Wieso kauft der Kunde bei uns und nicht bei der Konkurrenz?" lassen sich daher sehr schwer im vorhinein in detaillierte Attribute umwandeln. Es werden daher Kategorien gebildet, und die Antworten innerhalb der Kategorien als freier Text behandelt.

Kundenbeziehung

<u>Kundenummer</u>	Primärschlüssel
Kunde	Text, Ordnungsbegriff
Kundendaten	Hypertext-Feld
Produkt	Einfluß auf die Kaufentscheidung (z. B. hoch, mittel, niedrig)
Strat. Bedeutung	Text
Beschreibung Strat. Bedeutung	Hypertext-Feld
Beschreibung Produktbeziehung	Hypertext-Feld
Preis	siehe Produkt
Beschreibung Preisbeziehung	Hypertext-Feld
Beratung/Dienstleistung	siehe Produkt
Beschreibung Beratung/Dienstleistg.	Hypertext-Feld

Die Analyse von Kundenbeziehungen wird nicht bei jedem Kunden notwendig sein. Sie betrifft vor allem Großkunden, deren Umsatz mit der eigenen Unternehmung von strategischer Bedeutung ist oder sein kann. Möglich ist auch, die Absatzbeziehung für ein Produkt über diesen Entitätstyp abzuwickeln. Dafür muß ein fiktiver Kunde definiert werden, unter dessen Namen die Daten einzugeben sind. Die Felder Preis, Beratung/Dienstleistung dienen der Bewertung.

Der Entitätstyp Lieferantenbeziehung wird ähnlich aufgebaut wie die Kundenbeziehung. Auch hier besteht wieder eine große Abhängigkeit vom Produkt (bzw. der Leistung). Je wichtiger ein Produkt ist, desto interessanter sind die Beziehungen zu den jeweiligen Lieferanten der Produkte und Leistungen, die zur Erstellung des eigenen Produktes notwendig sind. (Vgl. Abbildung Lieferantenbeziehung, Wettbewerbsvorteile).

Lieferantenbeziehung
    Lieferantennummer   Primärschlüssel

Lieferantennummer	Primärschlüssel
Lieferant	Text, Ordnungsbegriff
Lieferantendaten	Hypertext-Feld
strategische Bedeutung	z. B. hoch, mittel, niedrig
Beschreibung strat. Bedeutung	Hypertext-Feld
Lieferrisiko	z. B. hoch, mittel, niedrig
Beschreibung Lieferrisiko	Hypertext-Feld
Lieferantenbindung	z. B. hoch, mittel, niedrig

Auch hier ist es möglich, verschiedene Lieferanten durch das Anlegen eines fiktiven Lieferanten zusammenzufassen, um die Zuliefersituation für ein bestimmtes Produkt zu beschreiben.

Bei der Konkurrenzanalyse wird, soweit möglich zwischen der Konkurrenz und dem eigenen Unternehmen verglichen.

Konkurrenten

Konkurrentennummer	Primärschlüssel
Konkurrent	Text, Ordnungsbegriff
Konkurrentendaten	Hypertext-Feld
Produkt(Leistungs-)vergleich	z. B. gleich, +, -
Produktvergleichsbeschreibung	Hypertext-Feld
Dienstleistungsvergleich/Beratung	siehe Produktvergleich
Dienstl.Vergleichsbeschreibung	Hypertext-Feld
Preisvergleich	Text
Marktanteil	Nummer, in %
gewünschter Marktanteil	Nummer, in %
Imageausprägung	z. B. gut, mittel, schlecht
Imagebeschreibung	Hypertext-Feld
Standortvorteile	z. B. kein Einfluß, +, -
Beschreibung Standortvorteile	Hypertext-Feld
Innovationsvorsprung, Einsatz IKT	z. B. gleich, +, -
Beschreibung Innovations.........	Hypertext-Feld
Personalsituation, Unternehmenskultur	z. B. gleich, +, -
Beschreibung Personalsitu............	Hypertext-Feld

Entitätstyp: Produkte (Leistungen)

Neben den Beziehungen der *Produkte* zu den oben angeführten Entitätstypen ist vor allem die Informationsintensität des/r Produkts/e zu klären. Dazu gibt es eine Reihe von Merkmalen (siehe weiter oben), die aber nicht einzeln gespeichert sind. Vielmehr wird wiederum nur der "Gesamteindruck" des Produktes erfaßt. Auch hier ist festzuhalten, daß es nicht sinnvoll ist, alle angebotenen Produkte zu berücksichtigen. Interessant sind nur Produkte, die einen nennenswerten Einfluß auf definierte strategische Größen besitzen. Daher können ohne weiteres Produkt- und/oder Leistungsbündel zusammengefaßt werden. In den meisten Fällen ergibt sich daraus eine Deckung zwischen Geschäftsfeldern und Produkten. Daher werden Attribute wie Profitabilität, Anteil am Gewinn, etc. nur über die Beziehung zu den Geschäftsfeldern berücksichtigt!

Produkte (Leistungen)

Produktnummer	Primärschlüssel
Produkt	Text, Ordnungsbegriff
Produktbeschreibung	Hypertext-Feld
Informationsintensität	z. B. hoch, mittel, ...
Begründung Informationsinten...	Hypertext-Feld
Verbesserungsvorschläge	Hypertext-Feld

Entitätstyp: Strategische Geschäftsfelder (SGF)

Geschäftsfelder (GF) sind die Betätigungsfelder der Unternehmung. Oft wird dafür auch der Begriff "Geschäftseinheiten" benutzt.[88] Unter Geschäftsfelder sind Subsysteme der Unternehmung für relativ autonome Produktlinien oder Arbeitsgebiete zu verstehen. Zwei Kriterien stehen im Vordergrund:[89]

1.   Das Kriterium des externen Marktes. (D. h. der Teilbereich der Unternehmung handelt in einem unternehmungsexternen Marktsegment.)

2.   Das Kriterium der Unabhängigkeit. (D. h. der Teilbereich ist geschäftlich unabhängig von anderen Teilen der Unternehmung.)

Durch die Einteilung in Geschäftsfelder ensteht zumeist eine dreidimensionale Matrixorganisation. Die erste Dimension stellt die verschiedenen Aktivitätsprogramme der SGF dar, die zweite die Ressourcen oder Funktionsbereiche, die benö-

---

[88]   Die Begriffe "strategisches Geschäftsfeld" und "strategische Geschäftseinheit" werden synonym verwendet. Hinterhuber weist allerdings darauf hin, daß aus der Sicht der Führungslehre dem Begriff SGE der Vorzug gegeben wird. Bleicher hingegen macht keine Unterschiede, ebenso Riekhof, H. Auch in der Praxis ist nicht festzustellen, welchem der Begriffe der Vorzug gegeben wird.
Hinterhuber, H.: Strategische Unternehmungsführung, I. Strategisches Denken, 4. Auflage, Berlin - New York 1989, S. 73.
Bleicher, K.: Organisation, Formen und Modelle, Wiesbaden 1981, S. 383ff., S. 590ff.
Riekhof, H. (Hrsg.): Strategieentwicklung, Stuttgart 1989, S. 172.

[89]   Hinterhuber, H.: Strategische Unternehmensführung, a.a.O., S. 271.

tigt werden, und auf der dritten Ebene erfolgt die regionale Gliederung der Unternehmung.[90]

Typische Geschäftsfelder für exportorientierte Unternehmungen sind z. B. geografische Bereiche (Übersee, Asien, etc.). Für Banken beispielsweise Hypothekargeschäft, Einlagengeschäft, Börsengeschäft. Trotz der Bezeichnung "Strategische Geschäftsfelder" für den Entitätstyp sind alle Geschäftsfelder der Unternehmung zu erfassen. Welche davon von strategischer Bedeutung sind, ist erst auf Grund der Bewertungen feststellbar. Zudem gibt es sogenannte "Muß-Geschäftsfelder", die für das Geschäft unbedingt nötig sind (z. B. Einlagengeschäft einer Bank!).

(Strategische) Geschäftsfelder (SGF)

SGF-Nummer	Primärschlüssel
SGF	Text
Beschreibung	Text
Wertung	Wunsch, Muß, ... als Text
Anteil am Gewinn absolut	hoch, gering, mittel
	Tendenz +, -, o
relative Ertragskraft	wie Anteil am Gewinn
Verantwortung	Text, Führungkraft, Abtlg.
Einsatz von IKT	nicht, wenig, mittel, stark
Beschreibung Einsatz IKT	Hypertext-Feld
Einsatz IKT sinnvoll	wenig, mittel, sehr
Beschreibung Vorschläge IKT	Hypertext-Feld
strategischer Einfluß	gering, mittel, hoch
Beschreibung strategischer Einfluß	Hypertext-Feld

Entitätstyp: Branchenstruktur

Die Branchenstruktur gibt Auskunft über die Marktmacht der Anbieter, der Nachfrager, die Markteintrittsbarrieren, die Substituierbarkeit der Produkte und die Wettbewerbsintensität. Diese Informationen sind notwendig, um eine Gewichtung der Aussagen bei der Konkurrenz-, Lieferanten-, Kunden- und Produktanalyse vornehmen zu können. Da die Branchenumgebung allen Entscheidungsträgern bekannt sein müßte, werden die Informationen nur in freier Form abgespeichert.

Branchenstruktur

Branchennummer	Primärschlüssel
Branche	Text
Beschreibung	Hypertext-Feld

---

90   Halal, W.: The New Capitalism, New York 1986, S. 132ff. In: Hinterhuber, H.: Strategische Unternehmungsführung, II. Strategisches Handeln, 4. Auflage, Berlin - New York 1989, S. 122f.

Entitätstyp: Kritische Erfolgsfaktoren (CSF)

Für jedes strategische Geschäftsfeld sind nach der CSF-Methode[91] maximal 5 - 6 kritische Erfolgsfaktoren zu definieren.

Kritische Erfolgsfaktoren (CSF)

CSF-Nummer	Primärschlüssel
Erfolgsfaktor	Text
Beschreibung des Erfolgsfaktors	Hypertext-Feld
Kritisch	Bewertung
Beitrag der IKT zur Erfüllung des Erfolgsfaktors	Text

Entitätstyp: Informations- und Kommunikationstechnologie (IKT)

Der Entitätstyp *IKT* dient der Speicherung von bereits vorhandener und in Zukunft möglicher Informations- und Kommunikationstechnologie im Unternehmen.

IKT

IKT-Nummer	Primärschlüssel
IKT-Beschreibung	Text

Entitätstypen:

   Markt und Wettbewerb, Erfolgspotential, Stärken/ Schwächen

Diese Datentypen sind bereits durch andere Entitätstypen bzw. Attrribute abgedeckt und daher nicht mehr als eigenständige Entitätstypen notwendig.

3.4.3.4. Beziehungen und Normalisierung

Das folgende Datenbankstrukturdiagramm zeigt eine nicht normalisierte Darstellung der bisher definierten Entitätstypen und deren Beziehungen:

---

91   Rockart, J. F.: Chief executives define their own data needs. In: Harvard Business Review, March - April 1979, S. 80 - 93.

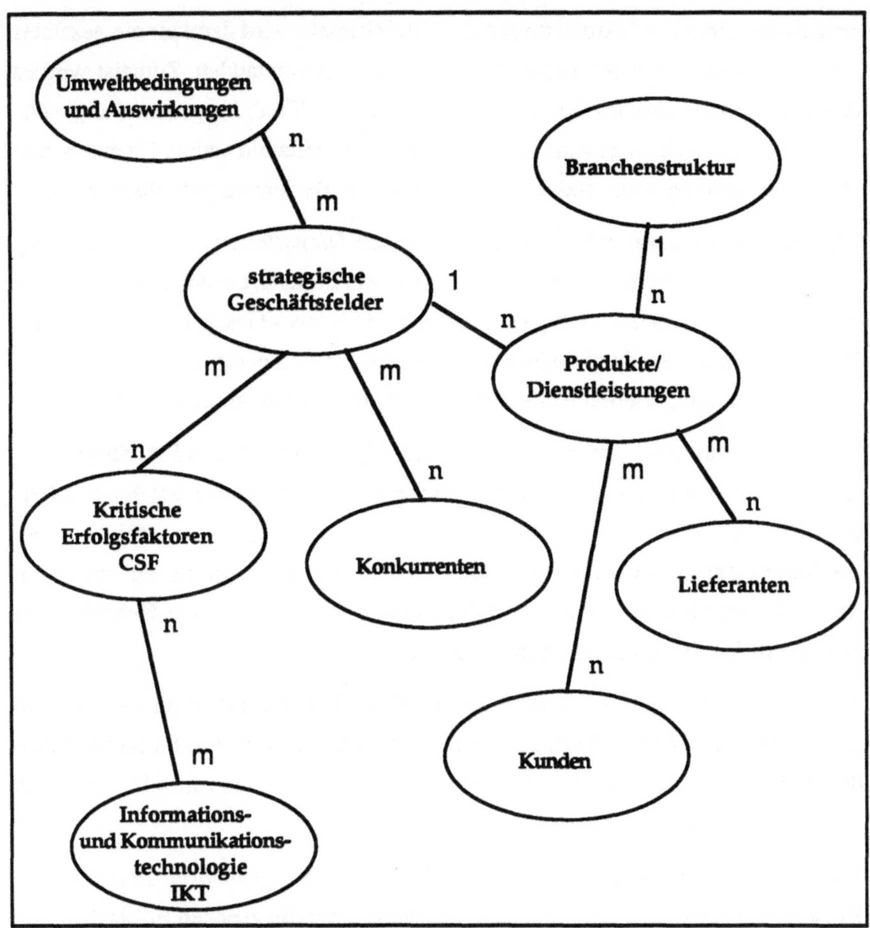

Abb. 3.21.: Datenbankstrukturdiagramm (nicht normalisiert)

Die Abbildung soll folgende Realität darstellen:

Die N:M Beziehung zwischen *Umweltbedingungen* und *strategischen Geschäftsfeldern* bedeutet, daß eine Umweltbedingung für kein, ein oder mehrere Geschäftsfeld(er) gilt (gelten kann). Umgekehrt kann ein Geschäftsfeld keiner, einer oder mehreren Umweltbedingung(en) ausgesetzt sein.

Zwischen den *strategischen Geschäftsfeldern* und dem Entitätstyp *Produkte/Dienstleistungen* wird eine 1:N Beziehung festgelegt. Das heißt, daß einem strategischen Geschäftsfeld zwar mehrere (0, 1, mehrere) Produkte zugeordnet werden können, umgekehrt aber jedes Produkt nur genau einem Geschäftsfeld zugeordnet wird bzw. werden muß. Dies erscheint im ersten Moment nicht richtig, es muß aber darauf geachtet werden, daß unter einem "Produkt" hier nicht nur ein konkretes Erzeugnis aus einer Produktpalette gemeint ist. Vielmehr wird darunter ein gesamtes Leistungsbündel für einen bestimmten Absatzmarkt verstanden. Zumeist wird es daher für ein strategisches Geschäftsfeld auch nur ein "Produkt" geben. Das gleiche Produkt/Leistungsbündel wird für ein anderes Geschäftsfeld andere Eigenschaften (Ausprägungen) besitzen, sodaß die angeführte 1:N Beziehung gerechtfertigt ist.

Die *Branchenstruktur* wird mit den *Produkten/Dienstleistungen* in Beziehung gesetzt. Auch hier besteht eine 1:N Beziehung; ein Produkt/Leistungsbündel ist nur einer Branche zugeordnet. Für jede Branche und für jedes Geschäftsfeld sind Überlegungen über das Produktbündel anzustellen. Damit zwingt die Struktur der Datenbank zu einer strukturierten Aufbereitung der Eingabeinformationen.

Durch die Verbindung der *strategischen Geschäftsfelder* mit dem Entitätstyp *Konkurrenten* ist es möglich, nicht nur produktbezogene Konkurrenzbeziehungen festzuhalten. Auch Konkurrenzverhältnisse am Personalmarkt sind so abbildbar. Der Beziehungstyp N:M sagt aus, daß sowohl ein Konkurrent zu mehreren (0,1,mehrere) Geschäftsfeldern gehören kann, als auch in einem Geschäftsfeld mehrere (0,1,mehrere) Konkurrenten möglich sind.

Ähnlich verhält es sich bei *Lieferanten* und *Kunden*. Für ein Produkt sind mehrere Lieferanten und Kunden die Regel, ein Lieferant kann aber ebenso für mehrere Produkte von Bedeutung sein. Das gleiche trifft auch auf Kunden zu. Daher sind auch diese Verbindungen N:M Beziehungen.

Für jedes *strategische Geschäftsfeld* sind *kritische Erfolgsfaktoren* zu definieren. Es ist möglich, daß zwei oder mehrere Geschäftsfelder die gleichen Erfolgsfaktoren haben. Auch besitzt in der Regel ein Geschäftsfeld mehrere Erfolgsfaktoren. Daher auch hier eine N:M Beziehung.

Die *Informations- und Kommunikationstechnologie (IKT)* wird mit den *kritischen Erfolgsfaktoren* verbunden. Damit erfolgt zwangsläufig eine eher grobe Definition der IKT. Andererseits ist es auch müßig, hoch spezialisierte Systeme speziellen Problemen in diesem Entwurfsstadium zuzuordnen. In diesem Stadium zielt diese Verbindung darauf ab, festzustellen, inwieweit gewisse Erfolgsfaktoren durch IKT verwirklicht oder zumindest unterstützt werden können.

Auch hier wieder die schon bekannte N:M Beziehung.

Die anschließende Normalisierung löst folgende Probleme:[92]

---

92   Vetter, M.: Anfbau betrieblicher Informationssysteme mittels konzeptioneller Datenmodellierung, 5. durchgesehene Auflage, Stuttgart 1989, S. 115.

-   Das Problem der Redundanz. Redundanz ist das mehrmalige Festhalten ein und desselben Sachverhalts. Beispielsweise wäre das mehrfache Abspeichern der Kundenadresse für den Kunden Stieglitz redundant.

-   Die Elimination von Anomalien ("Schwierigkeiten"), die im Zusammenhang mit Speicheroperationen auftreten können. Solche Anomalien treten immer auf, wenn es sich um Beziehungen handelt, bei denen auf keiner der beiden Seiten eine zu 1 Beziehungsart vorliegt (d. h. N:M, N:C, C:C)

-   Das Problem, Sachverhalte eindeutig festzuhalten. Die Datenstrukturen dürfen keine Möglichkeiten enthalten, einmal getroffene Annahmen über die Realität verletzen zu können. Damit wird eine wichtige Bedingung zur Integrität ("Richtigkeit") der Datenbasis geschaffen.

Eine weitergehende Erläuterung der Normalisierungsgrade erfolgt hier nicht[93]. Mit Rücksicht auf die eingeführten Hypertext-Felder muß die Normalisierung hier eingeschränkt sein. Möglich ist die Auflösung nicht erlaubter Beziehungen. Datenredundanzen sind in dieser Struktur nur für Attribute vermeidbar, welche nicht als Hypertext-Feld definiert sind. Erhöhte Aufmerksamkeit ist daher bei der Eingabe und Pflege der Hypertext-Feld Informationen notwendig.

In der oben dargestellten Struktur sind einige Beziehungen durch Einfügen neuer Entitätstypen aufzulösen. Das Problem von überlappenden Mengen kann durch Generalisierung gelöst werden (z. B. Kunden überschneidet sich mit Lieferanten). Ein neuer Entitätstyp (z. B. Geschäftspartner) wird eingeführt (siehe die folgende Abbildung). Im Prinzip gilt ähnliches für den Entitätstyp Konkurrenten. Hier wird aber bewußt auf eine Generalisierung verzichtet, da Konkurrenten mit den strategischen Geschäftsfeldern in Beziehung gesetzt sind und nicht mit den Produkten.

Eine spezielle Darstellungsform ist auch für den Entitätstyp IKT erforderlich. Dieser soll in Form einer Hierarchie so aufgebaut werden können, daß es möglich ist, einer globaleren Beschreibung von Begriffen Unterbegriffe zuzuordnen. Die Darstellung in der Datenbankstruktur erfolgt durch *IKT-Struktur* .

Das normalisierte Datenbankstrukturdiagramm zeigt die folgende Abbildung:

---

93   siehe dazu vor allem:

Codd, E.F.: Further Normalization of the Data Base Relational Model, Courent Computer Science Symposia, 6, "Data Base Systems", New York University, Prentice-Hall, Inc., Engelwood Cliffs, N.J., 1972.

Martin, J.: Computer Data-Base Organization, Prentice-Hall, Inc., Englewood Cliffs, N.J., 1975, Kap. 36.

Vetter, M.: Aufbau betrieblicher Informationssysteme, a.a.O., Kap. 4.

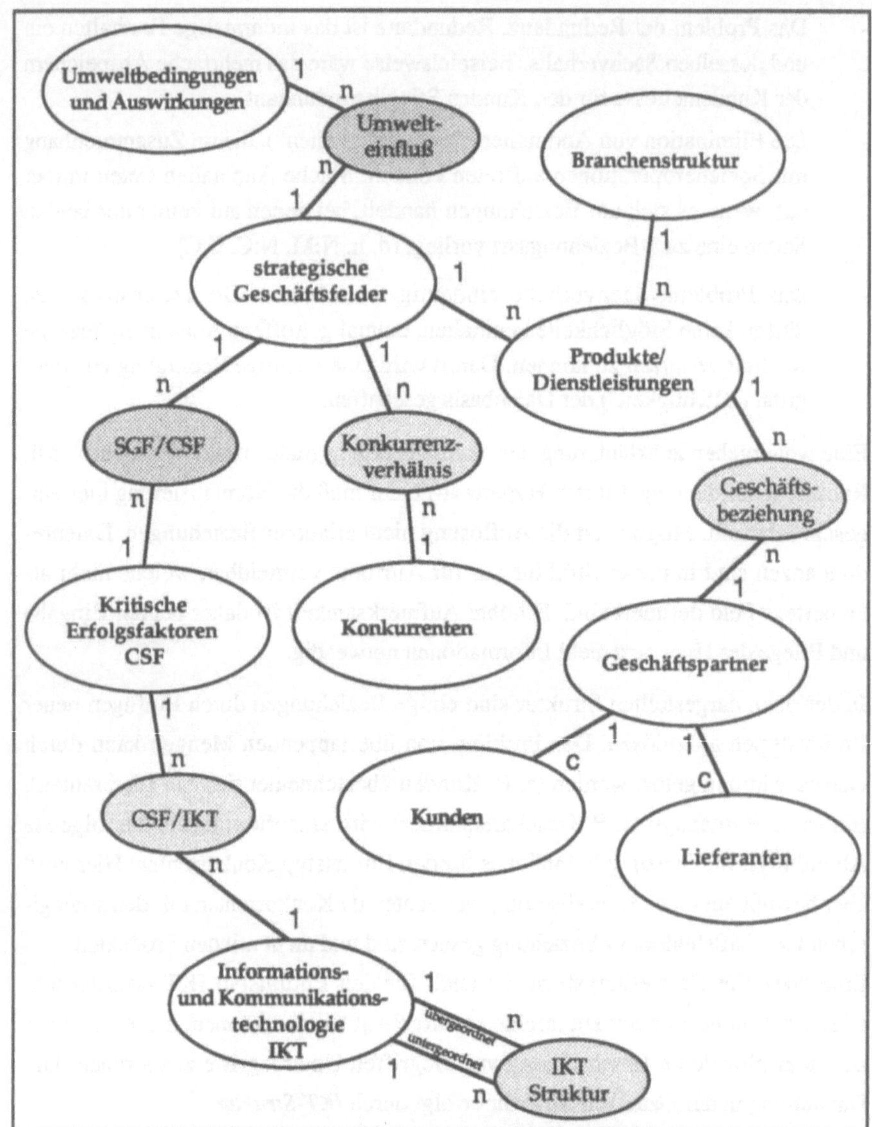

Abb. 3.22.: Datenbankstrukturdiagramm (normalisiert)

Auf den folgenden Seiten sind die Entitätstypen und deren Attribute dargestellt. Identifikationsschlüssel werden in der Einrückungsliste unterstrichen dargestellt, bei den Fremdschlüsseln findet sich ein Verweis auf den referenzierten Entitätstyp.

Umweltbedingungen und Auswirkungen
    <u>Umwelt-Nummer</u>
    Umweltbedingung
    Beschreibung der Bedingung

Umwelteinfluß
    <u>Umwelt-Nummer</u>   -> Umweltbedingungen
    <u>SGF-Nummer</u>   -> Strategische Geschäftsfelder
    Auswirkungen auf das Geschäftsfeld
    Maßnahme(n)
    Aktualität (wirksam ab)

Strategische Geschäftsfelder (SGF)
    <u>SGF-Nummer</u>
    SGF
    Beschreibung
    Wertung
    Anteil am Gewinn absolut
    relative Ertragskraft
    Verantwortung
    Einsatz von IKT
    Beschreibung Einsatz IKT
    Einsatz IKT sinnvoll
    Beschreibung Vorschläge IKT
    strategischer Einfluß
    Beschreibung strategischer Einfluß

Produkte /Dienstleistungen
    <u>Produktnummer</u>
    SGF-Nummer   -> Strategische Geschäftsfelder
    Branchennummer   -> Branchenstruktur
    Produkt
    Produktbeschreibung
    Informationsintensität
    Begründung Informationsinten...
    Verbesserungsvorschläge
    relative Ertragskraft bezogen auf das GF

Branchenstruktur
    <u>Branchennummer</u>
    Branche
    Beschreibung

Geschäftsbeziehung
    <u>Produktnummer</u>   -> Produkte/Dienstleistungen
    <u>GP-Nummer</u>   -> Geschäftspartner

Geschäftspartner
    <u>GP-Nummer</u>
    Geschäftspartner
    Geschäftspartnerdaten
    strategische Bedeutung
    Beschreibung strat. Bedeutung
    Beschreibung Präferenzen/Sonstiges

Kundenbeziehung
    <u>Kundenummer</u>
    GP-Nummer   -> Geschäftspartner
    Produkt
    Beschreibung Produktbeziehung
    Preis
    Beschreibung Preisbeziehung
    Beratung/Dienstleistung
    Beschreibung Beratung/Dienstleistg.

Lieferantenbeziehung
    <u>Lieferantennummer</u>
    GP-Nummer   -> Geschäftspartner
    Lieferrisiko
    Beschreibung Lieferrisiko
    Lieferantenbindung
    Beschreibung der Lieferantenbindung

Konkurrenzverhältnis
    <u>SGF-Nummer</u>   -> Geschäftsfelder
    <u>Konkurrentennummer</u>   -> Konkurrenten
    Produkt(Leistungs-)vergleich
    Produktvergleichsbeschreibung
    Dienstleistungsvergleich/Beratung
    Dienstl.Vergleichsbeschreibung
    Preisvergleich
    Marktanteil
    Imageausprägung
    Imagebeschreibung
    Standortvorteile
    Beschreibung Standortvorteile
    Innovationsvorsprung, Einsatz IKT
    Beschreibung Innovations.........
    Subjektive Einschätzung
    Beschreibung subjektive Einschätzung

Konkurrenten
    <u>Konkurrentennummer</u>
    Konkurrent
    Konkurrentendaten
    Personalsituation, Unternehmenskultur
    Beschreibung Personalsitu...........

SGF/CSF
    <u>SGF-Nummer</u>   -> strategische Geschäftsfelder
    <u>CSF-Nummer</u>   -> Kritische Erfolgsfaktoren
    Begründung des CSF
    Realisierungschance des CSF

Kritische Erfolgsfaktoren (CSF)
    <u>CSF-Nummer</u>
    Erfolgsfaktor
    Beschreibung des Erfolgsfaktors
    Kritisch
    Beitrag der IKT zur Erfüllung des
    Erfolgsfaktors (allgemein)

CSF/IKT
    <u>CSF-Nummer</u>   -> Kritische Erfolgsfaktoren
    <u>IKT-Nummer</u>   -> IKT
    Priorität (subjektiv)
    Einflußgrad
    Realisierungschance

IKT

    <u>IKT-Nummer</u>
    IKT-Beschreibung
    Klassifizierung

IKT-Struktur
    <u>IKT-Nummer</u>   ->IKT übergeordnet
    <u>IKT-Nummer</u>   ->IKT untergeordnet

Die gezeigte Datenstrukur stellt den ersten Entwurf für einen Prototyp dar. Selbstverständlich kann dieser Entwurf jederzeit entsprechend erweitert werden, ohne dabei die Grundstruktur zu verändern bzw. zu zerstören.

3.4.4. Ablauf der Wissensakquirierung

Bei der Wissensakquirierung für die oben dargestellte Datenbank sind folgende Bereiche zu unterscheiden:

1.   Umweltanalyse

2.   Definition strategischer Geschäftsfelder

3.   Konkurrenzanalyse

4.   Produktbewertung

5.   Lieferantenanalyse und Kundenanalyse

6.   Definition kritischer Erfolgsfaktoren

7.   Einsatz der Informations- und Kommunikationstechnologie

Die Informationen in der Wissensbasis müssen folgenden Anforderungen genügen:.

-    Die Wissensbasis muß jene Informationen enthalten, welche die Entscheidungsträger zur Erstellung einer Unternehmensstrategie benötigen. Es ist davon auszugehen, daß es Daten gibt, die sozusagen zum unternehmensinternen Allgemeinwissen gehören, und damit die Wissensbasis nur unnötig aufblähen würden (z. B. Anzahl der Mitarbeiter, Umsatz, ...). Solange die Strategiefindung explizit von (menschlichen) Experten erfolgt, sind diese allgemeinen Daten nicht in der Wissensbasis nötig.

Die gespeicherten Informationen sind zusammen mit den zu definierenden Strategien Ausgangsbasis für die Definition von Projektportfolios (in bezug auf Informatikprojekte). Die Definition der Projekte selbst erfolgt zwar auf Grund der Informationen aber von Experten des Unternehmens.

Bei der folgenden Beschreibung wird angenommen, daß es sich um eine erstmalige Erhebung handelt, sodaß nur wenige Daten bereits in der Wissensbasis vorhanden sind. Diese "Stammdaten" sind Vorschlagswerte und helfen, den Sinn und die möglichen Ausprägungen der jeweiligen Entitätstypen zu erläutern. Allgemeingültige Vorschlagswerte lassen sich sinnvoll nur bei der IKT und mit Einschränkungen bei den CSF definieren.

Um festzustellen, in welchen Bereichen sich ein erhöhter Bedarf an IKT ergibt, ist als Hilfe eine Liste möglicher Technologien bereits vordefiniert. Eine Unterteilung in folgende Kategorien verbessert die Übersichtlichkeit:

Administration:
IKT im Bereich der Administration dient der routinemäßigen Verarbeitung von strukturierten Informationen (Daten). Das Ziel dieser Systeme liegt in der Rationalisierung und der Dokumentation der Arbeitsvorgänge. Der Inhalt der bearbeiteten Aufgaben erstreckt sich dabei von der reinen Massendatenverarbeitung bis hin zur Planung. Beispiele für solche Systeme sind: Auftragsverwaltung, Rechnungswesen, PPS.

Technik/Steuerung:
IKT in diesem Bereich zeichnet sich durch einen hohen Stellenwert der Technologie aus. Technologie bezieht sich dabei sowohl auf Produkte (z. B. Selbstdiagnosesysteme), auf die Produktion (z. B. Verfahren, Prozeßsteuerungen, CNC usw.) als auch den Entwurfs- und Planungsprozeß (z. B. Cxx-Technologien).

Beratung/Dienstleistg.:
Dabei handelt es sich um IKT, die extern orientiert ist. Sie unterstützt in erster Linie die Beziehungen zu Marktpartnern (Kunden, Lieferanten, ...). Beispiele sind Messeinformationssysteme, Bestellsysteme, Bankomaten.

Telematik: In der Telematik steht der Kommunikationsaspekt im Vor-
                            dergrund. Systeme in diesem Bereich versuchen durch
                            eine Verbesserung der inner- und zwischenbetrieblichen
                            Kommunikation Wettbewerbsvorteile zu schaffen. Dazu
                            gehört beispielsweise die Nutzung von Mailboxen.

Führung/Controlling: Unter Führung und Controlling fallen alle System, die der
                            Informationsaufbereitung für das Management und Ent-
                            scheidungsvorbereitung dienen. Dabei steht die Unter-
                            stützung der Aufgaben von Führungskräften in Mittel-
                            punkt.

IDV: Individuelle Datenverarbeitung beschreibt den Einsatz von
                            IKT zur Bewältigung von Aufgaben in der persönlichen
                            Arbeitsumgebung. Zumeist handelt es sich dabei um PC-
                            Systeme oder um Teilaspekte der Büroautomation.

Auch bei den CSF ist durch eine bereits vorhandene Liste von Vorschlägen die
Suche nach kritischen Erfolgsfaktoren vereinfacht. Abhängig von der Branche, in
der das Unternehmen tätig ist, ergeben sich naturgemäß große Unterschiede bei den
Faktoren. Die Liste ist daher für jeden Anwendungsfall neu zu erstellen bzw. zu
ändern. Das folgende Beispiel zeigt mögliche Erfolgsfaktoren für Banken:

Geschäftsbereiche
    Dienstleistungs-Sortiment-Packaging
    Bestand an Einlagen
    Bestand an Krediten
    Dienstleistungen
    Auskunftsbereitschaftsgrad
    Beratungsqualität
    Konditionen
    Zwischenbetriebliche Integration der Niederlassungen
    Informatikunterstützung
    Kundenbindung durch Informatik (z. B. Bankomat, Kontoauszugdrucker, EDI (elektr. data
    interchange), Chipkarte
    Flexibilität bezüglich Sonderwünschen
    Flexibilität bezüglich Einführung neuer "Produkte"
    Differenzierung gegenüber Konkurrenz
    Spezialisierung auf bestimmte Services
    Hypotheken, Kredit
    Wertschriften
    Massengeschäft
    Immobilien
    ....
    ....

Personal
        Qualifikation der Mitarbeiter
        Qualifikation der Führungskräfte
        Qualität der Ausbildung
        ....

Verkauf und Leistungserstellung
        Marketing
        Image
        Werbung
        Akquisition
        Geschwindigkeit der Geschäftsabwicklung
        Geschwindigkeit der Valutierung
        Pflege besonderer Beziehungen
        Verwaltungskostensenkung
        Verfügbarkeit von Informationen
        Produktivität der Mitarbeiter
        Leistungsbeurteilung/Prämien für Mitarbeiter
        Ambiente
        Kulanz, Flexibilität
        Verständlichkeit, Nachvollziehbarkeit aus Kundensicht
        ....

Sicherheit
        Fähigkeit der Risikobeurteilung
        Kredithöhe
        Wertschriften
        Sicherstellungen

3.4.4.1. Umweltanalyse

Der erste Arbeitsschritt dient der Identifizierung jener Umwelteinflüsse, die die
Geschäftsentwicklung der Unternehmung in den nächsten Jahren wesentlich beeinflussen.

Beispiel:

Umweltbedingung: EG-Beitritt Österreichs

Beschreibung: Konzentration wird zunehmen, billigere Arbeitskräfte,
        weniger gesetzliche Regelungen (weniger Schutz, mehr
        Freiheiten im Ausland), etc.

Die "Tiefe" der Umweltbedingungen bleibt je nach Anwendungsfall den Experten
überlassen. So kann es für eine Unternehmung, deren gesamte Geschäftsstruktur
sich mit dem EG-Beitritt ändert, notwendig sein, die Umweltbedingungen wesent-

lich detaillierter zu beschreiben. Andere Unternehmen, die schon auf dem EG-Markt tätig sind, sind nur durch wenige Randbedingungen beeinflußt.

3.4.4.2. Definition strategischer Geschäftsfelder

Der Aufbau der Datenbank ist so gestaltet, daß es möglich ist, alle Geschäftsfelder einer Unternehmung zu speichern. Durch entsprechende Ausprägung der Attribute ist festzulegen, bei welchen Geschäftsfeldern es sich um "strategische" handelt.

Zuerst ist eine Bezeichnung für das Geschäftsfeld einzugeben. Dann erfolgt die verbale und formfreie Beschreibung. Durch Wertung besteht die Möglichkeit, die Art des Geschäftsfelds zu definieren bzw. einer Auswertung zugänglich zu machen. Mögliche Ausprägungen sind: Muß-Geschäftsfeld, Kann-Geschäftsfeld, Wunsch-Geschäftsfeld und Mitläufer-Geschäftsfeld. Sollten sich die Eigenschaften überschneiden, so ist das wichtigere vorzuziehen (in der obigen Reihenfolge gilt z. B. ein Muß-GF mehr als ein Kann-GF).

Nach dieser rein subjektiven Bewertung muß das definierte GF auch einer objektiveren Beurteilung unterzogen werden. Dabei geht es nicht um Kennzahlen, mit deren Hilfe Details der GF verglichen werden, sondern um eine Standortbestimmung im Rahmen eines Portfolios. Es ist daher ausreichend, die Fragen nach dem absoluten "Gewinnanteil" und der relativen "Ertragskraft" mit *hoch, mittel, niedrig* zu bewerten. Zusätzlich wird aber auch die Tendenz (*steigend, fallend, gleichbleibend*) anzugeben sein. Damit sind 9 Ausprägungen denkbar (siehe Abb. 3.23.)

Die Information über die Verantwortung für das Geschäftsfeld dient der funktionalen Zuordnung im Rahmen der "normalen" Organisation. Dabei sind als Ausprägungen sowohl Personen als auch Niederlassungen oder Abteilungen denkbar.

Die weiteren Informationen über das GF betreffen den Einsatz und den Einfluß der IKT auf das GF. Zuerst geht es darum, mit Hilfe einer (wiederum groben) Beurteilung , den Ist-Zustand an Informationsverarbeitung im GF festzustellen. Die möglichen Anworten für den *Einsatz von IKT* sind *gering, mittel und hoch*. Mit Hilfe eines Hypertext-Feldes kann dann zusätzlich genauer spezifiziert werden, worin der IKT-Einsatz besteht. Ähnlich aufgebaut ist auch die folgende Frage. Die Experten sollen abschätzen, ob und wie sinnvoll der Einsatz von IKT in diesem GF ist. Auch hier folgt auf die Antwortmöglichkeiten *sehr, mittel, wenig sinnvoll* die Möglichkeit einer ausführlichen Beschreibung. Damit wird nicht nur das direkte Ziel, Informationen zu erhalten, erreicht, sondern eventuell treten auch zusätzliche Nutzeffekte bei der Beantwortung in freier, verbaler Form auf. Da es sich bei den Personen, die diese Fragen beantworten, nicht unbedingt um Informatikfachleute handelt, können bei negativen Antworten oft auch schon frühzeitige Ressentiments gegenüber der IKT allgemein aufgedeckt werden. Auch besteht für jeden "Teilnehmer" die Möglichkeit der persönlichen und subjektiven Stellungnahme, ohne daß dadurch die Informationen an sich wertlos oder verfälscht werden.

Schließlich wird noch die strategische Bedeutung der GFer abgefragt. Die Befragung bzw. die Antwortmöglichkeiten folgen demselben Muster wie oben beschrieben.

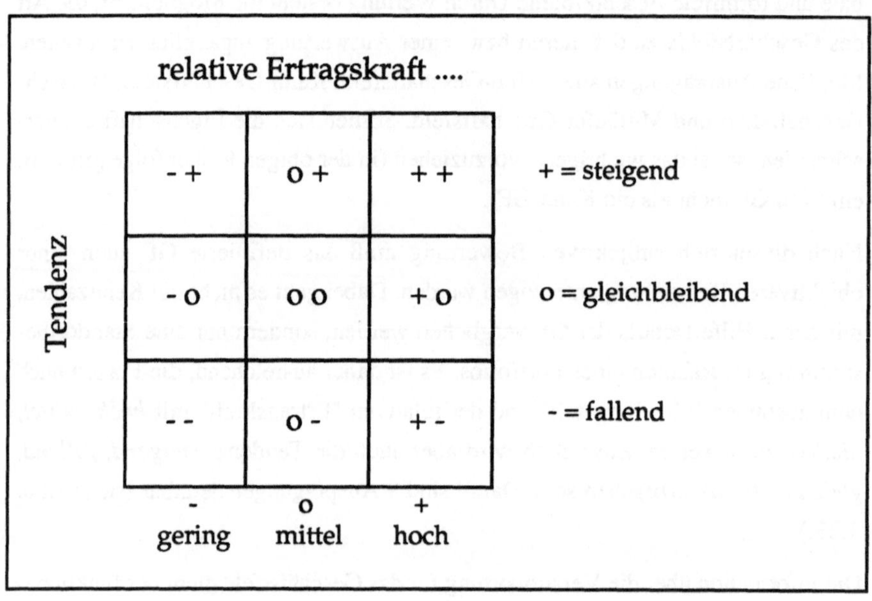

Abb. 3.23.: Bewertung der Ertragskraft eines GF

3.4.4.3. Produkt- und Dienstleistungsbündel (PDB)

Für jedes strategische Geschäftsfeld (SGF) gibt es ein oder mehrere Produkt-Dienstleistungs-Bündel. Als SGF werden in der Folge alle GF bezeichnet, die entweder als Muß-GF definiert wurden oder mit einer hohen strategischen Bedeutung bewertet sind. Das Produkt-Dienstleistungs-Bündel ergibt sich aus der Zusammenfassung von Produkten (oder Leistungen) samt den dazugehörigen Dienstleistungen (z. B. Beratung). Diese Bündel sind je nach Branche verschieden, lassen sich aber eigenen Erfahrungen zufolge im konkreten Fall leicht eruieren.

Beispiel:

Automobilbranche, SGF Westösterreich, PDB Pkw mit Allradantrieb, Mittel-
klassewagen, Mini-Vans.

Versicherungsbranche, SGF KFZ-Versicherungen, PDB Gesetzliche Haftpflicht-
versicherung, Kaskoversicherung.

Computerbranche, SGF Personalcomputer für Unternehmen, PDB MS-DOS
Computer 386, Apple Computer 68030.

Für jedes PDB erfolgt eine Bewertung der Informationsintensität (hoch, mittel,
niedrig) und eine Begründung dafür. Auch hier können durch On-Line Hilfe
Hinweise zur Abschätzung der Informationsintensität abgerufen werden. Beim
Punkt Verbesserungsvorschläge sind die Benutzer angehalten, Vorschläge zu
machen, wie die Informationsintensität oder auch das Produkt selbst verbessert
werden kann. Hier spielt neben der eigentlichen Information wieder der psychologische Aspekt des "Gefragt werdens" eine Rolle.

Die relative Ertragskraft bezogen auf das GF, dem das PDB zugeordnet ist, wird in
Prozent angegeben. Besteht eine 1:1 Beziehung, d. h. gibt es für ein GF nur ein
PDB, so beträgt die Zahl 100 %. In anderen Fällen ist die entsprechende Zahl zu
schätzen.

3.4.4.4. Lieferantenanalyse und Kundenanalyse

Die Kunden- und Lieferantenanalyse dient zur Ermittlung von Stärken und
Schwächen der eigenen Unternehmung auf dem Beschaffungs- und Absatzmarkt.
Wie schon weiter oben ausgeführt, sind nicht alle Kunden und Lieferanten in die
Analyse miteinbezogen. Vorweg treffen die Experten die Entscheidung, welche Be-
ziehungen näher zu durchleuchten sind.

Mit Hilfe der Lieferantenanalyse erfolgt eine Positionierung der Lieferbeziehung in
Hinblick auf Ertrag (des PDB) und des Lieferrisikos (siehe die Abbildung weiter
oben). Mögliche Arten der Lieferbeziehung sind dann STRATEGISCH, NICHT
KRITISCH, ENGPASS, EINFLUSSREICH. Weiters von Interesse ist die
Bindung an den Lieferanten. Hier gibt es die Ausprägungen HOCH, MITTEL und
NIEDRIG. Abgeschlossen wird die Analyse der Lieferantenbeziehung durch eine
Einschätzung der strategischen Bedeutung und der Möglichkeit, etwaige Rahmen-
bedingungen (z. B. Präferenzen) zu beschreiben.

Neben den originären Kundendaten (Name, Adresse, etc.) gliedert sich die Analyse der Kundenbeziehungen in eine Untersuchung der Produktbeziehung (in Hinsicht auf den Absatz), der Preisbeziehung, der Beratung/Dienstleistungen und Präferenzen. Da es sich beim vorliegenden System um kein Marketinginformationssystem handelt und auch keineswegs erwartet wird, daß alle Kunden lückenlos gespeichert sind (was auch dem Sinn dieses Prototyps nicht entspricht), werden Name, Adresse, etc. in Form eines Hypertext-Feldes gespeichert. Damit wird es schließlich auch möglich, mehrere Kunden zu einer "Kundenbeziehung" zusammenzufassen. Die Ausprägungen folgen dem schon bekannten Muster. Zuerst eine Bewertung des jeweiligen Einflusses (mit hoch, mittel, niedrig) und anschließend eine detaillierte Beschreibung in freier Form. Auch diese Analyse wird durch eine subjektive Bewertung der strategischen Bedeutung abgeschlossen.

3.4.4.5. Konkurrenzanalyse

Bei der Konkurrenzanalyse werden die wichtigsten Wettbewerbsdaten von Konkurrenten mit den eigenen Wettbewerbsstärken und -schwächen verglichen. Neben den wichtigsten Mitbewerbern ist auch das eigene Unternehmen als "Konkurrent" zu speichern, damit die Werte in Form von Portfolios vergleichbar sind. Auch hier sind durch Unterteilung Hinweise für die Art der Informationen gegeben. Es gibt Attribute, die für den Konkurrenten allgemein gelten (Konkurrentendaten, Personalsituation, Unternehmenskultur) und solche, welche bezogen auf ein Geschäftsfeld unterschiedliche Ausprägungen besitzen. Die Stärken/Schwächen der Konkurrenten in bezug auf das GF werden in die Bereiche *Produkt, Dienstleistung, Preis, Image, Marktanteil, Standort, Innovation* und *IKT*) gegliedert. Die Ausprägungen erfolgen nach dem schon genannten Muster.

3.4.4.6. Definition kritischer Erfolgsfaktoren

In jeder Branche bzw. in jedem Geschäftsfeld existieren einige Faktoren, die den langfristigen Erfolg einer Unternehmung im Wettbewerb bestimmen. Diese Schlüsselfaktoren sind beeinflußbar und erfordern eine besonders intensive Berücksichtigung.

Für jedes SGF werden die wichtigsten Erfolgsfaktoren gesucht. Dies geschieht entweder durch Auswahl der im Werkzeug bereits vordefinierten Erfolgsfaktoren oder durch Ergänzung. Die Definition der Kritischen Erfolgsfaktoren (CSF =

·critical success factors) erfolgt normalerweise iterativ. D. h. zuerst wird versucht, eine Reihe von Faktoren zu finden, die das Unternehmen erfolgreich macht oder machen wird. Diese sind dann soweit möglich zu Gruppen zusammenzufassen und einer nochmaligen Prüfung zu unterziehen.

Beispiele aus mehreren Bereichen zeigen, daß es sich in der Regel um 3 bis 6 Faktoren handelt, die kritisch sind. So wurden etwa von einigen Unternehmungen in der Automobilbranche folgende kritische Erfolgsfaktoren identifiziert:

- Styling
- Effiziente Distributionswege
- Produktionskosten
- Energieverbrauch[94]

Zur Überprüfung der Überlegungen, wie es zu einem CSF gekommen ist, bzw. um diesen Vorgang auch nach einiger Zeit nachvollziehen zu können, ist eine Begründung mit abzuspeichern. Die Bewertung der Realisierungschance des kritischen Erfolgsfaktors hilft bei der Prioritätenreihung und gilt für jede Kombination aus CSF und SGF. Daneben ist noch eine Abfrage vorgesehen, wie der Beitrag der IKT zur Realisierung des Erfolgsfaktors allgemein gesehen wird. Generell ist die Definition kritischer Erfolgsfaktoren bereits sehr nahe im Bereich der Strategiefindung angesiedelt. Die endgültige Entscheidung, was ein CSF ist und was nicht, ist daher von den **entsprechenden** Führungskräften besonders sorgfältig zu treffen.

3.4.4.7. Einsatz der Informations- und Kommunikationstechnologie

Dieser Punkt verfolgt mehrere Ziele. Einmal besteht damit die Möglichkeit, existierende IKT-Systeme auf einer groben Ebene zu speichern (Ist-Zustand an IKT). Zum zweiten besteht die Möglichkeit, Vorschläge für die Realisierung von CSF mit Hilfe von IKT zu machen. Schließlich kann durch eine Bewertung eine Reihung erfolgen, welche Maßnahmen in welcher Reihenfolge im Bereich der IKT erforderlich sind, um die gesetzten Ziele zu erreichen (Informatik-Projektportfolio). Dies setzt voraus, daß neben den oben beschriebenen Daten auch gültige Daten über die IKT und deren Struktur vorliegen müssen. Hier ist auf jeden Fall die Mitarbeit einer Fachkraft aus dem Bereich Informatik/Organisation notwendig. Zur besseren Übersicht empfiehlt sich eine Bewertung nach folgendem Schema:

---

[94] Weitere Beispiele:
Rockart, J. F.: Chief executives define their own data needs, a.a.O., S. 91.

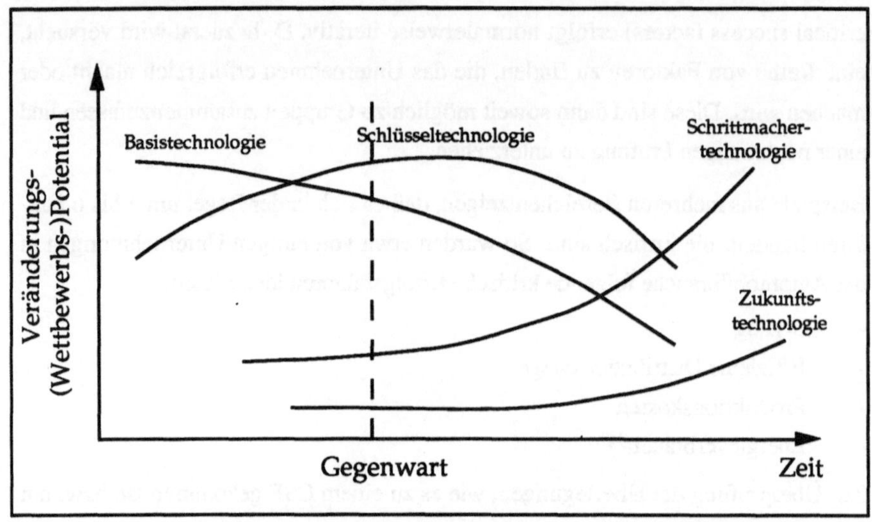

Abb. 3.24.: Klassifizierung von Technologien, entnommen aus:
Heinrich, Roithmayr.[95]

Die IKT (als Teilbereich der Technologie) wird in vier Kategorien eingeteilt:

-   Basistechnologie als bereits vorhandenes System, welches keine strategischen Veränderungen mehr verursacht.

-   Schlüsseltechnologie, d. h. Systeme, die ebenfalls bereits vorhanden sind, aber ihre volle Wirkung auf den Wettbewerb noch nicht entfaltet haben (hohes Veränderungspotential).

-   Schrittmachertechnologien befinden sich erst im Entwicklungsstadium, während

-   Zukunftstechnologien zwar das größte Veränderungspotential darstellen, dieses aber unsicher in der Zukunft liegt.

Zuerst wird einem CSF eine IKT zugeordnet (falls nicht vorhanden, kann natürlich die Liste der IKT ergänzt werden). Dann erfolgt die subjektive Bewertung, mit welcher Priorität diese Technologie eingeführt werden soll (kurzfristig, mittelfristig, langfristig). Mit Hilfe des *Einflußgrads* wird geschätzt, welchen Anteil die IKT an der Erfüllung des CSF besitzt (hoch, mittel, niedrig). Durch die Angabe der Realisierungschance, d. h. mit welcher Wahrscheinlichkeit damit zu rechnen ist, daß eine gewünschte Lösung technisch und organisatorisch eingeführt wird, ist dieser Vorgang abgeschlossen.

---

95   Heinrich, L., Roithmayr, F.: Wirtschaftsinformatiklexikon, a.a.O., S. 466.

Im allgemeinen ist diese Vorgangsweise für die Praxis ausreichend. Verfahren, die den Einfluß der Erfolgsfaktoren noch genauer feststellen, sind bei Nagel beschrieben[96]. Diese Verfahren basieren auf dem Prinzip der Multifaktorenanalyse und sind z. B. als Entscheidungsvorbereitung für die oben beschriebene Bewertung einsetzbar.

3.4.5. Auswertungen und Ergebnisse

Beim gerade beschriebenen Ablauf der Wissensakquirierung steht die Betrachtung aus einer übergeordneten Sicht im Vordergrund. Der mögliche Ablauf ist dabei als ein geradlinig verlaufender Vorgang beschrieben. Diese Form wurde nur gewählt, um einen Überlick über die verschiedenen Analyseschritte zu geben. Der tatsächliche Ablauf ist ein iterativer Kreislauf: Auswertungen dienen zur ersten Orientierung, sind eventuell zu ändern (die Informatione, auf deren Basis die Auswertungen erstellt wurden), Ergebnisse werden definiert und dienen als Ausgangsbasis für weitere Analyseschritte. Das strategische Potential, also die Bewertung der gesammelten Informationen, erfolgt nach dem Schema "hoch - mittel - gering", welches auf dieser Entscheidungsebene am besten geeignet ist.[97] Die Darstellung erfolgt in Form von Portfolioanalysen.[98]

Das Instrument der Portfolio-Analyse erscheint besonders geeignet, die Erfolgspotentiale der Unternehmung sichtbar zu machen.[99] Die Portfolio-Analyse ist natürlich nicht ohne Kritik geblieben. Vor allem der Eindruck, daß die Strategien eine logische Folge der jeweiligen Positionierung wären und der strategische Prozeß damit seiner politischen Komponente beraubt wurde, hat zur Ablehnung geführt. Neuere Anwendungen beschränken sich jedoch auf folgende Aussage: "Die Port-

---

[96] Nagel, K.: Nutzen der Informationsverarbeitung, Methoden zur Bewertung von strategischen Wettbewerbsvorteilen, Produktivitätsverbesserungen und Kosteneinsparungen, München - Wien 1988, S. 180 - 184.

[97] Martiny, L., Klotz, M.: Strategisches Informationsmanagement, a.a.O., S. 103f.

[98] Zum Einsatz der Portfolioanalyse generell zur Bewertung der IKT als wettbewerbsstrategische Waffe siehe:
Hartwig, T.: Portfolio-Analyse für das strategische Informationsmanagement. In: Information Management, 3/87, S. 12 - 17.

[99] Vor allem auch das "sichtbar machen" d. h. die grafische Darstellung bringt einige Vorteile wie Reduktion der Informationskomplexität und stärkeren Einfluß auf das Entscheidungsverhalten. Siehe dazu:
Kroeber-Riel, W.: Vorteile der Business Graphik: Zu den Wirkungen von Bild und Graphik auf das Entscheidungsverhalten. In: IM 3/86, 1986, S. 17 - 23.

folio-Analyse liefert in erster Linie einem sehr heterogenen Top-Management ... einen Bezugsrahmen, der die Grundlage für eine intensive Auseinandersetzung mit der Zukunft des Unternehmens sein kann."[100]

Nach der Definition von Umweltfaktoren und Geschäftsfeldern (GF) gibt folgendes Portfolio Anhaltspunkte, welche GF von strategischer Bedeutung sind.

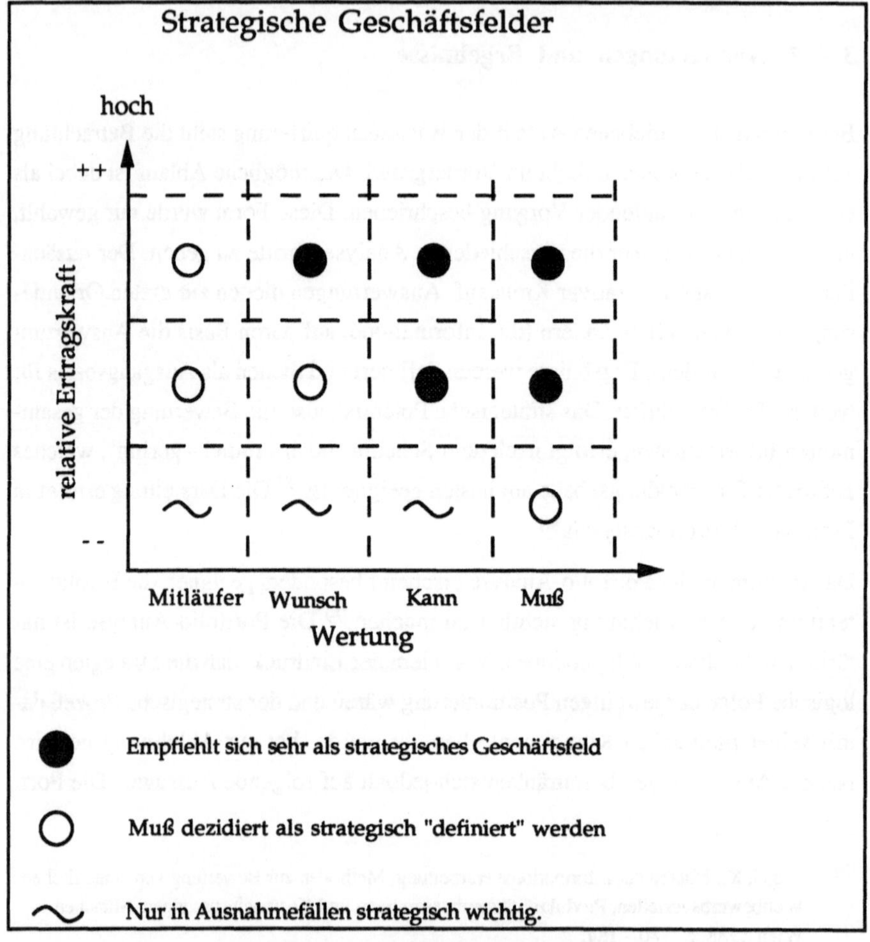

Abb. 3.25.: Strategische Geschäftsfelder

Innerhalb dieser Felder erfolgt eine weitere Reihung nach dem absoluten Gewinnanteil. Das Feld *strategischer Einfluß* ist jetzt entsprechend einzugeben. Anschließend erfolgt die Zuordnung der Umwelteinflüsse zu den SGF.

---

100 Kirsch, W.: Unternehmenspolitik und strategische Unternehmensführung, a.a.O., S. 283.

Die Ergebnisse der Konkurrenzanalyse lassen sich mit Hilfe eines Stärken-Schwächen-Profils darstellen. Die Punkte dieses Profils wurden schon weiter oben dargestellt. Ähnliches gilt für Kunden und Lieferanten.

In einem nächsten Schritt werden die Informationen in bezug auf den Einsatz von IKT untersucht.

Die folgende Grafik zeigt die Gegenüberstellung von IKT-IST-Einsatz für ein SGF und den gewünschten Einsatz. Daraus läßt sich ablesen, wie wichtig der Einsatz von IKT im Geschäftsfeld derzeit ist und wie wichtig er nach Meinung der befragten Führungskräfte sein soll.

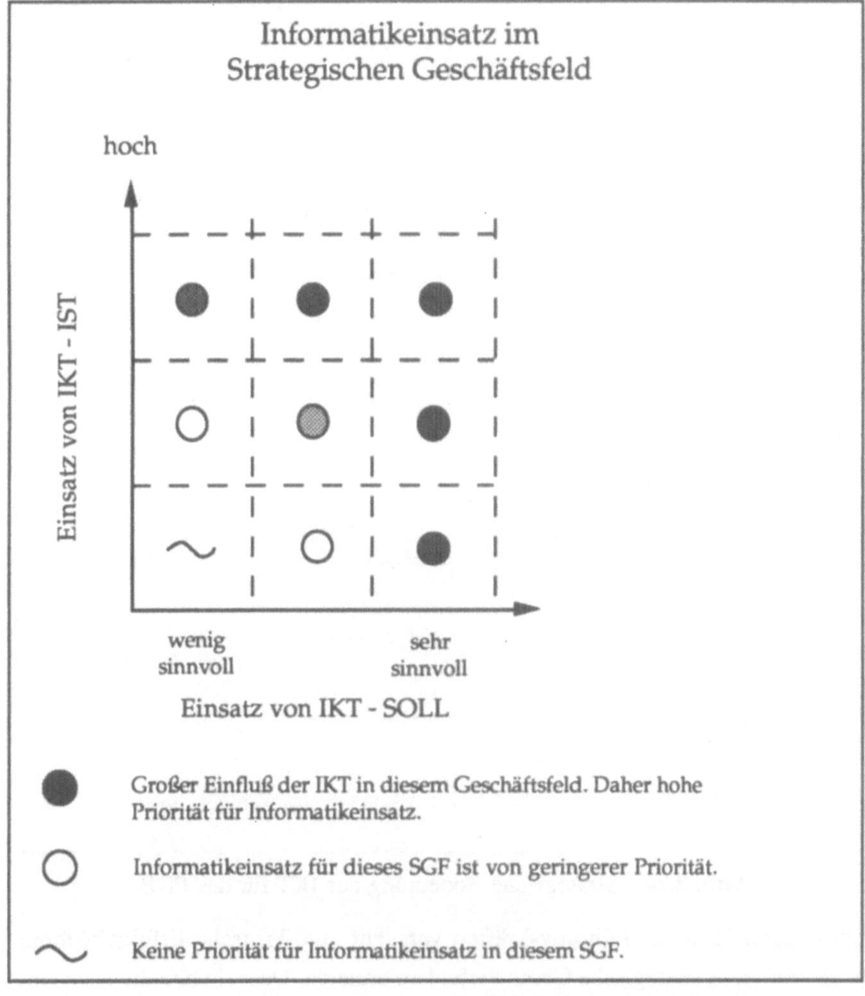

Abb. 3.26.: Informatikeinsatz im Strategischen Geschäftsfeld

Weitere Anhaltspunkte für Überlegungen, wo ein Einsatz von IKT sinnvoll wäre, gibt die Informationsintensität des Produkts (zum Begriff Informationsintensität siehe weiter oben). Durch eine Gegenüberstellung mit der *relativen Ertragskraft* des Produkts bezogen auf das Geschäftsfeld können jene Produkte erkannt werden, die besonders genau in Hinblick auf eine Verbesserung der Informationsintensität zu untersuchen sind.

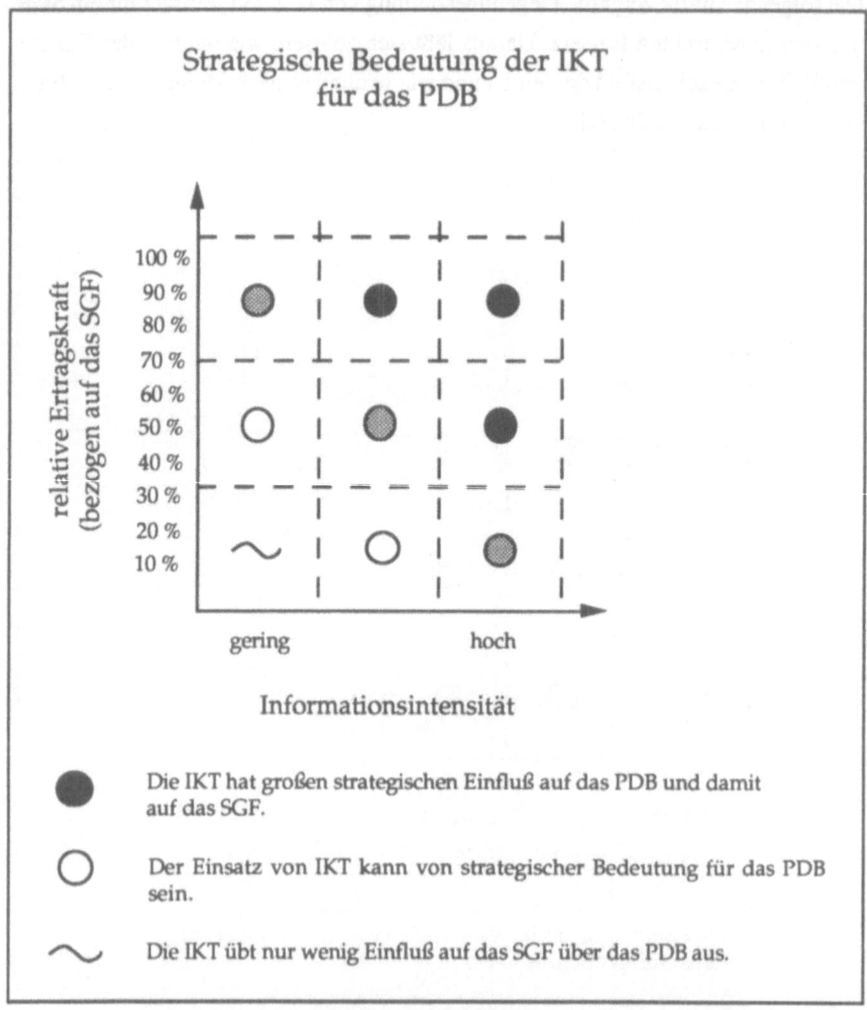

Abb. 3.27.: Strategische Bedeutung der IKT für das PDB

Ein engerer Kreis an Führungskräften versucht nun, kritische Erfolgsfaktoren (CSF) für jedes strategische Geschäftsfeld zu eruieren. Dabei helfen die nach Geschäftsfeldern gruppierten Daten der Umweltanalyse, Konkurrenzanalyse, Kundenanalyse und Lieferantenanalyse. Die gespeicherten Informationen liegen einerseits in Form von Portfolios, Profilen und anderen grafischen Darstellungen vor. Außerdem ist es möglich, auf die dahinterliegenden genaueren Informationen (Hypertext-Felder) bei Bedarf zurückzugreifen. Damit ergibt sich eine übersichtliche Darstellung, ohne daß dabei Informationen verloren gehen oder durch zu straffe Zusammenfassung falsch interpretiert werden. Die Ergebnisse der Definition von Erfolgsfaktoren sind so lange zu bearbeiten, bis sich ca. 3 - 5 kritische Erfolgsfaktoren je SGF herauskristallisieren. Dieser Vorgang beansprucht in der Regel längere Zeit (durch mehrere Arbeitssitzungen). Anschließend erfolgt die Zielplanung sowie die Planung und Festlegung der definitiven Unternehmensstrategie.

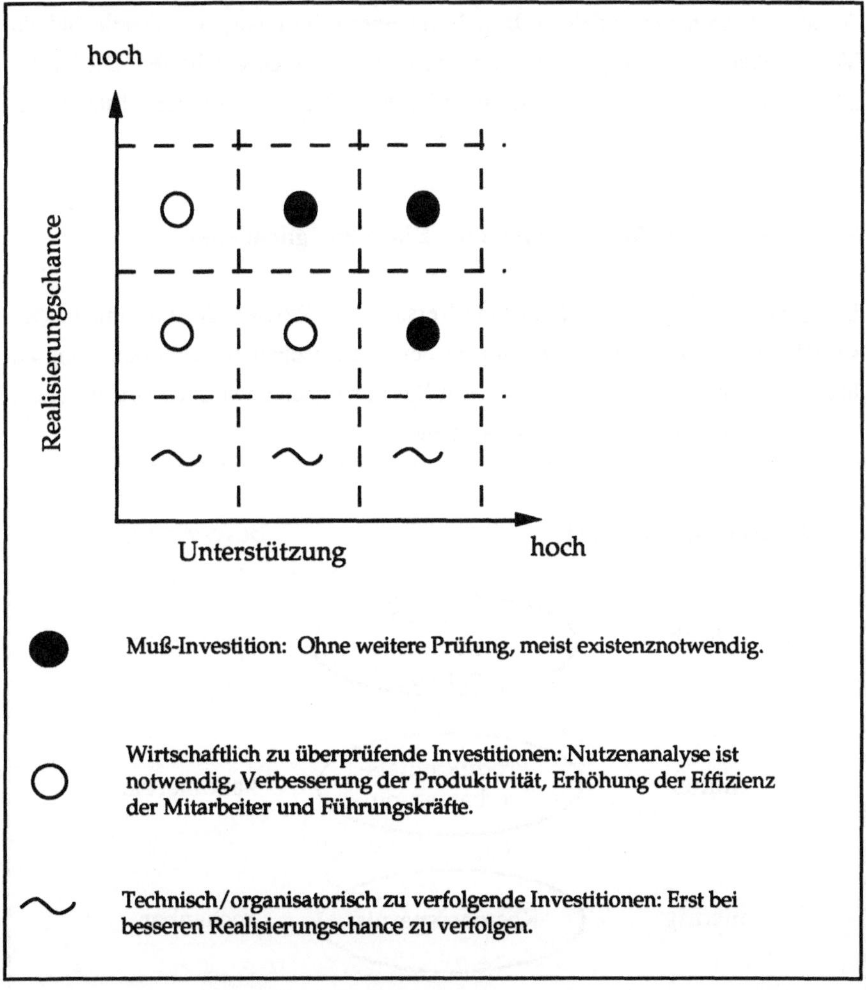

Abb. 3.28.: Prioritäten der Maßnahmen, nach Nagel, K., Bewertung strategischer Wettbewerbsvorteile, a.a.o, S. 51 f.

Zur Erreichung dieser Ziele ist es notwendig, Maßnahmen zu setzen. Erste Hinweis auf die Priorität der Maßnahmen gibt die obige Übersicht.

Durch eine Gegenüberstellung des Beitrags, den die IKT zur Erfüllung eines CSF leistet (Unterstützung), und der Chance zur Realisierung des Erfolgs können sogenannte Muß-Maßnahmen ermittelt werden. Diese bilden die Basis für die weiteren Überlegungen. In Abhängigkeit von der Ausführlichkeit der Beschreibung der IKT bzw. deren Struktur sind diese Maßnahmen von Spezialisten soweit zu verfeinern, daß es möglich ist, daraus ein Informatik-Projektportfolio zu erstellen. Die Dokumentation des Informatik-Projektportfolios und der Überlegungen, die zu diesem Ansatz geführt haben, erfolgt z. B. in Form eines Migrationsplans. Damit sind die Voraussetzungen zur Initiierung von Informatikprojekten geschaffen. Die Unterstützung der Informationsbedarfsanalyse für diese Projekte wird im nächsten Kapitel beschrieben.

3.4.6. Kritische Betrachtung und Einsatzmöglichkeiten

Das oben beschriebene Modell ist ein Versuch, das Problem der Informationsbeschaffung und Bewertung im Rahmen der strategischen Informatikplanung zu lösen. Die folgende Übersicht zeigt den Zusammenhang zwischen strategischem Wert und den Möglichkeiten der Bewertung:

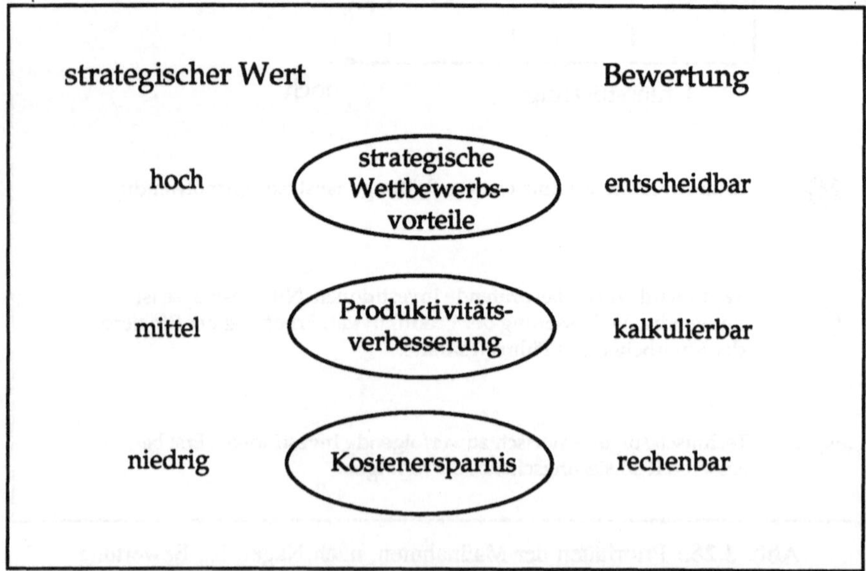

Abb. 3.29.: Strategischer Wert und Bewertung

Strategische Entscheidungsvarianten entziehen sich bis heute trotz intensiver Bemühungen in dieser Richtung einer weitgehenden Quantifizierung. Es handelt sich um Probleme, die *entscheidbar* sind. Für diese Entscheidungen lassen sich aber keine allgemeingültigen Regeln aufstellen. Damit ist aber auch der Einsatz von Expertensystemen weitgehend ausgeschlossen. Der wichtigste Faktor bleibt daher der Mensch. James Martin unterscheidet in diesem Zusammenhang zwischen drei Ebenen der Verarbeitung:[101]

(1)   Routinevorgänge, die Verarbeitung kann fast vollständig automatisiert werden.

(2)   Vorgänge, die Denken und Erfahrung voraussetzen. Die Verarbeitung kann teilweise automatisiert werden, aber sie benötigt Betreuung durch den Menschen.

(3)   Vorgänge, die kreatives Denken oder strategische Planung voraussetzen. Die Verarbeitungsschritte benötigen kreatives menschliches Denken mit Unterstützung durch den Rechner. Die Computerunterstützung in diesem Bereich ist deshalb schwierig, weil zum einen hier das Denken oft komplex und unstrukturiert ist und zum anderen die Anforderungen unvorhersehbar sind.

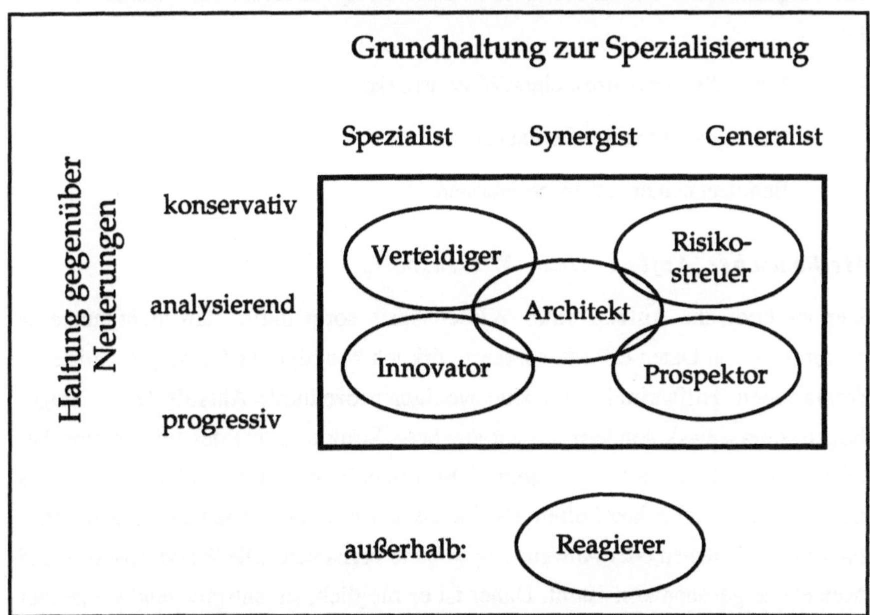

Abb. 3.30.: Strategische Grundhaltungen, Quelle: Kirsch.[102]

---

101   Martin, J.: Einführung in die Datenbanktechnik, a.a.O., S 318f.
102   Kirsch, W.: Unternehmenspolitik und strategische Führung, a.a.O., S. 284.

Die hier in Frage kommenden Entscheidungen sind dem dritten Punkt zuzurechnen. Zusätzlich sind diese Entscheidungen oft nicht von zumindest weitmöglicher Rationalität geleitet, sondern oft sehr stark von der strategischen Grundhaltung der einzelnen Entscheidungsträger geprägt (was sowohl positive als auch negative Auswirkungen hat).

Das Modell setzt daher am richtigen Punkt an. Nicht der Entscheidungsprozeß an sich ist Gegenstand der (Computer-)Unterstützung, sondern die Informationen, welche dazu nötig sind. Daraus leitet sich ab, daß der Nutzen dieses Vorgehens nicht getrennt von der Benutzung dieser Informationen (d. h. der Strategiedefinition und Maßnahmenplanung) zu sehen ist. Der kritische Punkt des Gesamtnutzens besteht darin, was die Experten aus den vorhandenen Informationen machen.

Diese Aussage galt natürlich auch bisher. Zusätzlich zum eigenen Wissen können die Expereten nun aber auf eine Wissensbasis zurückgreifen, welche die bis jetzt zur Verfügung stehenden Informationen weit übersteigt und entsprechend den Anforderungen einer strategischen Planung methodisch aufbereitet ist. Kernelemente des vorgestellten Modells, soweit es in diesem Kapitel beschrieben wurde sind daher:

-    Methodischer Aufbau einer Wissensbasis;

-    Verfügbarkeit von Information;

-    Benutzersichten auf Informationen.

Methodischer Aufbau einer Wissensbasis

Der methodische Aufbau einer Wissensbasis sorgt dafür, daß nicht nur eine Sammlung von Daten erfolgt, sondern wirklich benötigte und aussagekräftige Informationen. Hilfsmittel dafür sind weniger prozedurale Abläufe (z. B. Fragebögen, Interviews), sondern die vorgegebene Strukturierung des Informationsbedarfs. Diese Strukturierung ist aber nicht restriktiv, d. h. innerhalb dieses Rasters ist das System weitgehend offen. Es sind keine Einschränkungen auf spezielle Problemfälle, Branchen oder Anwendungsgebiete vorhanden. Die Wissensbasis ist auf Metaebene gesehen konsistent. Daher ist es möglich, sie entsprechend steigender oder geänderter Anforderungen jederzeit anzupassen bzw. zu erweitern. Die Werkzeugunterstützung schließlich sorgt dafür, daß die Informationen leicht wartbar sind. Vorhandene Informationen sind leicht weiterzuführen und zu aktualisieren.

Verfügbarkeit von Information

Wesentliches Merkmal von strategischen Entscheidungen ist die Entscheidung unter Unsicherheit. Mit anderen Worten besteht keine vollständige Information über den Sachverhalt, der zur Entscheidung anliegt. Vollständige Information ist nicht möglich, da es sich zum Teil um Wissen handelt, welches in der Zukunft liegt.

Das Modell muß sich daher auf die Darstellung der aktuell zugänglichen bzw. in der Vergangenheit liegenden Informationen beschränken. Wie die Praxis zeigt, sind diese Informationen zwar vorhanden, aber im geeigneten Augenblick und für die entsprechenden Experten nicht vollständig transparent. Es bedarf also einer zentralen Stelle, welche diese Informationen (am besten laufend) erfaßt und verwaltet.

Benutzersicht auf Informationen

Schließlich ist es notwendig, den Experten verschiedene Benutzersichten auf Informationen zu ermöglichen. Wie schon weiter oben beschrieben, ist für den Menschen nur ein gewisser Grad an Komplexität überschaubar. Für eine Führungskraft, die als Experte das Werkzeug benutzt, bzw. aus den vorhandenen Informationen strategische Schlüsse ziehen soll, bedeutet ein zuviel an Informationen eine Zunahme der Komplexität. Diese Komplexität wird vom Experten durch Abstraktion bzw. außer Acht lassen gewisser Informationen bis auf ein enscheidungsfähiges Maß gemildert. Damit treten vermehrt subjektive Interessen des Experten als Filterfunktion in den Vordergrund der Entscheidung (vergleiche dazu die strategischen Grundhaltungen). Dies ist durchaus legitim und entspricht auch dem Wesen strategischer Entscheidungen. Trotzdem ist es besser, wenn diese Filterfunktion durch ein Werkzeug wahrgenommen wird, welches unterschiedliche Sichtweisen auf Informationen erlaubt. Damit kann der Experte zumindest bewußt die Komplexität entsprechend seinen Anforderungen reduzieren und einen höheren Grad an Objektivität erreichen, ohne seine Entscheidungsfreiheit dabei einzubüßen.

Der Einsatz des Modells macht Entscheidungen letztlich nicht einfacher - aber der Entscheidungsprozeß und die zugrundeliegenden Informationen sind transparenter, sachlich fundierter und verläßlicher!

3.5. Zusammenfassung

Ziel eines innovativen IKT-Einsatzes in Unternehmen ist das Schaffen von Wettbewerbsvorteilen. Voraussetzung dafür ist einerseits eine Unternehmensstrategie, die auf die Möglichkeiten der IKT Rücksicht nimmt. Zum anderen führt IKT-Einsatz,

der sich längerfristig nicht aus der Unternehmensstrategie ableiten läßt, zu Unzufriedenheit. Es besteht daher eine starke Interdependenz zwischen Unternehmensplanung und Informatikplanung. Diese starke Abhängigkeit muß sich auch personell niederschlagen. An der Unternehmensplanung müssen IS-Manager teilnehmen
und IS-Strategien vom Management mitgetragen werden.

Auf dieser Basis erfolgte der Entwurf eines Modells, welches die Informationsbeschaffung, -verwaltung und -darstellung für die strategische Unternehmens- und
Informatikplanung verbessert. Die Abbildung der Informationen ist durch reine
Hypertextsysteme oder normalisierte Datenbänken nur schwer möglich. Eine Kombination dieser beiden Techniken erlaubt aber, strukturierbare Informationen und
nicht strukturierte Informationen gemeinsam zu speichern.

Das Werkzeug, welches dieses Modell unterstützt, dient nicht der Entscheidungsfindung an sich. Deshalb ist der Gesamtnutzen dieses Modells nur in Zusammenhang mit dem zu sehen, was die Führungskräfte (in der Terminologie des Werkzeugs Experten) aus den Informationen machen. Die Unterstützung erfolgt dabei
auf den drei Ebenen

-     Methodischer Aufbau einer Wissensbasis,

-     Verfügbarkeit von Information und

-     Benutzersichten auf Informationen.

Die Rechtfertigung dieses Modells läßt sich aus dem Gesamtzusammenhang mit
dem folgenden Kapitel über Informatikprojektabwicklung ableiten. Es zeigt sich,
daß sich Informatikprojekte direkt auf ein dynamisches Informatikgesamkonzept
zurückführen lassen müssen. Dieses dient vor allem der Unterstützung von (strategischen) Unternehmenszielen. Durch Anwendung des Modells ist der beschriebene
Weg, zumindest aus der Sicht des Informationsbedarfs, vorgegeben, und nicht zuletzt ist dieses Modell auch dazu geeignet, kleineren Unternehmen einen kosten-
günstigen Weg zur strategischen Planung zu weisen.

4. Informatikprojektabwicklung

4.1. Übersicht

"In order to understand the phenomena surrounding a new technology, we must open the question
of design - the interaction between understanding and creation."[1]

4.1.1. Der datenorientierte Ansatz

Der Entwurf und die Realisierung von Informatiklösungen kann im Prinzip auf
zwei verschiedenen Wegen erfolgen:

- nach einem funktionsorientierten Ansatz oder
- nach einem datenorientierten Ansatz.

Bei der funktionsorientierten Vorgangsweise werden zuerst die "Tätigkeiten"
(Funktionen) des Untersuchungsbereichs eruiert und dann die für die Ausführung
der jeweiligen Tätigkeit benötigten Daten ermittelt. Diese klassische Vorgangsweise
hat zu vielen funktionsorientierten Datenbeständen geführt, die in sich nicht konsistent und redundanzfrei sind.

Daher wird immer mehr das datenorientierte Vorgehen vorgezogen.[2] Der datenorientierte Ansatz geht vom Aufbau eines konzeptionellen Datenmodells für das
Unternehmen aus. Dieses ist eine abstrakte Darstellung "of that environment that
contains only those abstract properties of the environment relevant for the information requirements of its users"[3]. Dieses Datenmodell ist zentraler Bezugspunkt für
das weitere Vorgehen. Es tritt im Sinne eines Gesamtüberblicks als Dreh- und An-
gelpunkt in Erscheinung, auf den sich alles andere beziehen läßt:[4]

---

1   Winograd, T., Flores, F.: Understanding Computers and Cognition, a.a.O., S. 4.
2   Canning, R.G.(Hrsg): Making Better Use of Your Data, EDP Analyzer, August 1986,
      Vol. 24, No. 8, S. 1 - 11.
3   Alagic, S.: Object-Oriented Database Programming, Berlin - New York 1989, S. 1.
      Heuser, C.A.: Datenbankentwurf auf der Grundlage von Systembeziehungen, München -
      Wien 1987, S. 73 - 102.
4   Vetter, M.: Strategie der Anwendungssoftware-Entwicklung, Planung, Prinzipien, Konzepte,
      Stuttgart 1988, S. 19.

- Ein konzeptionelles Datenmodell beinhaltet typenmäßige, aber keine wertmäßigen Aussagen über den interessierenden Ausschnitt der Realität.

- Es ist unabhängig von der tatsächlichen physischen Datenspeicherung.

- Es ist neutral gegenüber einzelnen Anwendungen und deren lokaler Sicht auf die Daten.

- Es basiert auf eindeutigen Fachbegriffen, die für alle verbindlich sind.

- Es stellt das Informationsangebot der Gesamtunternehmung auf logischer Ebene dar und ist Schnittstelle zwischen Anwendungen und Benutzern als Informationsnachfrager bzw. Datenorganisation und -verwaltung als Informationsanbieter.

- Es ist die gemeinsame sprachliche Basis für die Kommunikation der an der Organisation von Datenverarbeitungsabläufen beteiligten Personen.

Die grundlegenden Datentypen sind stabil, während die Prozeduren sich ständig ändern, daher führen datenorientierte Techniken dort zum Erfolg, wo funktionsorientierte Techniken versagen. Viele funktionsorientierte Techniken haben zu Systemen geführt, die langsam zu implementieren und schwer zu ändern sind.[5] Andererseits sind daten- und funktionsorientierte Verfahren eng miteinander verbunden. Daten werden nicht zuletzt dadurch beschrieben, daß gezeigt wird, aus welchen Funktionen sie entstehen bzw. für welche sie benötigt werden.[6]

Die datenorientierte Vorgangsweise führt nur im Zusammenhang mit einem konzeptionellen Vorgehen zum Erfolg. Konzeptionelles Arbeiten ist gekennzeichnet durch:

- Entwicklung der Lösung vom Groben zum Detail (Top-Down-Vorgehen).

- Abstrahierung. Es wird nicht mit Begriffen gearbeitet, die den Einzelfall betreffen, sondern mit solchen, die stellvertretend für verschiedene Einzelfälle in Erscheinung treten können.[7]

Das Grundprinzip der konzeptionellen Vorgangsweise zeigt Abb. 4.1.

---

5   Martin, J.: Manifest für die Informationstechnologie von Morgen, Wien, 1985. In: Vetter, M., Strategie der ....., a.a.O., S. 23f.

6   Österle, H.: Entwurf betrieblicher Informationssysteme, München - Wien 1981, S. 84.

7   Zur Rolle der Abstraktion als Hilfsmittel zur Beherrschung komplexer Systeme siehe auch: Österle, H.: Entwurf betrieblicher Informationssysteme, a.a.O., S. 68f.

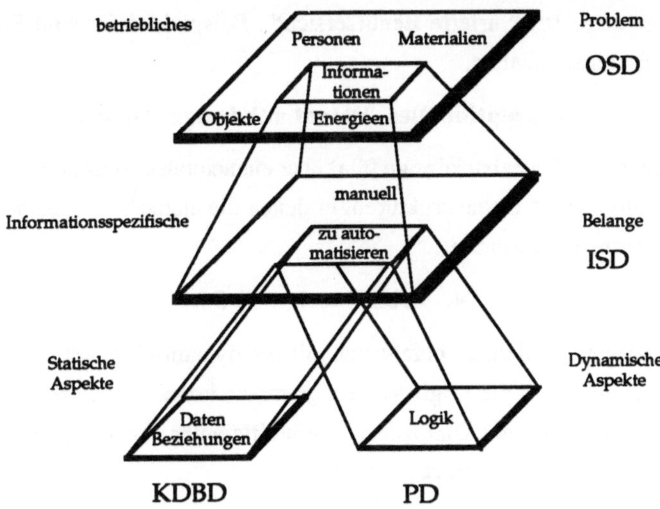

Abb. 4.1.: Konzeptionelle Arbeitsweise nach Vetter[8].

Es gibt vier Gestaltungsebenen:

1. Objektsystem-Design (OSD)[9]

Ausgangspunkt für das Objektsystem-Design ist ein betriebliches Problem. Ohne Überlegungen in Hinblick auf Automatisierbarkeit anzustellen, geht es vorerst darum, das Problemfeld einzugrenzen, eine Situationsanalyse zu erstellen, Ziele zu formulieren, Lösungsvarianten zu entwerfen und diese zu bewerten und zu entscheiden. Im Sinne eines Top-Down Vorgehens finden die Überlegungen im globalen, betrieblich - organisatorischen Bereich statt.

2. Informationssystem-Design (ISD)[10]

Sind die betrieblich organisatorischen Sachverhalte eines Projekts bekannt, so erfolgt im nächsten Schritt die intensive Betrachtung von informationsspezifischen Belangen. Kern der ISD ist die Definition von sogenannten Elementarprozessen und Elementarmeldungen. Elementarprozesse sind in sich abgeschlossene Tätigkeiten oder eine Reihe in sich abgeschlossener Tätigkeiten. Jeder Elementarprozeß wird von einer Stelle durchgeführt, kann ohne Unterbrechung ausgeführt werden, produziert ein Ergebnis und hat einen Auslöser. Unter einer Elementarmeldung ver-

---

8   Vetter, M.: Aufbau betrieblicher Informationssysteme mittels konzeptioneller Datenmodellierung, Stuttgart 1989, S. 16.

9   Vetter, M.: Strategie der Anwendungssoftware-Entwicklung, a.a.O., S. 203ff.

10 Vetter, M.: Strategie der Anwendungssoftware-Entwicklung, a.a.O., S. 237ff.

steht Vetter eine "strukturierte Benutzersicht". Beispiele dafür sind Formulare, Listen, Bildschirmausgaben.

3. Konzeptionelles Datenbankdesign (KDBD)

Das konzeptionelle Datenbankdesign führt über ein neutrales konzeptionelles Datenmodell zu physischen Datenstrukturen, in denen die statischen Aspekte des Entwurfs festgeschrieben werden.

4. Prozeßdesign (PD)

Das Prozeßdesign schließlich befaßt sich mit den dynamischen Aspekten des Entwurfs. Zum einen wird die Logik von Programmen konzeptionell festgelegt, zum anderen wird mit Hilfe des Dialogdesigns ein effizienter, ergonomischer Mensch-Maschine-Kommunikationsprozess ermittelt.

Neben den beschriebenen vier Gestaltungsebenen lassen sich drei Darstellungsebenen unterscheiden:[11]

(1)   Die logische Gesamtsicht der Unternehmensdaten (konzeptionelles oder auch konzeptuelles Schema).

(2)   Die physische Datenorganisation (internes Schema).

(3)   Die Sicht einzelner Anwendungsprogramme, Benutzergruppen (externes Schema).

4.1.2. Die ganzheitliche Betrachtungsweise

Die ganzheitliche Betrachtung des Problemkomplexes zeigt, wie sich der datenorientierte Ansatz in die bisherigen Überlegungen eingliedern bzw. wie er sich damit verbinden läßt. Abb. 4.2. zeigt das Top-Down Vorgehen nach herkömmlichem Schema: Die Strategiefindung, Entwicklung des Projektportfolios (P1, P2, ...Pn) und die Phasen einzelner Informatikprojekte.

Ziel des datenorientierten Ansatzes ist die Erstellung eines möglichst umfassenden unternehmensweiten Datenmodells. Diese Forderung besteht schon längere Zeit, und es wurden auch schon Versuche gestartet, sie in vollem Umfang in die Praxis umzusetzen. Dabei hat sich gezeigt, daß es nicht zum Ziel führt, vorweg ein kom-

---

[11]   Schlageter, G., Stucky, W.: Datenbanksysteme: Konzepte und Modelle, 2. neubearbeitete und erweiterte Auflage, Stuttgart 1983, S. 26.
Lindtner, P., Walpoth, G.: Open Access II - Datenbank, Innsbruck 1987, S. 4 - 13.

plettes Datenmodell zu erstellen. In der Praxis war es nicht möglich, eine solche Datenbank rechtzeitig und im alles umfassenden Inhalt einzurichten. Als realistische Vorgangsweise hat sich aber der laufende Aufbau einer Datenbasis erwiesen.[12] Dies geschieht einerseits durch "isolierte" konzeptionelle Überlegungen (z. B. als eigenes Projekt im Rahmen des Projektportfolios), andererseits durch laufende Erweiterungen aus Arbeitsergebnissen laufender Projekte. Diese Vorgehensweise wird auch als "kanonische Synthese" bezeichnet.[13] Vetter unterscheidet dabei ein typenmäßiges und wertmäßiges Vorgehen.[14]

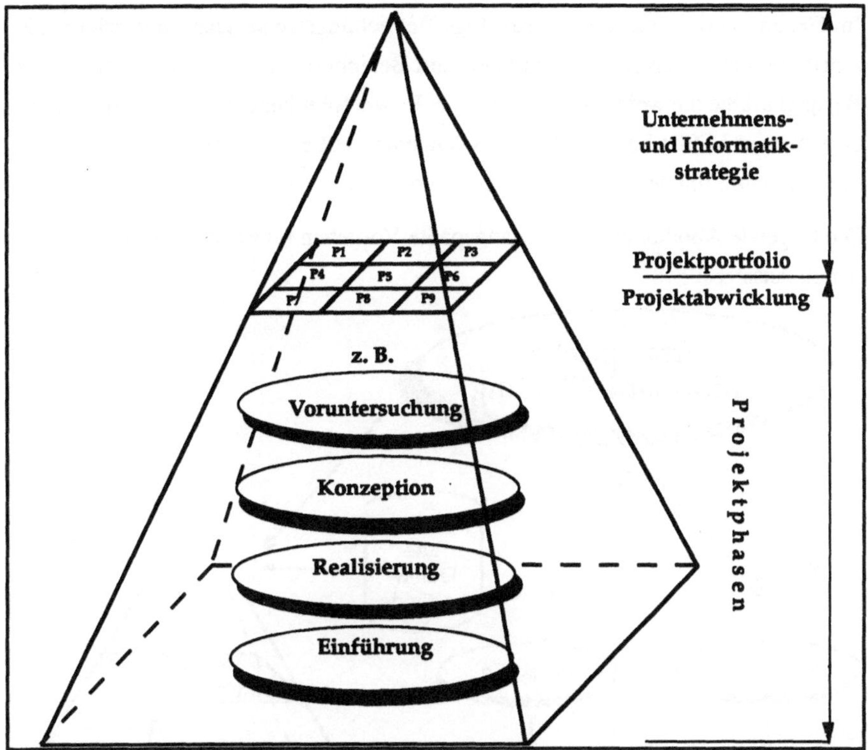

Abb. 4.2.: Top-Down-Vorgehen bei Informatikprojekten.

Die typenmäßige Betrachtung beschränkt sich darauf, Sachverhalte in allgemein gültiger Form festzuhalten. Die Aussage - "In unserem Unternehmen werden

---

12 Zum Aufbau von Datenbanken siehe auch:
    Wiederhold, G.: Datenbanken, Analyse - Design - Erfahrungen, Band 2 Datenbanksysteme, München - Wien 1981, Kapitel 7 und 8.

13 Grill, E.: Relationale Datenbanken, Vom logischen Konzept zur physischen Realisierung, Ziele - Methoden - Fallstudie, 3. überarbeitete und erweiterte Auflage, Hallbergmoos 1987, S. 46.

14 Vetter, M.: Strategie der Anwendungssoftware-Entwicklung, a.a.O., S. 17.

jährlich Kurse zur Mitarbeiterschulung organisiert. Zu jedem dieser Kurse, die von externen Referenten gehalten werden, können sich die Mitarbeiter anmelden." - ist typenmäßig, da sie für alle Mitarbeiter der Unternehmung zutrifft. In der Datenbank-Terminologie ausgedrückt, handelt es sich bei typenmäßigen Aussagen um Entitätsmengen und Beziehungsmengen. Bei einer Beschränkung auf solche Aussagen kann ein Datenmodell erstellt werden, welches auch für Informatiklaien noch verständlich ist. Diese "Datenarchitektur" wird projektunabhängig erstellt (siehe auch die folgende Abbildung).

Im Gegensatz dazu steht die wertmäßige Betrachungsweise. Hier interessieren die Attribute der verschiedenen Entitäten und Beziehungen. Bezogen auf das obige Beispiel müßte die wertmäßige Aussage z. B. wie folgt lauten: "Der Mitarbeiter mit dem Namen Müller besucht den Kurs "Datenmodellierung" am 9. 8., welcher von der Referentin mit dem Namen Maier gehalten wird."

Die folgende Abbildung zeigt das angepaßte Vorgehen im Rahmen des datenorientierten Ansatzes:

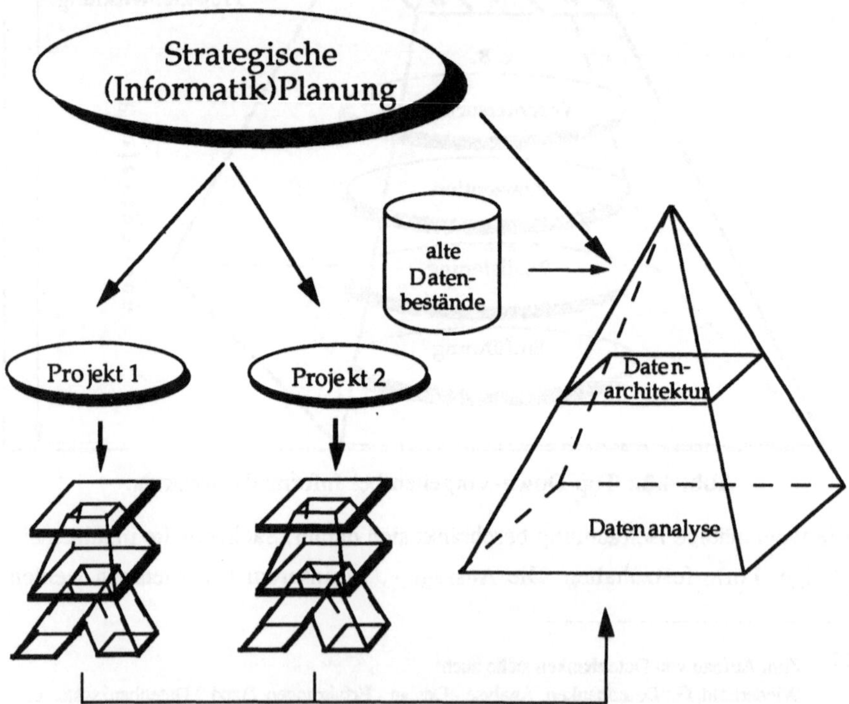

Abb. 4.3.: Praxisorientiertes Vorgehen beim datenorientierten Ansatz

Der erste Schritt ist die Definition der Strategien. In einem weiteren Schritt wird aber bereits die Datenarchitektur festgelegt. Die folgenden Informatikprojekte benutzen diese Datenarchitektur und erweitern sie durch die Datenanalyse. Ergebnis ist ein umfassendes Datenmodell, welches als Basis für weitere Applikationen dient und flexibel erweiterbar ist.

Die sinnvolle Vorgangsweise beim Aufbau des konzeptionellen Datenmodells ist daher eine Mischung aus Top-Down und Bottom-Up Vorgangsweise. Die Datenarchitektur wird Top-Down erarbeitet, die Datenanalyse erfolgt Bottom-Up.[15] Nocheinmal ist darauf hinzuweisen, daß es sich um ein konzeptionelles Modell handelt. Die physische Speicherung erfolgt zwar in Ableitung von diesem Modell, sie muß aber z. B. keineswegs zentral sein. Als Richtlinie nennt beispielsweise Zehnder:[16]

- Zentrale Verwaltung der Datentypen (Datenbankaufbau) zur Schaffung eines umfassenden Überblicks.

- Föderalistische Speicherung der Datenwerte, um eine höhere Sicherheit zu erlangen.

Die Abwicklung größerer Projekte in Unternehmen erfordert gewisse Voraussetzungen organisatorischer und personeller Natur. Der folgende Abschnitt befaßt sich mit dieser Problematik - besonders in Hinblick auf den gerade beschriebenen datenorientierten Ansatz.

4.2. Informatikprojekte

> "Nichts ist vom Erfolg her zweifelhafter und von der Durchführung her gefährlicher
> als der Wille, sich zum Neuerer aufzuschwingen. Denn wer dies tut, hat die
> Nutznießer des alten Zustandes zu Feinden, während er in den möglichen
> Nutznießern des neuen Zustandes nur lasche Verteidiger findet."[17]

Die Lösung komplexer Probleme erfolgt am besten durch die Aufgliederung der Aufgabe in überschaubare Teilschritte. Grundidee jedes Projektes ist daher eine

---

[15] Diese Arbeiten werden auch als Datenstrukturierung und Datenmodellierung bezeichnet. Kougioumtzoglou, S.: Datenanalyse. In: Neumair, H. (Hrsg.): State of the Art 6, Relationale Datenbanken, München - Wien 1989, S. 26

[16] Zehnder, C. A.: Informationssysteme und Datenbanken, 4. Auflage, Stuttgart 1987.

[17] Dieser Ausspruch stammt von Nicoló Machiavelli und war eine Empfehlung an die Fürsten aus dem Florenz des Jahres 1513.

Unterteilung in sogenannte Projektphasen. Sieht man ein Projekt als "zeitlich begrenztes Vorhaben zur Lösung genau definierter Probleme" an, so sind die Projektphasen zeitlich und funktionell abgegrenzte Teile innerhalb des Projektver-
laufs.[18] Wesentliche Elemente des Projektmanagements sind Projektmethodik und
Projektführung. Die folgende Abbildung zeigt diesen Zusammenhang grafisch:

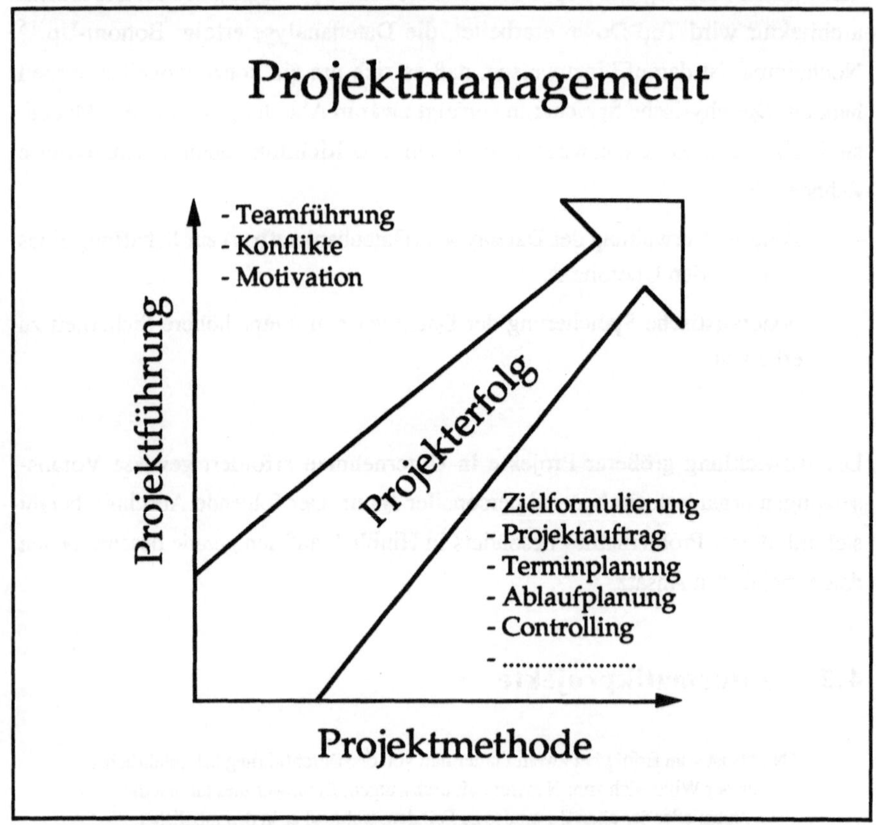

Abb. 4.4.: Erfolgsfaktoren für das Projektmanagement, nach Schneider[19]

Diese Erkenntnis stellt die Grundlage für die folgenden Ausführungen dar, insbesondere wird auch der Bereich Projektführung genau beschrieben, welchem in der
Praxis oft zu wenig Aufmerksamkeit geschenkt wird.

---

18   Zehnder, C. A.: Informatik-Projektentwicklung, Zürich 1985, S. 16.
19   Schneider, U.: Projektmanagement, Arbeitsunterlage, Innsbruck 1990, S. 1.

4.2.1. Unternehmensorganisation und Projektorganisation

Der Sonderstatus eines Projekts in der Organisation der Unternehmung wird durch folgende Definition deutlich: "Ein zielgerichtetes, klar definiertes, zeitlich begrenztes, durch Größe, Bedeutung, Komplexität, Neuartigkeit, Einmaligkeit, Kosten und Risiko aus dem üblichen Geschehen herausragendes Vorhaben."[20] Normalerweise handelt es sich bei Informatikprojekten nicht um Aufgaben, die zum Tagesgeschäft des Unternehmens gehören. Daher hat die Organisation im allgemeinen keine Vorkehrungen getroffen, um diese Aufgabe zu erfüllen.

Die Struktur der Organisation einer Unternehmung ist dazu geschaffen, die anfallenden Tätigkeiten möglichst effizient und wirtschaftlich durchzuführen. Dabei ist die Gültigkeitsdauer dieser Strukturen zeitlich nicht begrenzt, und es ist unerheblich, ob die Strukturierung nach funktionalen oder nach divisionalen Gesichtspunkten erfolgt. Aber auch andere Organisationsmodelle, wie Matrixorganisation, Stab-Linien-Organisation etc., erfüllen die Vorraussetzungen, wie sie im Rahmen eines Informatikprojektes gefordert werden, nicht zur Gänze.

Voraussetzungen zu Abwicklung von Informatikprojekten sind:

-       Die Kompetenz, alle relevanten Informationen zu sammeln und auszuwerten.

-       Die Möglichkeit, organisatorische Abläufe in Frage zu stellen ("heilige Kühe").

-       Genügend Freiraum vom Tagesgeschäft, um die Aufgaben des Informatikprojekts verfolgen zu können.

-       Ressourcenautonomie innerhalb eines budgetären Rahmens für das Projekt.

-       Sachliche und fachliche Kompetenz.

Drei charakteristische Organisationsformen für Projekte sind zu unterscheiden:[21]

Die reine Projektorganisation (Parallel-Linienorganisation), die Einfluß-Projektorganisation und die Matrix-Projektorganisation.

---

[20]   Heinrich, L., Roithmayr, F.: Wirtschaftsinformatiklexikon, 3. Auflage, München - Wien, 1989, Stichwort: Projekt, S. 384.

[21]   Daenzer, W. F. (Hrsg.): Systems Engineering, Leitfaden zur methodischen Durchführung umfangreicher Planungsvorhaben, 6. Auflage, Zürich 1988, S. 132ff.
Kuba, R. W.: Computergestützte Projektorganisation, Kompendium mit Arbeitsformularen, Köln 1987, S. 18ff.

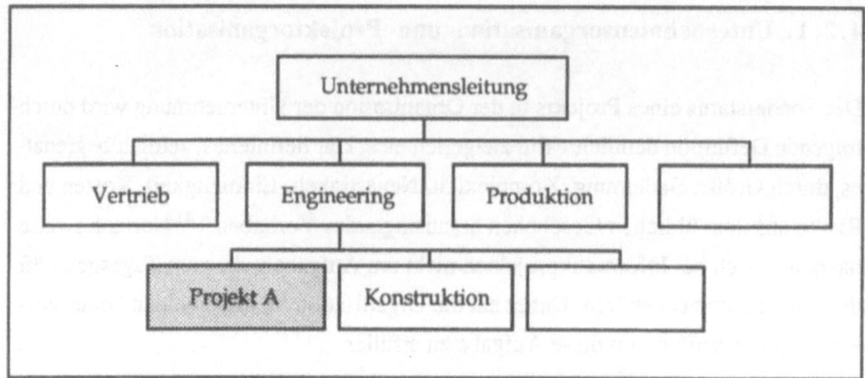

Abb. 4.5.: Reine Projektorganisation nach Daenzer

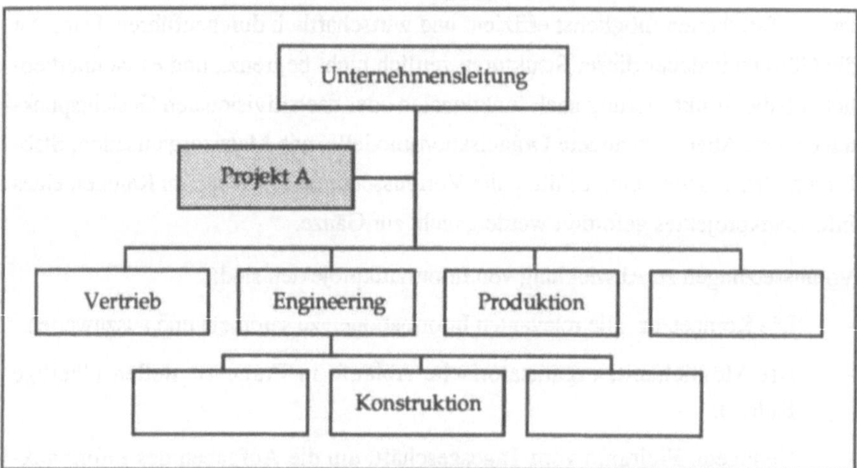

Abb. 4.6.: Einfluß-Projektorganisation nach Daenzer

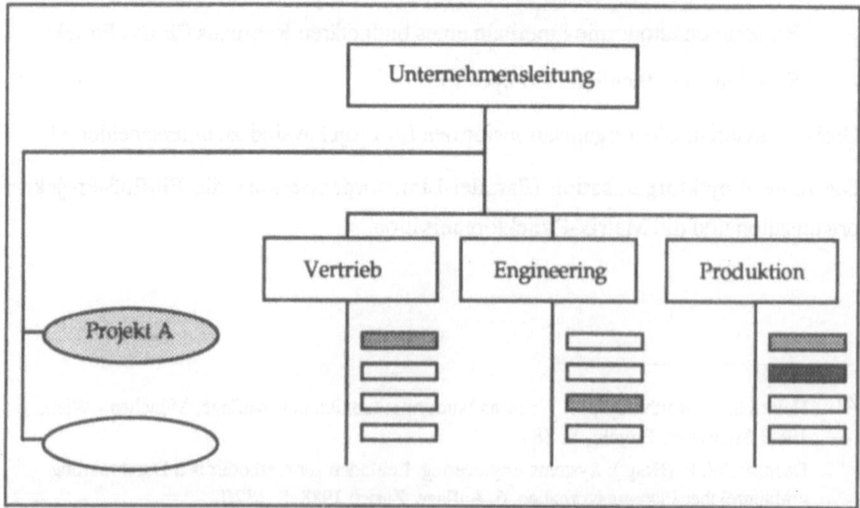

Abb. 4.7.: Matrix-Projektorganisation nach Daenzer

Eine weitere, stark praxisorientierte Eingliederung der Projektorganisation in die Unternehmensorganisation ist: [22]

(1) Das **untergeordnete Projektmanagement,** das sind jene Projekte, die auf Grund einer Überforderung der Linienorganisation spontan geboren werden. Allgemeines Kennzeichen ist das Fehlen neuer Organisationselemente. Projektgruppen werden zwar eingerichtet, aber es wird ihnen kein offizieller Status verliehen. Irgend jemand aus der Fachabteilung wird von der Geschäftsleitung beauftragt, sich um etwas "zu kümmern". Auch wenn eine offizielle Projektleitung konstituiert wird, so wird doch nie die Organisationsform der Linienorganisation verlassen, Projektmanagement wird irgendwo angehängt oder untergebracht.

(2) Das **abgespaltene Projektmanagement** beruht auf der Idee, bewährte Organisationsformen zu duplizieren. "Damit hätte man den Schwächen der bisherigen Organisation etwas entgegengesetzt und dies obendrein mit alten Mitteln versucht, sodaß nicht zuviel Unruhe ins System kommt."[23] Grundsätzlich positiv ist die Anerkennung der Notwendigkeit einer eigenen Projektorganisation. Die andere Seite ist die fehlende Flexibilität, welche die übertragenen Organisationsformen in der Regel nicht mitbringen können.

(3) Das dritte Verhältnis zwischen Projektmanagement und bestehender Organisation ist die **Integration.** Die bestintegrierte Form nach Heintel/Krainz ist die des Matrix-Projektmanagements. Projektmitarbeiter bleiben in ihren Abteilungen und sind dort auch den jeweiligen Abteilungsleitern unterstellt. Im Rahmen des Projekts, an dem sie mitarbeiten, sind sie jedoch dem Projektleiter unterstellt. Auch hier ergeben sich naturgemäß Probleme, z. B. für den Projektmitarbeiter als "Diener zweier Herren" oder für den Vorgesetzten, wenn sich der Mitarbeiter mit vorgeschützten Projektaufträgen seinem Tagesgeschäft entzieht.

Für welche Modelle und Ausprägungen man sich bei der Installation einer Projektorganisation entschließen soll, kann nicht allgemeingültig festgelegt werden. Nicht zuletzt hängt die Beantwortung dieser Frage von den Aufgaben und Inhalten des Projekts selbst und vom organisatorischen Entwicklungsstand und Reifegrad des jeweiligen Unternehmens ab. Meist ist es nicht sinnvoll, die Projektorganisation in die normale Aufbauorganisation der Unternehmung zu stark einzubinden. Der Charakter eines Projektes ist grundsätzlich verschieden zu Aufgabenstellungen des

---

22   Heintel, P., Krainz, E.: Projektmanagement, Eine Antwort auf die Hierarchiekrise, 2. Auflage, Wiesbaden 1990, S. 43ff.

23   Heintel, P., Krainz, E.: Projektmanagement, a.a.O., S. 47.

Tagesgeschäfts. Zudem stellt ein Projekt eine befristete Organisationsform - im Gegensatz zur in der Regel unbefristeten Organisationsform der Unternehmung - dar.

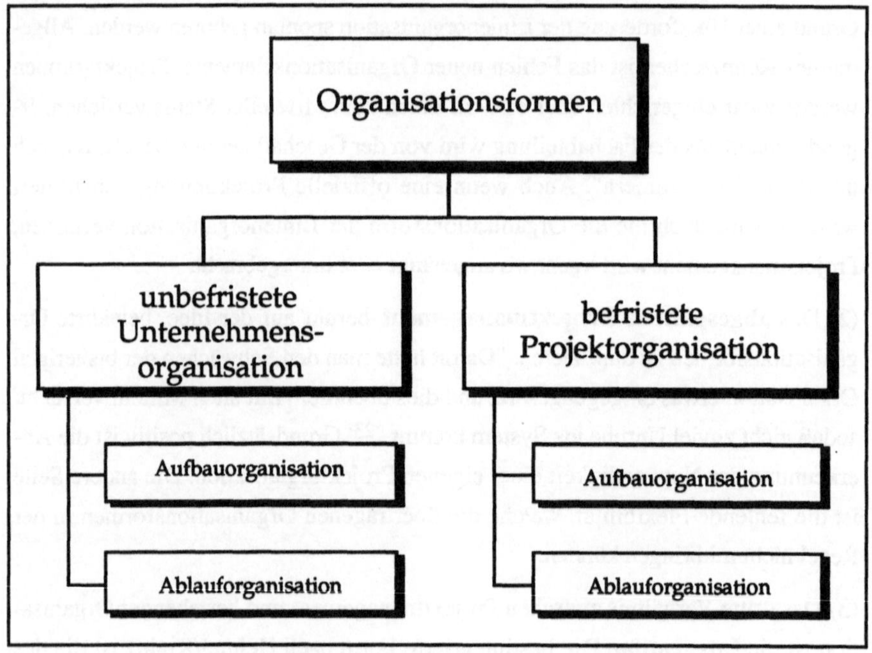

Abb. 4.8.: Organisationsformen

4.2.2. Voraussetzungen für ein Informatikprojekt

Vor Beginn jedes Informatikprojekts sind zumindest folgende Voraussetzungen zu klären:

Wer ist der Auftraggeber des Projekts?

Welches Ziel wird mit dem Projekt verfolgt?

Wer leitet das Projekt?

Von wem wird das Projekt durchgeführt?

1. Voraussetzung: Auftraggeber

Es muß für jedes Projekt einen Projektauftraggeber im Unternehmen geben. Dieser trägt letztendlich die Verantwortung für Kosten und Nutzen aus dem Projekt. Er wird laufend (z. B. durch Phasenabschlußberichte) informiert und muß (eventuell zusammen mit einem Steuerungsgremium) entscheiden, ob ein Projekt weiterbearbeitet oder abgebrochen wird. Der Auftraggeber ist naturgemäß in der Unternehmenshierarchie "weit oben" angesiedelt (z. B. der Leiter der vom Informatikprojekt betroffenen Abteilung/Division).[24]

2. Voraussetzung: Projektziel

Abgeleitet aus der strategischen Planung muß ein operationalisiertes Ziel für jedes Projekt existieren. Normalerweise gibt es immer eine Zielsetzung, wenn ein Projekt initiiert wird: "In der Regel bestehen vage Vorstellungen und Ideen darüber, was durch die Um- oder Neugestaltung eines Systems erreicht oder vermieden werden soll ... ."[25] Nur ist es in vielen Fällen so, daß dieses Ziel (diese Ziele) nicht eindeutig formuliert, allen Beteiligten bekannt und damit nur sehr schwer erreichbar und kontrollierbar ist (sind). Zusätzlich müssen sich die am Projekt beteiligten Personen mit diesem Ziel identifizieren können. Ziele müssen daher möglichst aussagekräftig und eindeutig formuliert sein, vom Auftraggeber unterschrieben sein, und schließlich muß es auch möglich sein, Ziele im Verlauf des Projekts weiter zu verfeinern und eventuell zu korrigieren.[26]

Daenzer fordert, daß die Zielformulierungen

- lösungsneutral sein müssen,

- vollständig , präzise und verständlich sind und

- realistisch sind, d. h. soziale und sachliche Rahmenbedingungen, berücksichtigen.[27]

3. Voraussetzung: Projektteam

Ein gutes Projektteam übernimmt die befristete Aufgabe des Projekts, löst die Aufgabenstellung zufriedenstellend und macht sich damit überflüssig. Da der personelle Aspekt wesentlich zum Erfolg oder Mißerfolg eines Projekts beiträgt, wird er im folgenden Abschnitt detailliert ausgeführt.

---

[24]   Nickel, E.: Computergestützte Projektinformationssysteme, Grundlagen einer anwendungsbezogenen Gestaltung mit besonderer Berücksichtigung des Großanlagenbaus, Idstein 1985, S. 50.
Daenzer, W. F. (Hrsg.): Systems Engineering, a.a.O., S. 147ff.
Hüttenhain, T.: Managementregeln zur Einführung von Standardsoftware. In: Österle, H. (Hrsg.): Integrierte Standardsoftware, Bd. 1., a.a.O., S. 134.

[25]   Daenzer, W. F. (Hrsg.): Systems Engineering, a.a.O., S. 43.

[26]   Lockemann, P.C. et.al.: Systemanalyse, DV-Einsatzplanung, Berlin - Heidelberg 1983, S. 109 - 115.

[27]   Daenzer, W. F. (Hrsg.): Systems Engineering, a.a.O., S. 43.

4. Voraussetzung: Projektleiter

Für jedes Projekt muß es natürlich einen Projektleiter mit den entsprechenden Kompetenzen zur Führung des Projektteams und der Verantwortung für die Arbeit des Projektteams geben. Auch dieser Aspekt wird im folgenden Abschnitt näher beleuchtet.

4.2.3. Projektteam und Projektleiter

4.2.3.1. Die Kunst der Projektsteuerung

KLEITOS: Kannst du mir wohl sagen, Sokrates, ob die Kunst, Projekte erfolgreich zu steuern, gelehrt werden kann? Oder ob sie von Natur ganz bestimmten Menschen innewohnt?

SOKRATES: Mein Kleitos, lange schon kenne ich dich, und häufig schon haben wir beide uns gemeinsam erinnert oder uns unterhalten. Und so weiß ich, daß du nicht ohne Grund zu mir kommst und mir diese Frage stellst.

KLEITOS: Recht hast du; gestern, als ich zum Markt kam, erlebte ich einen Auflauf, viele standen beisammen und redeten hitzig und erregt miteinander. Mich dünkte, daß es eine lebenswichtige Frage sei, um die es da ging, und ich stellte mich dazu. Es ging um die Steuerung von Projekten. Drei Meinungen traten zutage, und zuletzt hatte jede ihre Anhänger. Laß sie mich dir kurz erläutern:

Wie kommt es, daß manche Projekte erfolgreich ablaufen, andere wieder scheitern? Schön wäre es doch und von allgemeinem Nutzen, wenn alle Projekte von Erfolg gekrönt wären! Und da sagten die einen, die Kunst der Projektsteuerung könne dadurch gelehrt werden, daß erfolgreiche Projektleiter von ihrem Projekt anderen erzählen, was sie erlebt, was sie getan haben.

Die zweite Gruppe aber sagte, lehren könne man die Kunst der Projektsteuerung nicht, weil ja ein Projekt an sich durch seine Einmaligkeit beschrieben sei.

Die dritten nun boten den Umstehenden ellenlange Papiere mit Beschreibungen von Tätigkeiten, die man nur in der dort vorgeschriebenen Weise durchführen müsse, wenn das Projekt zum Erfolg kommen solle. Die meisten Männer auf dem Markt applaudierten den Rednern, die sich so äußerten!

SOKRATES: Ich muß gestehen, ich habe noch nicht darüber nachgedacht. Ich bin weit davon entfernt, zu wissen, ob diese Kunst lehrbar ist oder nicht lehrbar, da ich nicht einmal dieses, was die Kunst der Projektsteuerung überhaupt ist, ordentlich weiß.

KLEITOS: Weißt du in der Tat nicht einmal, was die Kunst der Projektsteuerung ist? Du scherzest, Sokrates, und ich bin verwirrt! Das ist doch gar nicht schwer zu sagen:

-   Zuerst die Kunst, zu dem fest vereinbarten Zeitpunkt mit dem Tempelbau fertig zu sein, und ihn dann den Priestern zum Gebet zu übergeben.

-   Dann die Kunst, viele Leute zusammenzurufen und sie zu leiten und zu beaufsichtigen, bis das Schiff fertig ist.

\-   Eine andere wiederum ist die Kunst, in die Zukunft zu schauen, um zu wissen, was morgen geschehen wird, was ich tun muß, was daraus für den Bau der Straße nach Theben folgt.

....

SOKRATES: Also, lieber Kleitos, die einen auf dem Markte meinten, die Kunst der Projektsteuerung könne man dadurch erlernen, daß solche, die ein Projekt erfolgreich abgeschlossen hätten, erzählten, wie sie ihr Projekt durchgeführt hätten?

KLEITOS: So ist es; aber ich habe dagegen doch einige Bedenken. Was nützen die Schilderungen des Phidias über sein großes Projekt mir, der ich nie ein so großes Projekt leiten muß, wofür ich den Göttern dankbar bin. Was kann ich daraus lernen, daß Phidias mir erzählt, wie er seinen hundert Männern Befehle gibt, wenn ich nur fünf zu beaufsichtigen habe?

SOKRATES: Ein jeder von den Anführern befiehlt zwanzig. Befehle gibt Phidias aber nicht einem jeden dieser zwanzig , sondern dem einen, und du und Phidias haben doch dasselbe zu tun: Jeder von Euch gibt fünf Männern seine Befehle. Die Befehle sind in zwei großen Projekten gleich und die Befehle sind in kleinen Projekten ihrerseits auch wieder gleich?

KLEITOS: Sie müßten es sein.

SOKRATES: Wie lange hat Phidias für den Tempelbau benötigt?

KLEITOS: Genau drei Jahre und zehn Tage. Zum Fest des Dionysos war er fertig.

SOKRATES: Wohlan, mein Kleitos. Nehmen wir an, Phidias sollte wieder einen Tempel bauen, den gleichen, den er soeben fertiggestellt hat. Wie lange wird er daran arbeiten?

KLEITOS: Ungefähr drei Jahre.

SOKRATES: Wie das? Nicht genau drei Jahre und zehn Tage? Hat er nicht die gleichen Befehle auszuteilen, und haben nicht seine Männer dieselben Tätigkeiten auszuführen.

KLEITOS: Schon mein Sokrates. Aber hat er wieder dieselben Männer? Ist es möglich, daß Phidias alle Befehle in derselben Reihenfolge mit derselben Klarheit denselben Leuten gibt? Sind die Männer genauso fleißig wie die im ersten Projekt? Hat Phididas immer die Steine aus Thrakien zur Verfügung oder muß er darauf warten? Kann sein Projekt nicht von Regen und Sturm gestört werden?

SOKRATES: Aber Phidias wüßte, was er tun müßte bei diesem zweiten Projekt, wenn die Steine für die vierte Säulenreihe nicht rechtzeitig kämen?

KLEITOS: Ich weiß es nicht, und ich glaube, Phidias wüßte das vorher auch nicht.

SOKRATES: Die Befehle in zwei großen Projekten sind dann doch wohl nicht gleich? Und dasselbe gilt sicher auch für kleine Projekte?

KLEITOS: Dann meinst du, es sei verlorene Zeit, den Erzählungen erfolgreicher Projektleiter zu lauschen?

SOKRATES: Habe ich das gesagt? Wir waren uns einig, daß es keine gleichen Projekte gibt, mögen sie nun groß sein oder klein. Daraus folgt, daß es immer wieder andere Tätigkeiten und Befehle des Projektleiters gibt, die nicht alle im vorhinein festliegen.

Es gibt aber allgemeine Tätigkeiten und Befehle, die in jedem gleichgearteten Projekt vorkommen Und so ist es doch sinnvoll und nutzbringend, wenn ein Projektleiter erzählt, was er getan hat, und wie er es getan hat.

KLEITOS: Jetzt verstehe ich dich. Manche Situationen bei einem Projekt kommen immer wieder vor. Nur muß der zweite Projektleiter bisweilen ein wenig umdenken.

SOKRATES: Gut. Was hältst du aber von den Erfahrungen gescheiterter Projektleiter?

KLEITOS: Du meinst beispielsweise Sikkias, dessen neu gebautes Schiff ungenutzt im Hafen liegt, weil es keiner der Händler aus Athen haben will?

SOKRATES: Warum das eigentlich? Sikkias ist doch ein so hervorragender Schiffsbaumeister, daß ich mich immer wieder wundere, wenn ich sein Boot im Hafen sehe.

KLEITOS: Sikkias selbst sagte es seinen Freunden im Vertrauen. Die Händler wollten ein Schiff mit mehreren Kammern, mit dem man nicht nur eine Sorte Getreide von Ioniens Küste holen kann, sondern viele. Und sie hatten es auch Sikkias gesagt. Doch dieser meinte, schon Jahrzehnte habe man nur eine Sorte Getreide in ein Schiff geladen, und also müßte das neue Schiff auch so geartet sein.

SOKRATES: Also wäre es gut für die Allgemeinheit oder für jemanden, der wieder ein so neuartiges Schiff bauen will, zu erfahren, was Sikkias erlebt hat.

Denn: Haben wir nicht gesagt, Kunst der Projektsteuerung ist, den Erfolg herbeizuschaffen und den Mißerfolg zu vermeiden? Dann wäre es doch richtig, nicht nur über den Erfolg zu sprechen, wie man ihn gemacht hat, sondern auch über den Mißerfolg, wie man ihn nicht vermieden hat?

KLEITOS: Ich verstehe dich Sokrates, und es ist einzusehen, daß jemand, der Projekte zu leiten hat, großen Vorteil aus den wahrheitsgemäßen Berichten erfolgreicher, aber auch aus denen der weniger erfolgreichen Projektleiter ziehen kann.

....

SOKRATES: Du sprachst, Kleitos, von dieser zweiten Gruppe.

KLEITOS: Ja, das waren die, die mit großen Listen kamen, sie ihren Zuschauern zeigten und erklärten, was man bei einem Projekt mit diesen machen kann. Da war beispielsweise Alkimos - du kennst ihn sicher - der den Bau der Straßen in Athen zu leiten hat.

Nun, er öffnete auf dem Markt seine Rolle, die so groß war, daß zwei seiner Sklaven sie halten mußten. Aufgeführt waren dort alle Tätigkeiten, die ablaufen müssen, bis eine Straße fertig ist und von allen benutzt werden kann.

SOKRATES: In der Weise also, daß dort beispielsweise geschrieben steht: "Steine zur Stelle der zukünftigen Straße herbeischafffen, Steine gleichmäßig verteilen, Steine feststampfen" und so fort?

KLEITOS: Genauso ist es.

SOKRATES: Ist auch aufgeführt, wieviel Steine herbeigeschafft werden, was "gleichmäßig verteilen" heißt, wer die Steine verteilt, d. h. wieviele Leute der Projektleiter einsetzen muß, und wer feststampft, womit dieser oder diese feststampfen usw.?

KLEITOS: Teilweise ja; beispielsweise ist als eine Tätigkeit aufgeführt: "Anzahl der benötigten Steine bestimmen." Weiter ist beispielsweise dort auch erklärt: "Gleichmäßiges Verteilen bedeutet: zwei Handbreit sollten die Steine übereinander liegen." Es steht dort darüber hinaus: "Wenn felsiger Untergrund, genügt eine Handbreit, beim sandigen Boden sollte man drei Handbreit Steine auftragen."

SOKRATES: Können wir es so formulieren,

-    daß in diesen Listen sehr viele Tätigkeiten des Straßenbaus aufgeführt sind, wobei mitunter zwar auf weit zurückliegende Tätigkeiten Bezug genommen, aber diese bestehende Verbindung nicht immer verdeutlicht wird,

-       daß in diesen Listen Erläuterungen hinsichtlich der Ausführung der Tätigkeit stehen können,

-       daß diese Listen zwar auch verschiedene Möglichkeiten im Auge haben, daß aber nicht alle Möglichkeiten beschrieben sein können?

Habe ich es so richtig verstanden?

KLEITOS: Das ist das Wesen der Listen des Alkimos.

SOKRATES: Dann ist es doch so, daß wir damit zwar ein Hilfsmittel für den Projektablauf eines Straßenbaus haben, daß es aber kein Lerninstrument für einen zukünftigen Projektleiter ist.

KLEITOS: Sokrates, das verstehe ich nicht. Kann jemand denn nicht aus diesen Listen lernen, wie er sein Projekt durchzuführen hat?

SOKRATES: Du gehst doch auch auf den Markt, um Brot und Trauben und Wein und anderes zum Essen einzukaufen?

KLEITOS: Ja regelmäßig einmal in der Woche, wofür mir dann Eumena, meine Frau, eine Liste mitgibt, wieviel von jedem zu holen ist.

SOKRATES: Richtest du dich nach dieser Liste in der Weise, daß du alles genauso einholst, wie es dort aufgeführt ist?

KLEITOS: Ja, das schon. Einmal zwar hatte ich keine Oliven geholt, dafür aber mehr Trauben, weil sie geradeo so schön aussahen; aber, bei Zeus, du hättest Eumena erleben sollen, wie sie schimpfte, weil ich nicht genau das brachte, was sie mir zu holen aufgetragen hatte. Von da an richte ich mich gänzlich nach der Liste, weil ich immer befürchte, etwas falsch zu machen.

SOKRATES: Kleitos, siehst du nun selbst, wie das mit den Listen des Alkimos ist? Sie sind gute Hilfsmitel für den Projektleiter, ein Projekt durchzuführen. Aber sie vermitteln nicht die Urteilsfähigkeit, ob etwas so und nicht anders gemacht werden kann. Es besteht aber gerade eine große Gefahr, daß du starr an dieser Liste hängst und dich an eine solche Liste klammerst , und daß dadurch deine Urteilsfähigkeit verkümmert.

Die Listen sind nicht ohne Wert, aber nur für denjenigen, der die Fähigkeit besitzt, das Allgemeine auf das spezielle Projekt zu übertragen, und das ist wieder ein Teil der Kunst der Projektsteuerung selbst. Da viele von Hause aus diese Kunst nicht beherrschen und nie beherrschen werden, und da diese es selbst fühlen, so wollen sie bestimmte Regeln als Vorgabe für ihr Tun haben, um so jederzeit, wenn ihr Projekt nicht zu einem erfolgreichen Ende kommt, sagen zu können, daß es nicht ihre eigene Schuld und Schlechtigkeit sind, die das Übel hervorgerufen haben, sondern die Liste, die die Wahrheit für sich in Anspruch nahm und nach der sie sich gerichtet haben.

....

KLEITOS: Ich sehe ein, daß man weder mit den Erfahrungsberichten von Projektleitern noch mit den Listen allein die Kunst der Projektsteuerung erlernen kann;

SOKRATES: Aber besteht nicht eine andere Möglichkeit? Nämlich die, jeden Projektleiter selber Erfahrungen sammeln zu lassen; denn ist nicht Phidias selbst mit größerer Sicherheit erfolgreich, als jemand, der von Phidias Erfahrungen nur gehört hat.

KLEITOS: Da muß ich dir recht geben, Sokrates; aber wer wollte jemanden zum Leiter eines Projektes machen, von dem man weiß, daß er in diesem Projekt erst einmal Erfahrungen sammelt, um später folgende Projekte sicherer zu handhaben und zu steuern.?

....

> KLEITOS: Also ist es so, daß auch der zukünftige Projektleiter einen Lehrer haben sollte, der ihn in die Kunst der Projektsteuerung einweiht und darin unterrichtet. Lasse diesen Lehrer ein Projekt erfinden und lasse dann den Schüler sich so geben, wie er es als echter Projektleiter tun würde. [28]

Im wesentlichen sind die wichtigsten Probleme, die im Rahmen des Projektmanagement auftauchen können, in diesem Dialog enthalten - deshalb wurde er in dieser zwar gekürzten, aber immer noch umfangreichen Version übernommen. Die Patentlösung, Musterprojekte zu veranstalten, um Projektleiter zu schulen, möchte ich nicht übernehmen, sie scheint mir auch in den überwiegenden Fällen nicht zielführend zu sein, ganz abgesehen vom wirtschaftlichen Aspekt, der einem solchen Training entgegensteht. Eine ausführliche Beschreibung der personellen Aspekte von Informatikprojekten, des Projektcontrollings, des Vorgehensmodells und schließlich der Dokumentation sollten aber eine ausreichende Basis für die weitgehend problemlose Projektabwicklung darstellen.

4.2.3.2. Der Projektleiter

Für jedes Projekt ist ein Projektleiter definiert, der alle notwendigen Kompetenzen erhält und voll verantwortlich für den Projekterfolg ist. Neben fundierten Fachkenntnissen sollte der Projektleiter vor allem Führungsqualitäten besitzen. Je größer das Projektteam, desto wichtiger ist seine Rolle als Integrationsfigur des Teams. Der Projektleiter plant und leitet die Teamarbeit und ist erste Kontaktperson zu den Auftraggebern. Die Aufgaben des Projektleiters sind:[29]

- die Planung des Projekts
- die kurzfristige Projektüberwachung (zum Begriff siehe später)
- die Projektsteuerung (Koordinierung der Teammitglieder)
- die Führung der Teammitglieder
- die Repräsentierung des Projekts (der Ergebnisse) gegenüber den Auftraggebern.

Normalerweise wird dem "Erfolgsfaktor" Projektleiter zu wenig Aufmerksamkeit oder Einfluß zugestanden. Daher wird das Aufgabengebiet noch etwas genauer durchleuchtet.

---

[28]   Auszüge aus "Platons Dialog", nachempfunden dem Dialog zwischen Sokrates und Menon, in dem es um die Tugend geht. In:
Kupper, H.: Zur Kunst der Projektsteuerung, a.a.o, S.13ff, S. 44ff, S. 74ff, S. 186ff..

[29]   Heinrich, L., Burgholzer, P.: Systemplanung, Bd. 1, 4. Auflage, München-Wien 1989, S. 63.

Ein wichtiger Aspekt der Projektführung ist die Motivation der Teammitglieder. Diese sehen sich zumeist mit einer völlig neuen Situation konfrontiert. Neben zusätzlichen Belastungen durch Termindruck, Schulungen, ständigen Ergebnisüberwachungen und -rechtfertigungen gibt es durch die befristete Projektdauer eine Unsicherheit, was nach Abschluß des Projekts für eine Existenzberechtigung besteht. Das gipfelt in Fragen wie: "Was wird aus uns?; Was haben wir eigentlich für ein Interesse, das Projekt erfolgreich abzuschließen?". Hier muß der gute Projektleiter nicht nur sich selbst, sondern auch seine Mitarbeiter motivieren.

Daneben gibt es für den Projektleiter auch schwierige Situationen mit den anderen Mitarbeitern und Managern im Unternehmen zu meistern. Die Machtvollkommenheit des etablierten Managements hat schon manches Projekt im Sand verlaufen lassen. Es kommt beispielsweise vor, daß

-       in Unternehmen alteingesessene Manager herrschen, die gewisse Autorität haben (aber nicht unbedingt Sachkenntnis im DV-Bereich).

-       das ungeschriebene Gesetz gilt, daß bei keiner wichtigen Entscheidung z. B. der Leiter der Marketingabteilung übergangen werden darf.

Ein Projektleiter steht ständig unter Entscheidungsdruck; vergleichbare Entscheidungen stehen meist nicht zur Verfügung. Da der Projektleiter voll verantwortlich für den Erfolg oder das Scheitern eines Projektes ist, muß er natürlich weitreichende Befugnisse zur Steuerung des Projekts erhalten. Es beginnt damit, daß er schon bei der Formulierung des Projektziels ein Mitspracherecht besitzen sollte (siehe auch später Commitment zum Projektauftrag). Ohne die Identifizierung des Projektleiters mit dem Projektauftrag ist das Vorhaben in der Regel nicht durchzuführen.

Die Motivierung der Mitarbeiter setzt voraus, daß er ein Mitspracherecht bei der Auswahl der Teammitglieder hat (wenn nicht überhaupt die Kompetenz dazu). (Über die Merkmale von Teammitgliedern siehe auch das folgende Kapitel.) Schließlich muß der Projektleiter die fachliche Weisungsbefugnis für seine Projektmitarbeiter haben.

Kupper leitet aus diesen Anforderungen eine Art Checkliste ab, welche Qualifikationen ein Projektleiter haben sollte.[30] Da ich diesen Ansatz für sehr gelungen halte, möchte ich ihn leicht gekürzt hier vorstellen:

Kupper unterscheidet vier Kategorien von wichtigen Eigenschaften. Die **Kenntnis** (d. h. das was man weiß durch Lesen, Hören, usw.; die **Erfahrung**, Kenntnisse,

---

[30]   Kupper, H.: Zur Kunst der Projektsteuerung, a.a.o, S.173f.

die durch praktisches Tun erworben wurden; die **Fähigkeiten**, d. h. in der Lage sein, etwas zu tun und schließlich die **Persönlichkeit**, d. h. die Art und Weise, wie jemand handelt.

Beispiel: Ein Projektleiter kennt die wichtigsten Motivationstechniken (Kenntnis). Er war jahrelang Abteilungsleiter mit mehreren Mitarbeitern (Erfahrung). Er ist in der Lage, Mitarbeiter zu motivieren (Fähigkeit). Er delegiert Arbeiten an seine Mitarbeiter, weil er Vertrauen in ihre Fähigkeiten setzt (Persönlichkeit).

Die Checkliste selbst hat folgendes Aussehen:

<u>Kenntnis von</u>

- Prinzipien, Politik, Verfahren und Organisation des Unternehmens
- IKT
- Planungsmethoden
- Wirtschaftlichkeitsrechnungen
- Englisch
- Umwelt, Wirtschaft, Wettbewerb
- Motivationstechniken
- Programmiersprachen
- ....

<u>Erfahrung im</u>

- Organisieren von Arbeit
- Arbeiten mit IKT
- Überwachen von Plänen
- Erstellen von Wirtschaftlichkeitsrechnungen
- Führen von Mitarbeitern
- Präsentieren von Ergebnissen
- Umgang mit unerwarteten Vorfällen
- ....

<u>Fähigkeiten</u>

- Geschäftspolitik zu erläutern
- eine Systemanalyse durchzuführen
- Projektsteuerungstechniken zu benutzen
- richtige Entscheidungen zu treffen
- sich durchzusetzen und Vorgesetzte zu überzeugen
- Mitarbeiter zu motivieren
- eine Gruppe zu leiten
- zu kommunizieren
- ....

<u>Persönlichkeitsmerkmale</u>

- Takt, Ausgeglichenheit
- offen für Änderungen, Neuerungen
- Mitarbeitern helfen, voranzukommen
- Bereitschaft zu delegieren
- Mut, Entscheidungen zu treffen und Druck zu widerstehen
- zusammen mit Mitarbeitern beratschlagen
- Vertrauen in die Mitarbeiter
- Bereitschaft zu helfen und Hilfe anzunehmen
- ....

Ergebnis der Überlegungen ist: Je größer ein Projektteam ist, desto wichtiger sind die Kategorien Fähigkeiten und Persönlichkeit. Je kleiner, desto mehr Gewicht muß auf Kenntnis und Erfahrung liegen. Ersichtlich ist auch, daß fehlende Kenntnisse und auch fehlende Erfahrung relativ leicht nachgeholt werden können.

Fehlende Eigenschaften der anderen Kategorien sind schwer oder gar nicht nachzubringen.

4.2.3.3. Das Projektteam

Projektteams oder Projektgruppen treten in folgenden Erscheinungsformen auf:[31]

- Hierarchische Projektgruppe (zur Bestätigung der Meinung des Vorgesetzten),

- Inselgruppe (Alternative, beschäftigt mit Abwehrkämpfen, Selbstdarstellungen, etc.),

- Alibi-Projektgruppe (Stichwort: auf die lange Bank schieben, versanden lassen),

- Hobby-Projektgruppe (einflußreicher Vorgesetzter richtet sich eine Gruppe ein, die mit neuen Vorschlägen den Entscheidungsträgern ständig auf die Nerven geht),

- Schattenkabinett-Projektgruppe (einflußreiche Gruppe, die gewachsen ist oder aus machtpolitischen Gründen geschaffen wurde),

- Handreich-Projektgruppen (wichtige Arbeiten müssen geleistet werden, damit Vorgesetzte die Lorbeeren einstreifen können),

- Geheimkonkurrenz-Gruppe (zwei Gruppen werden mit derselben Aufgabenstellung betraut, ohne daß es ihnen zunächst bekannt ist).

Das Projektteam oder die Projektgruppe ist die zur Durchführung des Projekts zeitlich befristet eingesetzte Anzahl von Personen. Fragen im Zusammenhang mit diesem Team sind vor allem die Auswahl, die Zusammensetzung, die Größe und das sogenannte "Kick-Off-Meeting" als kritischer, erster Schritt der Teambildung.

Die Mitglieder mit der höchsten Motivation sind natürlich jene, die sich selbst für diese Aufgabe gemeldet haben. Dabei darf aber nicht übersehen werden, daß es neben der Motivation auch des Fach- und/oder Informatikwissens bedarf, um erfolgreich arbeiten zu können. Wichtig ist bei selbstnominierten Mitgliedern daher eine korrekte Stellenbeschreibung, auf deren Basis die eigene Eignung überprüft werden kann. Zu beachten ist ferner der Grad der Mitarbeit im Projekt. Die folgende Abbildung zeigt mögliche Ausprägungen bei der Intensität der Projektarbeit:

---

31   Heintel, P., Krainz, E.: Projektmanagement, a.a.O., S. 80ff.

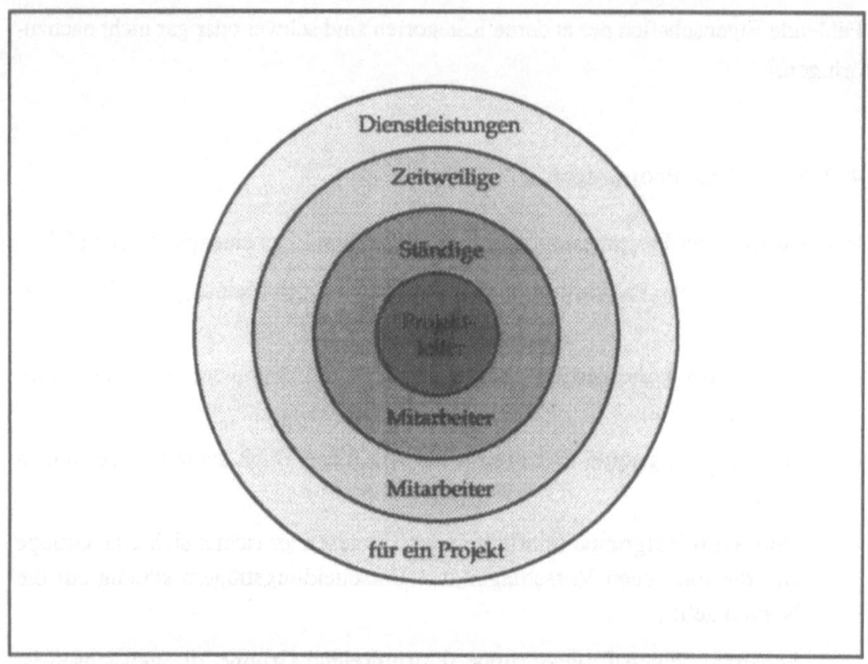

Abb. 4.9.: Zusammensetzung des Projektteams nach Kuba.[32]

Mindestens für die ständigen Mitarbeiter muß der Projektleiter Einfluß auf die
Bestellung haben. Dem guten Projektteam gehören Mitarbeiter aus den Fachabteilungen sowie Informatikfachleute an. Der Teammitarbeiter bringt vor allem seine
Fachkenntnis ein (im Gegensatz zum Projektleiter, der vor allem auch Führungsqualitäten besitzt). Nicht zu unterschätzen ist aber auch die Bereitschaft zur Teamarbeit. Da sich die benötigten Fachkenntnisse von Phase zu Phase ändern können,
ist es möglich, daß sich auch die Zusammensetzung des Projektteams ändert.

In der Zusammensetzung von Projektteams unterscheidet man homogene und heterogene Gruppen. Homogene Teams weisen ähnliche Merkmale in bezug auf fach-
liches Wissen, Denkstil und Wertvorstellungen auf. Daher kann schnell eine Basis
für Zusammenarbeit gefunden werden. Homogene Teams sind vor allem dann von
Vorteil, wenn es sich um von der Bewertung her unumstrittene Problemstellungen
handelt. Die Gefahr liegt im Groupthink-Phänomen; d. h. um die Atmosphäre des
"Wir verstehen uns" und "Es geht voran" nicht zu gefährden, wird zu rasch Übereinstimmung über eine Problemsicht gewonnen und diese auch nicht mehr in Frage

---

32   Kuba, R. W.: Computergestützte Projektorganisation, a.a.O., S. 76.

gestellt.[33] Ist der Konsens im Sinne der Zielsetzung des Projekts "falsch", so wird dieser Fehler mit besonderer Effizienz verfolgt.

Heterogene Gruppen sind im Gegensatz dazu zeitaufwendiger, konfliktträchtiger, da sie sich aus Mitarbeitern mit unterschiedlichen Problemsichten zusammensetzen. Damit werden mehr Problemsichten beleuchtet, was unter Umständen zu weniger Akzeptanzproblemen bei der Realisierung führt.

Die ideale Gruppengröße eines arbeitsfähigen Teams wird in der soziologischen Literatur mit ca. 3 - 7 Mitgliedern angegeben.[34] Kriterien dafür sind:

- Arbeitsfähigkeit: Informationsaustausch zwischen den Mitgliedern ohne all-zugroßen Aufwand, alle Meinungen kommen zur Sprache und werden be-rücksichtigt, Terminvereinbarungen können umso leichter getroffen werden, je weniger Personen zu koordinieren sind.

- Entscheidungsfähigkeit: Bilden sich innerhalb der Gruppe zwei Lager, so führt eine ungerade Anzahl von Teammitgliedern zu einer Mehrheitsentschei-dung.

Die Bedeutung der ersten Sitzung eines Projektteams, des "Kick-Off-Meetings", ist nicht zu unterschätzen. Deshalb werden im folgenden die wesentlichen Merkmale und Ziele beschrieben. Der Schwerpunkt der Beschreibung liegt auf personeller Ebene.

Das Kick-Off-Meeting dient der Klärung der Aufgabe (Commitment zum Projekt-auftrag) und der Formierung des Teams. Dabei sind fünf Ebenen zu unterscheiden:

1. Inhalt und Aufgabe des Projekts (Projektauftrag).

2. Ablauf des Projekts, Grobphasen der Vorgangsweise.

3. Projektcontrolling, Vermittlungsinstanzen.

4. Klärung von Rückkoppelungsfolgen und Konsequenzen des Projekts für die bestehende Organisation (durch den Entzug von Mitarbeitern für das Projekt). Realistische Einschätzung des Zeitbedarfs für das Projekt (z. B. 50 % der Ar-beitszeit, 75 % , etc.).

5. Psychosoziales Geschehen.

Das Kick-Off-Meeting dient vor allem auch der Behebung von "Fehlern" in der Zusammensetzung des Projektteams:

---

[33] Schneider, U.: Projektmanagement, a.a.O., S. 10.

[34] Dyer, W.G.: Team Building, Issues and Alternatives, second editition, Reading Mass. 1987, S. 24.

- Unverständliche Entsendung von Teammitgliedern ("was macht der denn hier?").

- Große Hierarchieunterschiede zwischen den Teammitgliedern.

- Alte Konflikte, die ins Projekt übertragen werden.

- Resignation, Arbeitsunlust, wenn ein Problem zum wiederholten Mal in Angriff genommen wird.

- Doppelbesetzungen ("einer von uns muß gehen")

- Vorbehalte gegenüber dem Projektleiter.

- Unterschiedliche Abkömmlichkeiten ("der kann ja nie teilnehmen").

Zu berücksichtigen sind ferner normale gruppendynamische Prozesse. Die folgende Abbildung zeigt das sogenannte "Uhrmodell" welches den Ablauf der Gruppenzusammenarbeit wie folgt beschreibt.

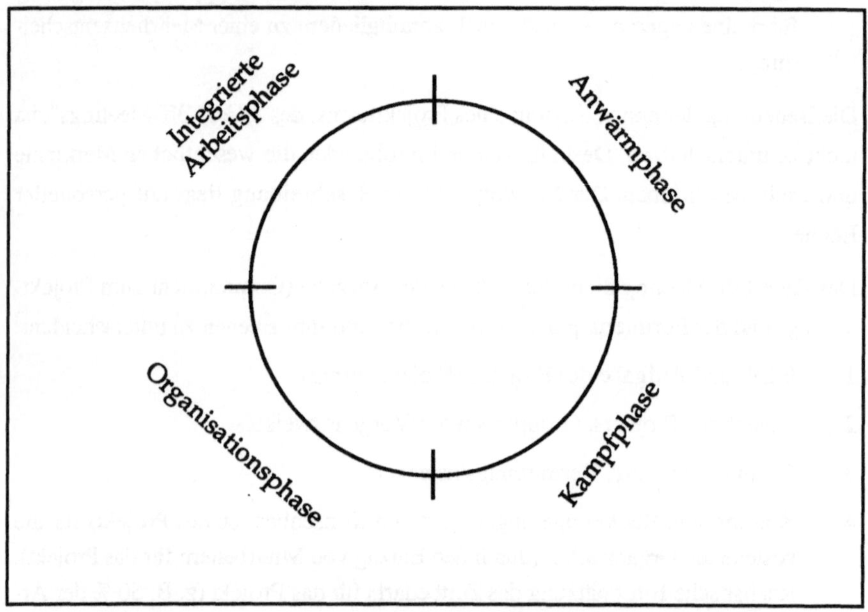

Abb. 4.10.: Uhrmodell Gruppenzusammenarbeit nach Schneider[35].

In der Anwärmphase gehen die Mitglieder der Gruppe höflich und vorsichtig miteinander um. Es werden keine klaren Aussagen getroffen, man wartet ab. Dies kann im Extremfall zu Frustration, Ermüdung und Resignation führen.

---

[35]   Schneider, U.: Projektmanagement, a.a.O., S. 12.

Die Kampfphase ist gekennzeichnet durch Gruppenbildung in der Gruppe, Auffassungsdifferenzen, Führungsansprüche einzelner Teammitglieder und Konfrontation.

In der Organisationsphase werden von der Gruppe bewußt Rollen und Aufgaben verteilt und damit die Regeln der Zusammenarbeit etabliert.

In der Arbeitsphase schließlich kann die Gruppe sich auf die eigentliche Arbeitsstellung stürzen und leistungsfähig und offen arbeiten.

Damit wird gezeigt, daß selbst der beste Gruppenleiter kaum in der Lage sein wird, sofort den Einstieg in die integrierte Arbeitsphase zu schaffen. Zusätzlich kann jede Änderung in der Zusammensetzung des Teams diese "Uhr" erneut zum Laufen bringen.

Ein anderes Modell erklärt den Ablauf sozialer Prozesse in der Gruppe durch drei Phasen. In der ersten Phase (Abhängigkeit) richtet sich die Gruppe voll nach dem Projektleiter bzw. nach den von außen vorgegebenen Vorgaben. In der 2. Phase (Gegenabhängigkeit) bekämpft die Gruppe den Leiter bzw. die Vorgaben und versucht, sich durch Wiederstand zu etablieren. In der 3. Phase hat sich die Identität der Gruppe soweit gefestigt, daß sie fähig ist, ihre Energie auf die Sachaufgaben zu lenken.

Die ausführliche Beschreibung der personellen Situation von Informatikprojekten ist deshalb notwendig, weil ein funktionierendes Projektteam Grundvoraussetzung für eine erfolgreiche Projektarbeit darstellt. Ein weiterer Baustein für erfolgreiche Projektarbeit ist das Projektcontrolling.

4.2.4. Projektcontrolling

Projektcontrolling oder Projektsteuerung sind Maßnahmen und Eingriffe, die zur Durchsetzung der in der Projektplanung getroffenen Entscheidungen notwendig sind.[36] Beispiele dafür sind:

-	das Zuordnen von Aufgaben, Kompetenzen und Verantwortung.

-	die Überwachung des Projektablaufs.

-	die Koordination zwischen Auftraggeber und Projektteam.

---

[36]	Heinrich, L., Roithmayr, F.: Wirtschaftsinformatiklexikon, a.a.O., S. 386, Stichwort: Projektsteuerung.

Das Projektcontrolling ist eine projektbegleitende Maßnahme und daher für den gesamten Verlauf des Projekts maßgeblich. Es dient vor allem der Überwachung und Kontrolle des Vorgehensmodells und umfaßt eine inhaltliche und zeitliche Projektfortschrittsüberwachung. Die Bedeutung des Projektcontrollings wird in der Praxis und in der Literatur oft unterschätzt. Die Notwendigkeit wird natürlich nicht bestritten, aber mehr zwischen als in den Zeilen beschrieben. Z. B.:"Es gehört zum Verantwortungsbereich des Managements, sicherzustellen, daß diese formale schriftliche Problemdefinition während der ganzen Lebensdauer des Projektes exakt beachtet wird."[37] Das folgende Modell eines operativen, praxisgerechten Projektcontrollings wurde im Rahmen der Erstellung eines Projekthandbuchs zur Einführung von Standardsoftware vom Autor mitentwickelt.[38]

Das Projektcontrolling ist auf drei Ebenen mit unterschiedlichen Zielsetzungen angesiedelt. Das **langfristige Projektcontrolling** beschäftigt sich mit der Entwicklung und Steuerung des Projektportfolios eines Unternehmens, d.h. aller laufenden und geplanten Projekte (siehe Kapitel 3.). Ziel des langfristigen Projekt-Controllings ist eine ganzheitliche Betrachtung aller laufenden und geplanten Projekte, die laufende Überwachung der Prioritäten einzelner Projekte aufgrund unternehmerischer Notwendigkeiten sowie die Kontrolle der personellen und finanziellen Ressourcen, die in den Projekten benötigt werden.

Das mittelfristige Projektcontrolling beschäftigt sich mit der Entwicklung und Steuerung einzelner Projekte. Ziel des mittelfristigen Projektcontrollings ist die Überwachung und Steuerung des zeitlichen Projektfortschritts und die Qualitätssicherung der Projektergebnisse durch projektexterne Controlling-Instanzen.

Das kurzfristige Projektcontrolling beschäftigt sich mit der Überwachung und Steuerung der Projektaktivitäten innerhalb eines Projekts. Die Instrumente des kurzfristigen Projektcontrollings dienen dabei vorwiegend dem Projektleiter zur Planung der notwendigen Aktivitäten und zur Steuerung des Projektteams.

---

[37] Cave. W., Maymon, G.: Leitfaden des Software-Projektmanagements, Wiesbaden 1988, S. 57.

[38] PROMET, Projekthandbuch zur Einführung von Standardsoftware, St. Gallen 1992. Nähere Informationen bei: Information Management Gesellschaft, Hr. Dr. Peter Lindtner, Splügenstraße 9, CH-9000 St. Gallen.
Hüttenhain, T.: Managementregeln zur Einführung von Standardsoftware. In: Österle, H. (Hrsg.): Integrierte Standardsoftware, Bd. 1., a.a.O., S. 134ff.

4.2.4.1. Langfristiges Projektcontrolling

Das langfristige Projektcontrolling ist die Überwachung, Steuerung und Integration aller laufenden und geplanten Projekte zur Umsetzung der strategischen Informationssystemplanung. Die wichtigsten Instrumente sind das Projekt-Portfolio und der Migrationsplan (nach Prioritäten gereihtes Projektportfolio). Die Instanzen des langfristigen Projektcontrollings sind der Informatikausschuß und der Projektleiter des Informatik-Gesamtkonzepts (zentraler IS-Leiter).[39]

Der Migrationsplan enthält alle Projekte des Projektportfolios, wobei der zeitliche Aspekt der Projektabwicklungen in den Vordergrund rückt.

Migrationsplan

	1992	1993	1994	....
Projekt 1				
Projekt 2				
Projekt 3				
Projekt 4				
Projekt n				
Unterhalt				

entnommen aus: Österle/Brenner/Hilbers: Unternehmensführung und Informationssystem, Stuttgart 1991, S. 234.

Abb. 4.11.: Migrationsplan

Die Reihenfolge der einzelnen Projekte wird durch drei Faktoren bestimmt:

Die **unternehmerische Rangfolge** der einzelnen Projekte richtet sich nach ihrem Beitrag zur Erreichung der Unternehmensziele. Dieses Thema ist bereits im Kapitel 3. ausführlich beschrieben. Die **betriebliche Rangfolge** berücksichtigt die sachlogischen Abhängigkeiten zwischen den einzelnen Projekten selbst und zwischen den Projekten und dem bestehenden Informationssystem. So kann z. B. ein PPS-System kaum vor dem Materialwirtschafts- oder dem Verkaufssystem

---

[39] Österle H., Brenner, W., Hilbers, K.: Unternehmensführung und Informationssystem, Stuttgart 1991, S. 60f.

eingeführt werden. Schließlich ist der Migrationsplan mit den vorhandenen und geplanten personellen und finanziellen Ressourcen abzugleichen. Grundlage für diesen Abgleich sind einerseits Aufwandsschätzungen für jedes einzelne Projekt und andererseits die verfügbaren Kapazitäten aus der Personal- und Finanzplanung. Die Aufgaben des langfristigen Projektcontrollings nehmen der Informatikausschuß und der Projektleiter des Informatik-Gesamtkonzepts wahr. Der **Informatikausschuß** ist das oberste Entscheidungsgremium im Zusammenhang mit Informatikangelegenheiten. Der Informatikausschuß existiert projektunabhängig und tritt mindestens alle 6 Monate zusammen. Er besteht z. B. aus der Geschäftsleitung, der Leitung des Informatikbereichs, der Leitung der Abteilung Organisation bzw. Logistik und den für das gesamte Informationssystem zuständigen Stellen (z.B. Projektleiter des Informatik-Gesamtkonzepts). Soweit externe Berater bereits von Anfang an miteingebunden sind, sind auch diese im Informatikausschuß vertreten. Die Zusammensetzung des Informatikausschusses hängt von der Aufbauorganisation und den gegebenen Verantwortungsbereichen im Unternehmen ab. Die Aufgabe des Informatikausschusses ist das Management des Projektportfolios und des Migrationsplans. Der Informatikausschuß erstellt also den Migrationsplan überwacht dessen Fortschritt und den Einsatz der benötigten Ressourcen.

Der Projektleiter des Informatik-Gesamtkonzepts ist zuständig für die Vor- und Aufbereitung der Aufgaben des Informatikausschusses (Vorschlag für IS-Entwicklungsplan, Kosten-/Nutzenanalysen der Projekte, Statusberichte der Projekte etc.) und die Durchsetzung der Beschlüsse des Informatikausschusses. Er koordiniert alle projektübergreifenden Angelegenheiten.

4.2.4.2. Mittelfristiges Projektcontrolling

Das mittelfristige Projektcontrolling ist die Überwachung und Steuerung des inhaltlichen und zeitlichen Projektfortschritts eines einzelnen Projektes durch den Projektauftraggeber und das Steuerungsgremium. Die wichtigsten Instrumente sind der Projektauftrag und das Commitment zum Projektauftrag. Instanzen des mittelfristigen Projektcontrollings sind der Projektauftraggeber und das Projektsteuerungsgremium.

Jedes Projekt hat einen Projektauftraggeber. Der Auftraggeber ist ein Mitarbeiter des Unternehmens und in der Unternehmenshierarchie "weit oben" angesiedelt (z. B. der Leiter der vom Projekt betroffenen Fachabteilung). Der Projektauftraggeber erstellt den Projektauftrag in Abstimmung mit den Inhalten des Migrationsplans und trägt letztendlich die Verantwortung für die Einhaltung der geplanten Kosten und die Realisierung des Nutzens aus dem Projekt.

Der Projektauftrag enthält alle für den Projektstart wichtigen Informationen und ist deshalb für die Projektabwicklung eine unbedingt notwendige Voraussetzung. Komponenten des Projektauftrags sind:[40]

Projektauftrag - Projektbeschreibung

Bezeichnung: **Finanzbuchhaltung**   FIBU 3. 7. 1992

Priorität: 1   (1= hoch 10 = niedrig)

Kurzbeschreibung:
- Übernahme der Debitorenbuchhaltung
- Übernahme des Hauptbuchs ins integrierte Gesamtsystem
- Aktivierung automatischer Buchungen aus anderen Systemen
- Einführung Finanzplanung und Disposition
- Buchhaltung für alle Tochterunternehmungen realisieren

Wirtschaftlichkeit:

Quantitativer Nutzen (in MT bzw. 10000 öS)	1993	1994	1995	1996
Einmalig				
Einsparung 2 zusätzl. geplanter Räume				
Laufend				
Einsparung Mietaufwand	10	11	11	12
gepl. Einstellung eines Mitarb. (in MT)	200	200	200	200
autom. Mahnungsdruck (in MT)	110	150	200	200
GESAMTNUTZEN: *Summe MT*	*310*	*350*	*400*	*400*
Summe in 10000 öS(1MT = 5000 öS)	*165*	*186*	*211*	*212*

---

40 Musterprojektaufträge auch bei:
Zehnder, C.A.: Informatik-Projektentwicklung, Zürich 1985, S. 50f.
Riedl, J.: Projekt-Controlling in Forschung und Entwicklung, a.a.O., S. 73f.
Becker, M., Haberfellner, R. Liebetrau, G.: EDV-Wissen für Anwender, 4. Auflage, Zürich 1985, S. 269.

Qualitativer Nutzen:

- Allgemein höherer Bedienungskomfort.
- Reduzierung der Nachkontrolle durch Direktkontrolle bei der Buchung.
- Einzahlung gleich Buchung. Derzeit nochmalige Eingabe der Zahlung notwendig.

Quantitative Kosten (in MT bzw. 10000 öS)	1993	1994	1995	1996
Einmalig				
Software				
20 PC´s/Terminals				
20 Drucker				
Laufend				
Wartungsgebühren SW	7	7	7	7
Wartung HW	10	10	10	10
Schulung (in MT)	30	30	30	30
GESAMTKOSTEN *Summe MT*	*30*	*30*	*30*	*30*
Summe in 10000 öS(1MT = 5000 öS)	*32*	*32*	*32*	*32*

Break-Even:

	1993	1994	1995	1996
kumulierter NUTZEN	295	481	692	904
kumulierte KOSTEN	252	284	316	348
Return on Investment (kumuliert)	+42	+197	+376	+556

Termine und Meilensteine:		
	30. 04. 92	Voruntersuchung Phasenabschluß und Freigabe
	30. 06. 92	Konzeption Phasenabschluß und Freigabe
	15. 09. 92	Realisierung
	30. 09. 92	Start Einführung Debitorenbuchhaltung
	31. 10. 92	Start Einführung Hauptbuch, Anlagen
	31. 12. 92	Projektende

Begrenzungen:

❏ Start spätestens mit Geschäftsjahreswechsel

Probleme und Risiken:

❑ Bereinigung und Übernahme der alten Debitoren und offenen Posten
❑ Schnittstelle zum derzeitigen Auftragssystem (Fakturen)
❑ Neukonzeption des Provisionssystems notwendig

Projektorganisation:

Auftraggeber (mit Verantwortung für Kosten, Nutzen und Termine):
Hr. F. Maier

Projektmitarbeiter:

Name	Funktion	Mitarbeitertage
Fr. A. Kassi	Projektleiter	100
Hr. Z. Bilan	Mitarbeiter Fachbereich	30
Hr. F. Zeissig	Mitarbeiter Informatik	50
Fr. S. Arabeque	externe Beratung	40

Steuerungsgremium:
Hr. F. Kranz
Fr. B. Kontro
Hr. M. Chef

Projektabhängigkeiten:
Abhängigkeit von anderen Projekten:

Projekt	Art der Abhängigkeit
KORE	ist vorher oder gleichzeitig einzuführen

Voraussetzung für andere Projekte:

Projekt	Art der Abhängigkeit

Unterschriften:

Auftraggeber: Projektleiter:

....

Abb. 4.12: Projektauftrag, entnommen aus: PROMET[41]

---

[41]   PROMET, Projekthandbuch zur Einführung von Standardsoftware, a.a.O., Projektauftrag.

❑   **Allgemeine Daten**

Projektbezeichnung, Erstellungsdatum, Projektpriorität (1=hoch; 10 =niedrig)

❑   **Projektziel**

Jedes Projekt besitzt ein operationalisiertes Ziel. Dieses Ziel ist eindeutig formuliert, allen Beteiligten bekannt und kontrollierbar. Alle am Projekt beteiligten Personen müssen sich mit diesem Ziel identifizieren. Die Projektziele werden vom Auftraggeber und vom Projektleiter bestätigt (siehe Commitment zum Projektauftrag). Natürlich können die Projektziele im Verlauf des Projekts weiter verfeinert und eventuell - nach Absprache mit dem Auftraggeber - korrigiert werden.

❑   **Projektwirtschaftlichkeit**

Die Wirtschaftlichkeitsbetrachtung zeigt alle Kosten/Nutzenfaktoren, die durch das Projekt entstehen, auf. Bei der Wirtschaftlichkeitsbetrachtung im Projektauftrag sind folgende Kosten-/Nutzenarten zu unterscheiden:

> *quantitative Kosten/Nutzen*
>> quantitative Kosten
>>> einmalige Kosten
>>> laufende/jährliche Kosten
>> quantitativer Nutzen
>>> einmaliger Nutzen
>>> laufender/jährlicher Nutzen
> *qualitative Kosten/Nutzen*
>> qualitative Kosten
>> qualitativer Nutzen

❑   **Termine/Meilensteine**

Als Termine/Meilensteine sind zumindest die Termine für den Projektstart, das Projektende und die Phasenabschlüsse im Projektauftrag zu definieren.

❑   **Begrenzungen**

Begrenzungen sind Randbedingungen zeitlicher (z.B. Einführung nur mit Geschäftsjahreswechsel), geschäftlicher (z.B. aktuelles Provisionierungssystem ist beizubehalten), systemtechnischer (z.B. Produktion und Disposition bleibt vorerst auf bestehendem System) oder entwicklungswerkzeugbezogener (z.B. notwendige Eigenentwicklungen sind mit bestimmten Werkzeugen zu realisieren) Natur, die im Projekt zu berücksichtigen sind.

❑   **Probleme/Risiken**

Gravierende Probleme und Risiken, die bereits bei der Erstellung des Projektauftrags bekannt sind und den Projekterfolg gefährden können.

❑   **Projektorganisation**

Im Projektauftrag werden alle für das Projekt erforderlichen Mitarbeiter und Controlling-Instanzen namentlich angeführt: Projektauftraggeber, Projektleiter, Projektmitarbeiter, Mitglieder des Projektsteuerungsgremiums (siehe unten).

❑   **Projektabhängigkeiten**

Die Projektabhängigkeiten geben an, von welchen Projekten das aktuelle Projekt abhängig ist und für welche Projekte das aktuelle Projekt eine Voraussetzung darstellt.

Um sicherzustellen, daß der Projektleiter voll und ganz hinter den Inhalten des Projektauftrags steht, hat der Projektleiter vor Projektbeginn ein "Commitment zum Projektauftrag" abzugeben. Commitment heißt, "Ja" sagen, "Ja" meinen und alles tun, damit das "Ja" eintrifft.

Für jedes Projekt wird im Projektauftrag ein **Projektsteuerungsgremium** definiert. Das Projektsteuerungsgremium besteht überlicherweise aus 5 bis 7 Mitarbeitern und setzt sich zusammen aus dem Projektauftraggeber, dem Leiter des Informatik-Gesamtkonzepts und (leitenden) Mitarbeitern der betroffenen Fachbereiche und des Informatikbereichs. Das Projektsteuerungsgremium übt zwei Funktionen aus:

-      die Funktion als Reviewgremium und

-      die Funktion als Konfliktgremium

Zum Abschluß definierter Projektphasen (Meilensteine), erstellt das Projektteam einen Bericht (z. B. Phasenabschlußbericht). Dieser Bericht faßt die wesentlichen Ergebnisse, die in der jeweiligen Phase erarbeitet wurden, zusammen. Das Steuerungsgremium (in der Funktion als Reviewgremium) tritt zum Abschluß jeder Phase auf Einladung des Projektleiters zusammen. Das Projektsteuerungsgremium hat nun zu entscheiden, ob das Projekt abgebrochen werden muß (STOP), ob und welche Bereiche vertieft nachzuarbeiten sind oder ob die nächste Phase begonnen werden kann (GO). Durch die Phasenfreigabe entlastet das Reviewgremium den Projektleiter.

Sollte es im Projektablauf zu Konflikten (z. B. zwischen den Fachabteilungen und dem Informatikbereich) kommen, entscheidet das Konfliktgremium. Es tritt ebenfalls auf Einladung des Projektleiters zusammen.

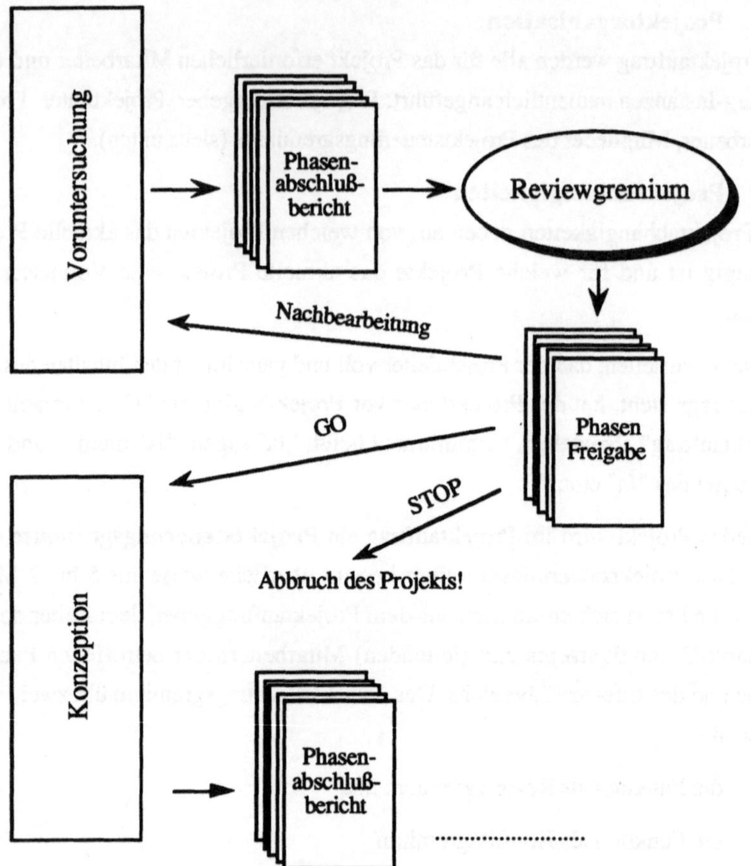

Abb. 4.13.: Steuerungsgremium - Phasenreview

4.2.4.3. Kurzfristiges Projektcontrolling

Das kurzfristige Projektcontrolling dient der Überwachung und Steuerung der Projektaktivitäten innerhalb eines Projekts. Das kurzfristige Projektcontrolling ist überwiegend Aufgabe des Projektleiters.

Die wichtigsten Instrumente des kurzfristigen Projektcontrollings sind Aktivitätenplan, Arbeitsauftrag, Zeitaufschreibung und Projekt-Meeting.

Aktivitätenplan

Der Aktivitätenplan stellt das wesentliche Steuerungsinstrument des Projektleiters dar, um die Aktivitäten der einzelnen Projektmitglieder zu planen und zu koordinieren. Der Aktivitätenplan beinhaltet fixe Inhalte wie:

Welche Aktivitäten sind durchzuführen?

Wann sind die einzelnen Aktivitäten beendet?

Wer ist für die einzelnen Aktivitäten verantwortlich?

Der Aktivitätenplan ist ein "lebendes Dokument", das sich immer wieder ändert, weil neue Aktivitäten hinzukommen, weil Aktivitäten zu verfeinern sind, weil Aktivitäten abgeschlossen werden. Der Projektleiter ist verantwortlich dafür, daß die Aktivitätenpläne laufend erstellt und weitergeführt werden.

Aktivitäten können natürlich nur sehr grob geplant werden, wenn der Planungszeitraum ein halbes Jahr und mehr beträgt. Für die jeweils kommenden 4 Wochen muß er aber so detailliert sein, daß die Inhalte der Aktivitäten der Projektmitglieder vollständig definiert sind.

Damit der Aktivitätenplan kontrollierbar ist, muß für jede Aktivität ein klares (meßbares) Ergebnis herauskommen, d. h.:

- Es muß nicht nur die Aktivität zum definierten Zeitpunkt beendet sein, sondern ein bestimmtes Ergebnis vorliegen.

- Der einzelne Projektmitarbeiter ist nicht für die Durchführung der Aktivität, sondern für das Ergebnis verantwortlich.

So wie der Projektleiter sein Commitment zum Projektauftrag gibt, muß der einzelne Projektmitarbeiter zu seinen Terminen und Ergebnissen stehen. Daher muß der Projektleiter die Aktivitäten und Termine mit den Projektmitarbeitern besprechen und abklären.

Formular:	AKTI - Aktivitätenplan		Datum: 21. 8. 1992	Seite 1
Projekt:	KINFO		Ersteller: Walpoth	

Aktivität	verantw.	Endtermin	erledigt
Unterlagen zusammenfassen	Wal/Mun	Wo 36	Wo 36
Datenmodellierung	Wal/Mun	Wo 37	
Kundenstamm			
Analyse/Neuaufbau	Mun	Wo 41	
Möglichkeit Datenübernahme prüfen	Wal	Wo 42	
....			

Dateiname: AKTI.TXT

Abb. 4.14.: Aktivitätenplan

<table>
<tr><td>Formular:</td><td>ARBE- Arbeitsauftrag</td><td>Datum: 22. 8. 1992</td><td>Seite 1</td></tr>
<tr><td>Projekt:</td><td>KINFO</td><td>Ersteller: Walpoth</td><td></td></tr>
</table>

Projektmitarbeiter:	Mungenast
Aufgabe:	Datenmodell für die Kundenstammdaten
Arbeitsziel:	Für die bereits vorhandenen Kundenstammdaten soll ein konzeptionelles Datenbankschema erarbeitet werden. Dabei sind die bestehende Entitäten und Attribute auf ihre Sinnhaftigkeit zu überprüfen und eventuell neue Datentypen aufzunehmen. Das Modell muß normalisiert und soweit fertig sein, daß es als Prototyp implementiert werden kann.
Endtermin:	Woche 37

Dateiname: ARBE.TXT

Abb. 4.15.: Arbeitsauftrag.

Je nach Zusammensetzung des Projektteams ist es notwendig, für jede Aktivität im Aktivitätenplan einen Arbeitsauftrag[42] an ein Projektmitglied zu erstellen, damit die Inhalte der Aktivität klar sind. Der Arbeitsauftrag beinhaltet folgende Informationen: Projektmitarbeiter, Ziel der Aktivität, Beschreibung der Aufgabe, Endtermin. Als Planungszeitraum für die Aktivitäten hat sich der Zeitraum einer vollen Woche als günstig erwiesen, da eine tiefergehende (z. B. Tages-) Planung wenig sinnvoll ist.[43]

Zeitaufschreibung

Jeder Projektmitarbeiter muß über die gesamte Projektdauer seine Arbeitszeit (im Rahmen des Projekts) aufschreiben. ·

Zweck der Zeitaufschreibung ist die Ermittlung der Projektkosten und die Sicherstellung, daß der Projektmitarbeiter genügend Zeit in das Projekt investieren konnte und nicht durch seine außerprojektmäßigen Arbeiten übermäßig beansprucht wurde.

---

42   Becker, M., Haberfellner, R. Liebetrau, G.: EDV-Wissen für Anwender, a.a.O., S. 280f.

43   Hüttenhain, T.: Managementregeln zur Einführung von Standardsoftware, a.a.O., S. 135.

Formular: ZEIT-Zeitaufschreibung			Datum: 31. 8. 1992	Seite 1
Projekt: KINFO			Ersteller: Walpoth	

Name:	Walpoth		Zeitraum:	August 1992	
Tag	**Projekt**	**Projekt**	**Projekt**	**Sonstige**	**Gesamt**
	KINFO	**FIBU**			
1. 8.	5	5			10
2. 8.		6		4	10
3. 8.	4	5		4	9
....	....	....		.....	.....
....	....	....		.....	.....
31.8.	3	7		1	11
Summe	30	200	0	20	250

Dateiname: ZEIT.TXT

Abb. 4.16.: Zeitaufschreibung.

Wöchentliches Projekt-Meeting

Einmal wöchentlich findet ein formloses Meeting aller Projektgruppen - im allgemeinen vertreten durch den Projektleiter - mit dem Projektleiter des Informatik-
Gesamtkonzepts statt.

Termin: wöchentlich zu fixen Zeiten

                         (z.B. immer Dienstag, 16.00 bis 18.00 Uhr)

Inhalt: Projektübergreifende Probleme

Der Projektleiter hat weiters auch ein wöchentliches Meeting seiner Projektgruppe
zu fixieren, um die wichtigsten Ergebnisse und Probleme zu besprechen. Besonders dient dieses projektinterne Meeting für die Vorbereitung und die Nachberei-
tung des wöchentlichen projektübergreifenden Projekt-Meetings.

4.2.4.4. Gesamtüberblick Projektcontrolling

Die folgende Abbildung zeigt eine abschließende Zusammenfassung des vorgestellten Controlling-Modells. Für das langfristige, mittelfristige und kurzfristige
Projektcontrolling sind jeweils die Instanzen (Kopfzeile) und die Instrumente

(Kästchen) dargestellt. Aus der Positionierung der Instrumente ist ersichtlich, welche Instanzen zuständig sind. Der Projektauftrag ist beispielsweise vom Projektauftraggeber zu erstellen, das Commitment zum Projektauftrag betrifft Projektauftraggeber und Projektleiter. Die Pfeile zwischen den Kästchen zeigen die Abhängigkeiten zwischen den Instrumenten bzw. Ergebnissen auf.

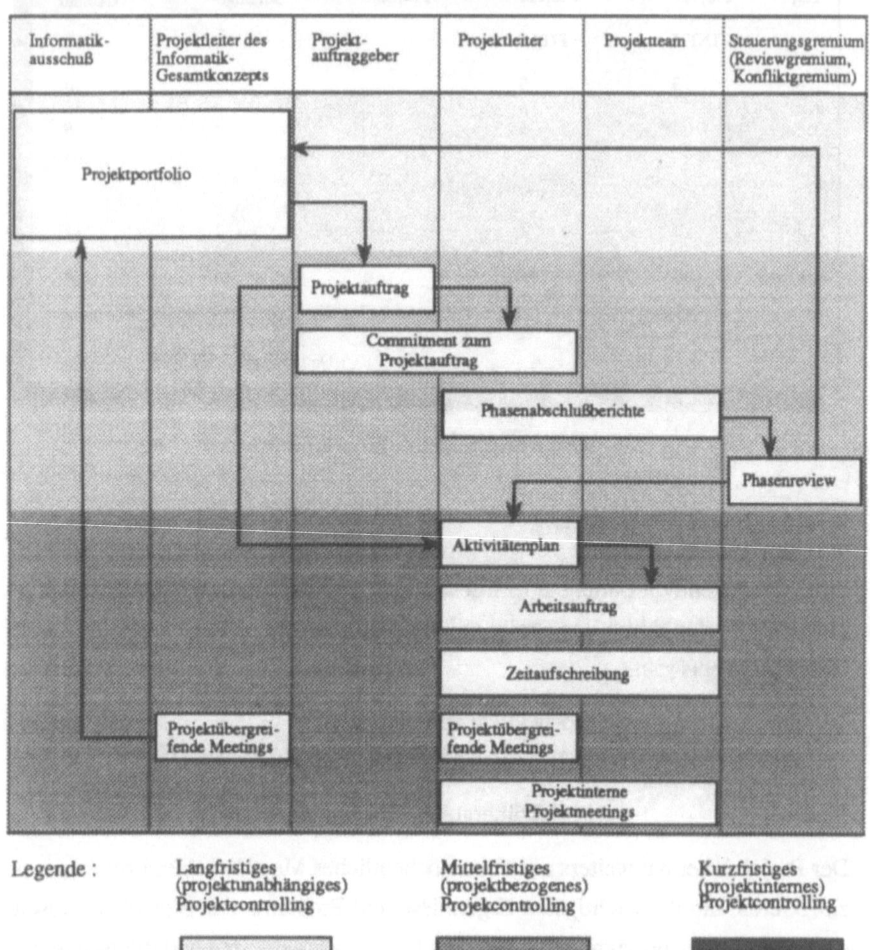

Abb. 4.17.: Projektcontrolling - Überblick, entnommen aus: PROMET[44]

---

44   PROMET, Projekthandbuch zur Einführung von Standardsoftware, a.a.O., Projektcontrolling.

4.2.5. Vorgehensmodell

"Eine allgemein akzeptierte, wissenschaftlich begründete, leistungsfähige und in der Praxis anwendbare Methodik der Systemplanung gibt es nicht."[45]

Diese Aussage ist ohne weiteres auch auf das Vorgehensmodell innerhalb der Systemplanung zutreffend. Trotzdem werden immer wieder neue Ansätze und Vorgehensmodelle entworfen, um das einzig gültige Modell zu finden.[46] Laut Heinrich ist dies auf zwei grundlegende Mißverständnisse zurückzuführen:

- Einmal die Annahme, es gäbe **die** Methodik der Systemplanung (und damit auch **das** Vorgehensmodell dafür).

- Zweitens die Annahme, daß es keine vom Planungskontext abhängigen Varianten der Methodikansätze geben könne. Angesichts der Unterschiedlichkeit der Aufgaben und der mit der Lösung betrauten Personen und Qualifikationen eine sehr unwahrscheinliche Prämisse.

Grundgedanke aller Projekte ist die Erreichung eines bestimmten Ziels in einer gewissen Zeitspanne. Dazwischen liegt aber immer ein Weg, "der erst einmal gegangen werden muß und an dessen Rand immer wieder Unvorhergesehenes lauert, Wegelagerern vergleichbar."[47] Wie man nun diesen nicht voraussehbaren Ereignissen begegnet, kann man im vorhinein nicht wissen. Das Anlegen des Weges und das Gehen des Weges ist jeweils eine eigene Aufgabe!

Die Informationsbedarfsanalyse muß sich zumindest auf ein möglichst allgemeingültiges Vorgehensmodell anwenden lassen. Ein solches Modell ist auf den folgenden Seiten im Überblick abgebildet.[48] Dieses Vorgehensmodell, welches speziell zur Einführung von Standardsoftware entwickelt wurde, ist deshalb gut geeignet, weil sich der Informationsbedarf am zentralen Faktor "Geschäftsvorfälle" gut abbilden läßt. Es handelt sich aber auch um ein Modell, welches so gut strukturiert ist, daß es mit gewissen Änderungen im technischen Teil (Bereich Entwicklung)

---

[45] Heinrich, L., Burgholzer, P.: Systemplanung, Planung und Realisierung von Informations- und Kommunikationssystemen, Band 1, 4. überarbeitete und ergänzte Auflage, München - Wien 1989, S. 20f.

[46] Einen Überblick über die Vorgehensmodelle in der Literatur bietet: Selig, J.: EDV-Management, Eine empirische Untersuchung der Entwicklung von Anwendungssystemen in deutschen Unternehmen, Berlin - Heidelberg 1986, S. 235ff.

[47] Heintel, P., Krainz, E.: Projektmanagement, a.a.O., S. 26.

[48] Das vollständige Vorgehensmodell inklusive genauer Anleitungen zur Durchführung der Aktivitäten und Beispieldokumenten für die Ergebnisse enthält: PROMET, Projekthandbuch zur Einführung von Standardsoftware, a.a.O., St. Gallen 1992.

auch für Softwareentwicklungsprojekte geeignet ist. Das Vorgehensmodell ist in vier Phasen gegliedert:

1. Phase Voruntersuchung

2. Phase Konzeption

3. Phase Realisierung

4. Phase Einführung

In jeder Projektphase sind spezifische Aktivitäten vorgesehen, welche zu sachlich definierten Ergebnissen führen. Die Aktivitäten und Ergebnisse sind strukturiert in Controlling, Entwicklung, Organisation und projektinterne Ergebnisse. Damit ist gewährleistet, daß dieses Modell leicht für andere Projekte adaptierbar ist (für Softwareentwicklungsprojekte sind beispielsweise hauptsächlich die Aktivitäten im Bereich Entwicklung zu ändern).

Die Aktivitäten im Bereich **Entwicklung** beschreiben bei einem Projekt zur Einführung von Standardsoftware die Parametrisierung (Customizing) des Softwarepakets, wodurch es an die geschäftlichen Erfordernisse angepaßt wird. Das Customizing erfolgt dabei im Stile des *Prototypings:* Das Softwarepaket wird nicht in einem großen, sondern in vielen kleinen Schritten, die wiederholt durchlaufen werden, parametrisiert.

Paralell zur Entwicklung erfolgen die Aktivitäten im Bereich **Organisation**. Die Parametrisierung der Standardanwendungssoftware oder die Entwicklung von eigener Software muß sich an den geschäftlichen Anforderungen orientieren. Diese geschäftlichen Anforderungen sind zu analysieren, und die geschäftlichen und organisatorischen Strukturen und Abläufe sind in Abstimmung mit den technischen Möglichkeiten zu gestalten.

Während die Bereiche Entwicklung und Organisation darauf ausgerichtet sind, das neue System geschäftlich-organisatorisch und EDV-technisch zu gestalten, existiert eine Vielzahl von projektinternen Ergebnissen, die nicht auf die Gestaltung des neuen Systems an sich ausgerichtet sind, sondern notwendige Zwischenergebnisse innerhalb eines Projekts darstellen.

Beispiele für projektinterne Ergebnisse sind etwa die Schulung der Projektmitarbeiter, die Datenübernahme vom bestehenden auf das neue System und die Konzeption einer Lebensversicherung, die Antwort auf die Frage gibt: Was tun wir, wenn sich zum Einführungszeitpunkt zeigt, daß das gesamte oder ein Teil des neuen Systems versagt.

4.2.5.1. Phase Voruntersuchung

Ziel der Phase Voruntersuchung ist die Beschreibung des IST-Zustands, die Ermittlung und Analyse bevorstehender Probleme, die Entwicklung erster Lösungsideen und das Abschätzen des Projektumfangs sowie der Projektwirtschaftlichkeit. Die Erarbeitung dieser Ergebnisse ist Voraussetzung für die Entscheidung über die Fortsetzung des Projekts.

Der Schwerpunkt der Aktivitäten liegt in dieser Phase auf

> ❑   der Organisation des Projekts (Infrastruktur, Schulung etc.).
>
> ❑   der Analyse des Ist-Zustands (Organisation, Geschäftsvorfälle, Daten-
>   bestände etc.).

Die Abbildung "Aktivitäten Voruntersuchung" zeigt die Aktivitäten-Projektphase Voruntersuchung und deren Zusammenhänge (dargestellt durch Pfeile). Die unterschiedlichen Graustufen drücken die Zugehörigkeit zu einem Aufgabenbereich aus.

❑   **Controlling:**
   Ausgangsbasis für die Phase Voruntersuchung sind die Inhalte des Projektauftrags. Im Projektauftrag sind unter anderem die Termine, die Projektorganisation, Probleme und Risiken und die Wirtschaftlichkeitsberechnung definiert. Die Reihenfolge der Aktivitäten läßt sich grob aus dem Aufbau der Abbildung ableiten. Nach der Teamorganisation, der Organisation der Projektinfrastruktur und dem Commitment zum Projektauftrag sind Aktivitätenpläne und Arbeitsaufträge zu erstellen. Laufend wird die Zeitaufschreibung mitgeführt. Abgeschlossen wird die Phase mit dem Phasenabschlußbericht und im Rahmen des mittelfristigen Projekt-Controllings mit der Phasenfreigabe.

❑   **Entwicklung:**
   In dieser Phase ist zunächst nur für die Einschulung der Projektmitarbeiter zu sorgen. Die Schulungsmaßnahmen erstrecken sich auf die Standardsoftware bzw. die Entwicklungsumgebung, die Benützung von Werkzeugen, wie etwa Textverarbeitung, Tabellenkalkulation und die Projektmethode.

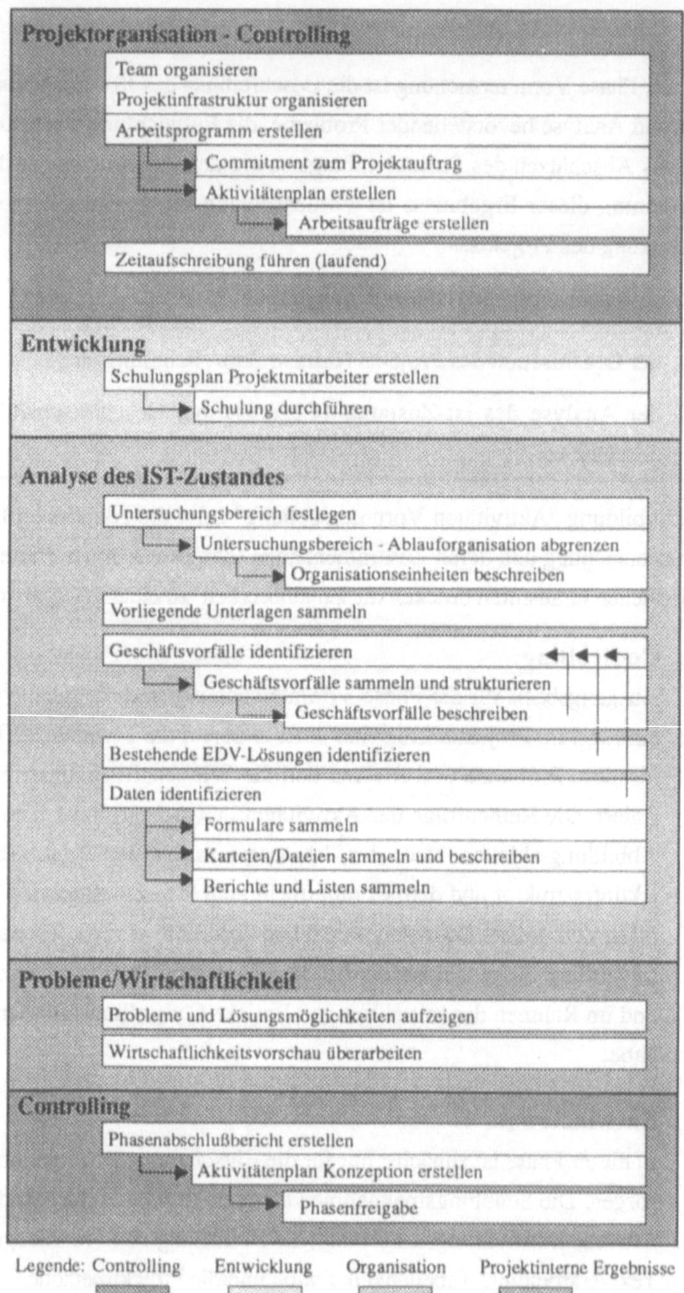

Abb. 4.18.: Aktivitäten Voruntersuchung

❑   **Organisation:**

Erstes Ergebnis im Bereich Organisation ist die Abgrenzung des Untersuchungsbereichs: Es ist sowohl die Ablauforganisation als auch die Aufbauorganisation grob zu skizzieren. Die Darstellung des Geschäfts erfolgt in
Form von Geschäftsvorfällen. Zusätzlich sind bestehende EDV-Lösungen,
Formulare, Listen, Dateien, Karteien zu analysieren und den Geschäftsvorfällen zuzuordnen. Die Summe aller Geschäftsvorfälle spiegelt die kompletten
Arbeitsgänge und Daten im Untersuchungsbereich wider.

❑   **Projektinterne Ergebnisse:**

Es ist ein Problemkatalog zu führen, der alle Probleme, die im Rahmen der
Projektarbeiten auftauchen und das Projekt in irgendeiner Weise wesentlich
beeinflussen oder gefährden, aufzeigt. Die Wirtschaftlichkeitsberechnung des
Projektauftrags wird in jeder Phase ergänzt und präzisiert.

Der dargestellte Ablauf ist idealtypisch und dient selbstverständlich nur als Richtlinie. Gerade die Definition von Geschäftsvorfällen erfolgt meist durch schrittwei-
ses, iteratives Vorgehen, indem die Ergebnisse laufend verfeinert und verbessert
werden.

4.2.5.2. Phase Konzeption

In der Phase Konzeption sind die Voraussetzungen für die Realisierung des Systems aus technischer und organisatorischer Sicht zu schaffen. Dazu ist es notwendig, einerseits die Ergebnisse der Phase Voruntersuchung zu verfeinern, andererseits nach neuen Lösungen und Abläufen für die Optimierung der Organisation
zu suchen. Die Ergebnisse der Phase Konzeption sind Voraussetzung für die Entscheidung über die Fortsetzung des Projekts.

Der Schwerpunkt der Aktivitäten liegt in dieser Phase auf

❑   der Konzeption der Aufbau- und Ablauforganisation.

❑   der Konzeption der Datenübernahme.

❑   der Konzeption des Einführungsplans.

Die Abbildung "Aktivitäten Konzeption" zeigt die Aktivitäten der Projektphase
Konzeption.

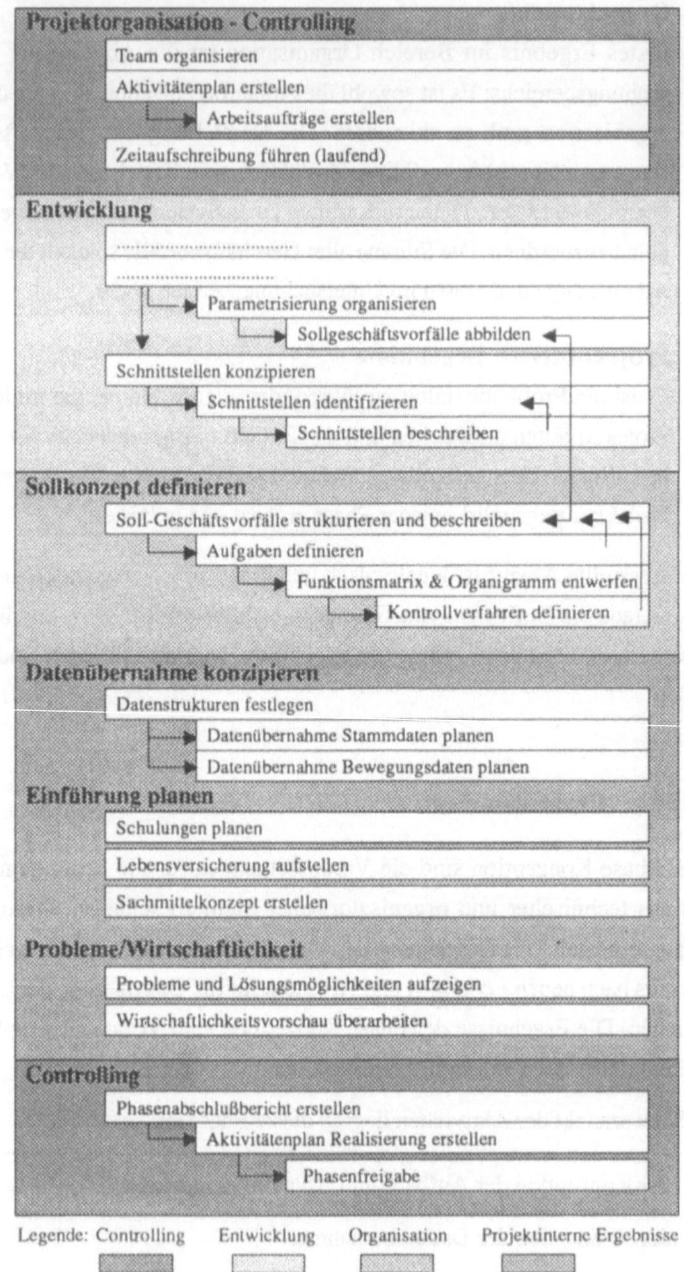

Abb. 4.19.: Aktivitäten Konzeption

❏ **Controlling:**

Ausgangsbasis für die Phase Konzeption sind einerseits der Projektauftrag, andererseits die Ergebnisse aus der Phase Voruntersuchung. Der vorläufige Aktivitätenplan für die Phase Konzeption, welcher für den Abschlußbericht der Voruntersuchung erstellt wurde, ist entsprechend der Phasenfreigabe zu überarbeiten und zu fixieren. Die Zeitaufschreibung ist laufend weiterzuführen. Abgeschlossen wird die Phase mit dem Phasenabschlußbericht und im Rahmen des mittelfristigen Projekt-Controllings mit der Phasenfreigabe.

❏ **Entwicklung:** (Beispiel Standardsoftware)

In der Phase Voruntersuchung sind die Projektmitarbeiter geschult worden. In der Phase Konzeption ist die Standardsoftware als Entwicklungssystem zu installieren und zu parametrisieren, d.h. im Rahmen der vorgegebenen Möglichkeiten der Software ist diese an die zukünftigen geschäftlichen und organisatorischen Strukturen anzupassen. Nach Abschluß der Phase Konzeption muß die Standardsoftware soweit parametrisiert sein, daß alle Geschäftsvorfälle in Kernbereichen abgebildet sind. Voraussetzung dafür ist die generelle Konzeption der geschäftlichen/organisatorischen Abläufe und Strukturen (siehe Aufgabenbereich Organisation). Ein weiteres Ergebnis des Customizings ist die Schnittstellenkonzeption, da die Standardsoftware in der Regel Daten für eine Reihe von bestehenden Systemen zur Verfügung stellen muß bzw. Daten von den bestehenden Systemen zu übernehmen hat. Hier dient vor allem die Dokumentation der bestehenden EDV-Lösungen als Input aus der Phase Voruntersuchung.

❏ **Organisation:**

Das wesentliche Ergebnis der Phase Konzeption sind die SOLL-Geschäftsvorfälle. SOLL-Geschäftsvorfälle beschreiben die organisatorischen/geschäftlichen Strukturen und Abläufe nach der Einführung der Standardsoftware. Sie sind aus den Beschreibungen der IST-Geschäftsvorfälle unter Berücksichtigung der technischen Möglichkeiten und betriebswirtschaftlicher Überlegungen zu erarbeiten. Die Bearbeitung von Geschäftsvorfällen erfolgt durch manuelle Abläufe (=Aufgaben) und über maschinelle Unterstützung in Form von Online-Transaktionen bzw. Batchabläufen. Deshalb ist für jeden Geschäftsvorfall das organisatorische Umfeld zu konzipieren: Dies sind insbesondere die (manuellen) Aufgaben, die zur Ausführung eines Geschäftsvorfalls erforderlich sind, aber auch die organisatorische Verteilung dieser Aufgaben und die Aufbauorganisation.

❑   **Projektinterne Ergebnisse:**
Im Rahmen der projektinternen Ergebnisse ist das Sachmittelkonzept, der
Schulungsplan für die Mitarbeiter des Fachbereichs, und die Lebensversiche-
rung zu erarbeiten. Schließlich ist auch die Datenübernahme zu konzipieren.
Der Problemkatalog wird laufend weitergeführt und beinhaltet alle Probleme,
die im Rahmen der Projektarbeiten auftreten und das Projekt in irgendeiner
Weise wesentlich beeinflussen oder gefährden können. Die Wirtschaftlich-
keitsberechnung des Projektauftrags ist zu ergänzen und zu präzisieren.

Auch hier ist der dargestellte Ablauf idealtypisch und nur als Richtlinie zu verstehen.

4.2.5.3. Phase Realisierung

Die Abbildung "Aktivitäten Realisierung" zeigt die Aktivitäten der Projektphase Realisierung.

❑   **Controlling:**
Ausgangsbasis für die Phase Realisierung sind einerseits der Projektauftrag,
andererseits die Ergebnisse aus der Phase Konzeption. Der vorläufige Aktivitätenplan für die Phase Realisierung, welcher für den Abschlußbericht der
Phase Konzeption erstellt wurde, ist entsprechend der Phasenfreigabe zu
überarbeiten und zu fixieren. Die Zeitaufschreibung ist laufend weiterzuführ-
en. Abgeschlossen wird die Phase mit dem Phasenabschlußbericht und im
Rahmen des mittelfristigen Projekt-Controllings mit der Phasenfreigabe.

❑   **Entwicklung:** (Beispiel Standardsoftware)
In der Phase Realisierung ist die Standardsoftware in Übereinstimmung mit
den zukünftigen geschäftlichen und organisatorischen Strukturen im Entwicklungssystem vollständig zu parametrisieren; die Parametrisierung
schließt auch alle Formulare, Listen und Berichte ein. Außerdem sind die An-
wenderberechtigungen zu definieren. Vor der Übernahme in das Produktivsystem, welche in der Phase Einführung erfolgt, wird im Entwicklungssystem ein gesamthafter Systemtest durchgeführt, für welchen Testzyklen
(Testfälle) notwendig sind. Als Schlußdokumentation dient für die EDV-tech-
nischen Belange das Systemhandbuch, welches die Dokumentation der er-
stellten Programme und das Operatorhandbuch umfaßt.

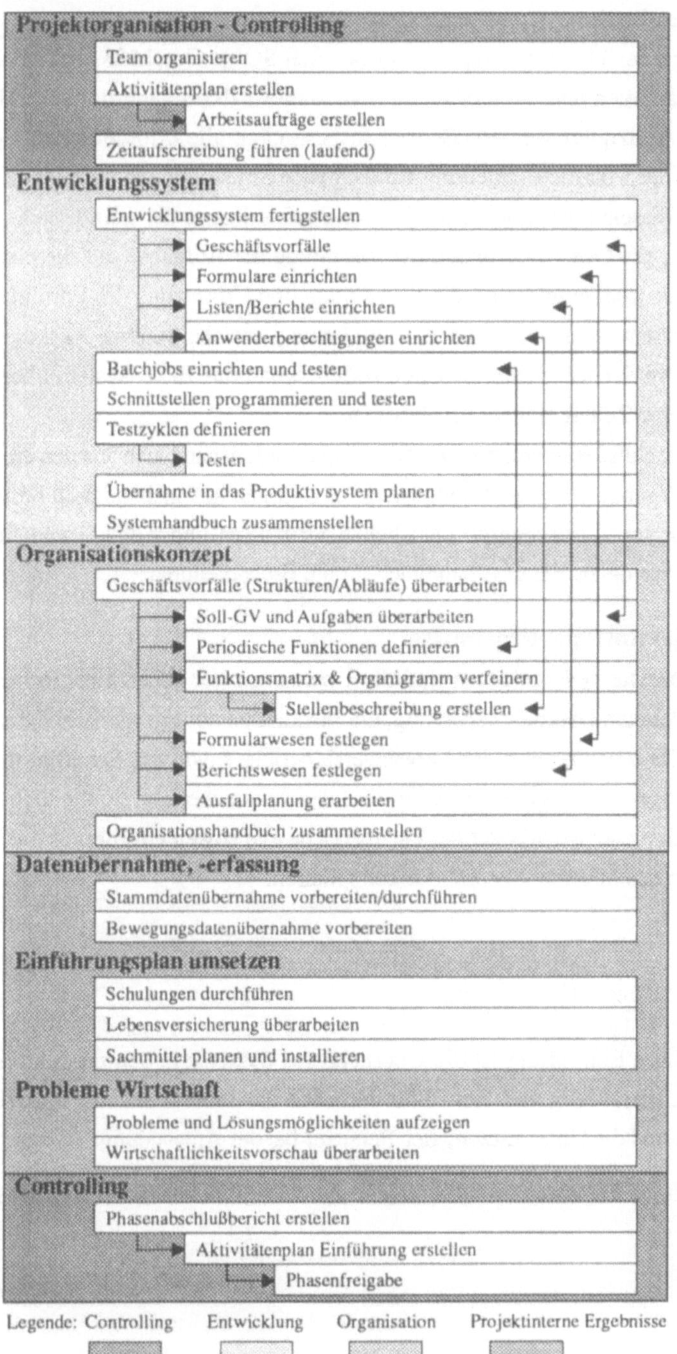

Abb. 4.20.: Aktivitäten Realisierung

❑   **Organisation:**

Die in der Phase Konzeption erarbeiteten SOLL-Geschäftsvorfälle sind zu überarbeiten und zu verfeinern. Insbesondere das organisatorische Umfeld muß konzipiert werden. Es sind insbesondere alle erforderlichen Voraussetzungen für die Umstellung auf die neuen Strukturen und Abläufe zu schaffen. Wesentliche Ergebnisse sind die Strukturierung der erforderlichen Aufgaben pro Geschäftsvorfall, die Verteilung der Aufgaben auf die einzelnen Stellen (Stellenbildung), die Konzeption und Umsetzung des Formular- und Berichtswesens sowie die Ausfallplanung, welche darüber Auskunft gibt, wie die Sachbearbeiter arbeiten sollen, wenn das EDV-System über einen längeren Zeitraum nicht verfügbar ist.

Als Schlußdokumentation wird das Organisationshandbuch aus den erarbeiteten Ergebnissen zusammengestellt. Das Organisationshandbuch beschreibt die organisatorischen/geschäftlichen Strukturen und Abläufe und fungiert gleichzeitig als Benutzerhandbuch für die Fachabteilung.

❑   **Projektinterne Ergebnisse:**

Projektinterne Ergebnisse sind die Übernahme der Daten entsprechend der erarbeiteten Übernahmeplanung, die Installation der erforderlichen Sachmittel, die Verfeinerung der Lebensversicherung sowie das Schaffen der notwendigen Voraussetzungen für die Lebensversicherung. Schließlich ist die Schulung der Mitarbeiter der Fachbereiche und soweit erforderlich der Mitarbeiter des Informatikbereichs durchzuführen.

4.2.5.4. Phase Einführung

Ziel der Phase Einführung ist die Übergabe des Systems in den produktiven Betrieb, die Überprüfung und Korrektur von nach der Inbetriebnahme auftretenden Problemen und die Unterstützung der Benutzer bei der Anwendung.

Die Abbildung "Aktivitäten Einführung" zeigt die Aktivitäten der Projektphase Einführung.

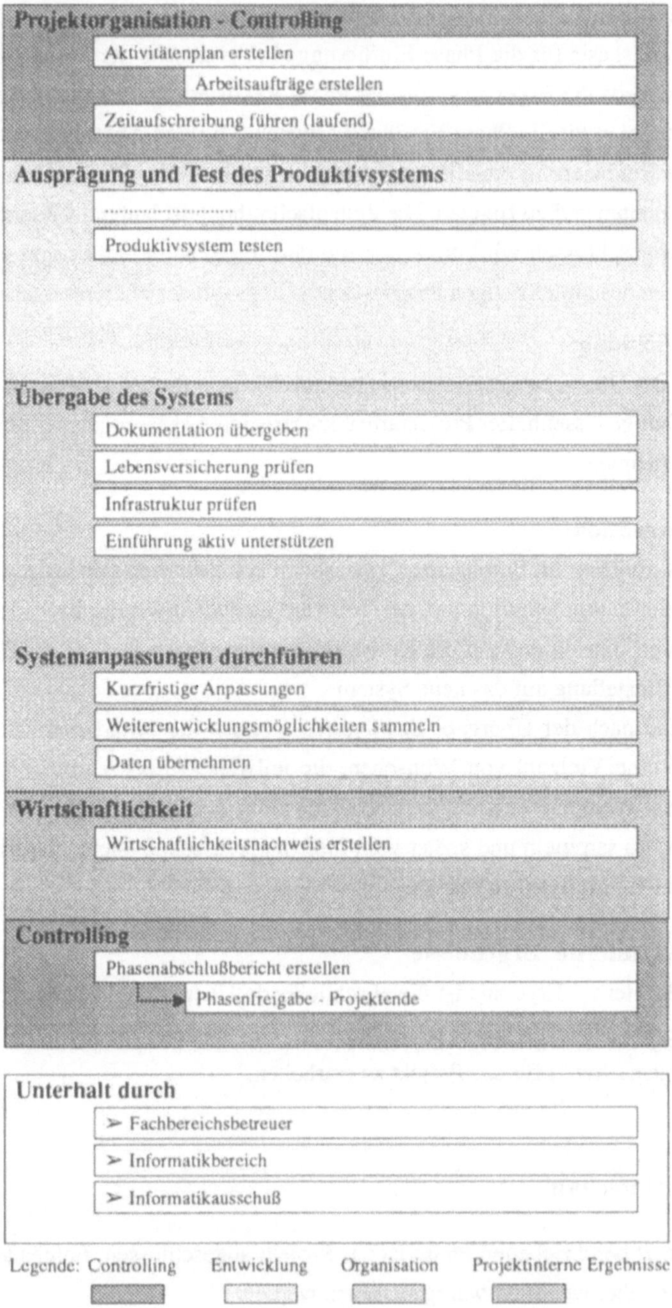

Projektorganisation - Controlling

Aktivitätenplan erstellen

Arbeitsaufträge erstellen

Zeitaufschreibung führen (laufend)

Ausprägung und Test des Produktivsystems

....

Produktivsystem testen

Übergabe des Systems

Dokumentation übergeben

Lebensversicherung prüfen

Infrastruktur prüfen

Einführung aktiv unterstützen

Systemanpassungen durchführen

Kurzfristige Anpassungen

Weiterentwicklungsmöglichkeiten sammeln

Daten übernehmen

Wirtschaftlichkeit

Wirtschaftlichkeitsnachweis erstellen

Controlling

Phasenabschlußbericht erstellen

Phasenfreigabe - Projektende

Unterhalt durch

➤ Fachbereichsbetreuer

➤ Informatikbereich

➤ Informatikausschuß

Legende: Controlling   Entwicklung   Organisation   Projektinterne Ergebnisse

Abb. 4.21.: Aktivitäten Einführung

❑   **Controlling:**

Ausgangsbasis für die Phase Einführung sind einerseits der Projektauftrag, andererseits die Ergebnisse aus der Phase Realisierung. Der vorläufige Aktivitätenplan für die Phase Einführung, welcher für den Abschlußbericht der Phase Realisierung erstellt wurde, ist entsprechend der Phasenfreigabe zu überarbeiten und zu fixieren. Die Zeitaufschreibung ist laufend weiterzuführen. Abgeschlossen wird die Phase mit dem Phasenabschlußbericht und im Rahmen des mittelfristigen Projekt-Controllings mit der Phasenfreigabe.

❑   **Entwicklung:**

Nach der Übergabe des Systems in den produktiven Betrieb sind in der Regel auch bei gewissenhafter Projektarbeit kurzfristige Anpassungen der Software vorzunehmen.

❑   **Organisation:**

Die Aktivitäten im Bereich der Organisation konzentrieren sich auf die Übergabe der Dokumentation und der Software an den Anwender bzw. den produktiven Betrieb und auf die Unterstützung der Mitarbeiter bei der Einführung/Umstellung auf das neue System.

Bei und nach der Übergabe des Systems nennen die Mitarbeiter üblicherweise eine Vielzahl von Wünschen, die teilweise sofort realisiert werden müssen. Weiterentwicklungswünsche, die nicht absolut notwendig sind, sind vorerst zu sammeln und später vom Informatikausschuß (siehe langfristiges Projekt-Controlling) zu bewerten.

❑   **Projektinterne Ergebnisse:**

Projektinternes Ergebnis ist die abschließende Übernahme der Stamm- und Bewegungsdaten in das Produktivsystem. Des weiteren ist der Wirtschaftlichkeitsnachweis für das Projekt zu erarbeiten.

4.2.5.5. Unterhalt

Mit der zuletzt beschriebenen Phase ist das Projekt abgeschlossen. Folgende Aufgaben müssen aber weiterhin wahrgenommen werden:

-   Weiterführung und jeweils Aktualisieren des Organisationshandbuchs (siehe auch Dokumentation).

-       Meldung von Änderungen des Systemhandbuchs an die EDV/bzw. Organisation.

-       Wartung der Projektanträge

4.2.6. Dokumentation

"Dokumentation ist nicht ein Wert an sich, sondern ein Mittel zum Zweck."[49] Eine knappe, aber ausreichende Dokumentation ist besser als umfangreiche Dokumentationswerke. Andererseits ist es offensichtlich, daß Projektmitarbeiter in der Regel lieber an der Lösung neuer Aufgaben arbeiten, als an der Dokumentation dieser Lösung. Die Entschuldigung von Projektmitarbeitern wegen fehlender Dokumentation läßt sich mit zwei Worten zusammenfassen: *Keine Zeit.* Dabei wird aber übersehen, daß

-       die Dokumentation zugleich Arbeitsunterlage ist. Daher ist bei mangelhafter Dokumentation auch ein erhöhter Arbeitsaufwand wahrscheinlich.

-       ohne Dokumentation Dritte von der Projekteinsicht ausgeschlossen sind. So kann weder Kontrolle noch eine eventuelle Verstärkung des Projektteams durch die Einarbeitung zusätzlicher Mitarbeiter stattfinden.

Die Dokumentation ist die Basis für den Unterhalt und die Wartung eines Systems. Sie dient als Grundlage für eine eventuelle externe oder interne Kontrolle oder Revision. Die Dokumentation beschreibt die Hintergründe für die Entwicklung eines Systems in einer bestimmten Richtung und dient als Beispiele für zukünftige Projekte .[50]

4.2.6.1. Generelle Dokumentationsregeln

Grundsätzlich gelten für die Dokumentation folgenden Richtlinien:

-       Die Dokumentation muß laufend aufgebaut werden. Sie kann dann als Basis für die jeweils nächste Projektphase dienen. Mühsame Rekonstruktionen von Sachverhalten werden so verhindert.

---

[49]   Zehnder, C. A.: Informatik-Projektentwicklung, a.a.o, S. 161.
       Heinrich, L., Burgholzer, P.: Systemplanung, Band 2, a.a.O., S. 206.
[50]   Kuba, R. W.: Computergestützte Projektorganisation, a.a.O., S. 213.

- Alle Änderungen (z. B. Zeitplan) sind auch in der Dokumentation nachzu-
  vollziehen.

- Die Dokumentation erfolgt ausschließlich auf dem PC (oder auf anderen
  Textsystemen). Alle Mitarbeiter verwenden dieselbe Software für die
  Erstellung.

- Formulare und Berichte sollten standardisiert werden (z. B. Textbausteine,
  Formatvorlagen, etc.). Jedes Dokument enthält z. B. in der Kopfzeile die
  Projektbezeichnung, Projektphase, Dokumentbezeichnung, Ersteller, Datum
  und Seitennummer. In der Fußzeile soll der Name stehen, unter dem das Dokument abgespeichert wurde (möglichst mit komplettem Suchpfad!).

Dokumentationsvorschriften, die an die Grundsätze ordnungsgemäßer Buchfüh-
rung erinnern, nennen Quiel[51] und Heinrich:[52]

- Korrektheit: Die Übereinstimmung von Vorgaben, Planung und Konzeption
  sowie Durchführung muß überprüfbar sein.

- Verständlichkeit: Die Dokumentation muß für Systementwickler und -anwen-
  der verständlich sein; d. h. sie ist personenunabhängig zu erstellen.

- Übersichtlichkeit: Die Informationen der Dokumentation müssen schnell
  greifbar sein.

- Anschaulichkeit: Die Benutzer der Dokumentation müssen den beschriebenen
  Sachverhalt schnell verstehen können.

- Einheitlichkeit: Begriffe und Darstellungsmethoden sollen einheitlich verwendet werden (Richtlinien!).

- Wirtschaftlichkeit: Kosten und Nutzen der Dokumentation müssen in einem
  vernünftigen Ausmaß zueinander stehen.

4.2.6.2. Projektbegleitende Dokumentation

Die projektbegleitende Dokumentation hält alle Arbeitsergebnisse des Projektab-
laufs fest. Sie dient damit den Projektmitarbeitern selbst als laufende Arbeitsunterlage und in komprimierter Form als Phasenabschlußbericht zur Kontrolle des Projektfortschritts.

---

51   Quiel, G.: Moderne DV-Anwendungssysteme methodisch entwickeln, Praxisorientierte Ver-
     fahren für mittlere und kleine DV-Organisationen, Köln 1983, S. 85f.
52   Heinrich, L., Burgholzer, P.: Systemplanung, Band 1, a.a.O., 168f.

Den Aufbau eines Phasenabschlußberichts zeigt das folgende Beispiel der Phase Voruntersuchung. Bei laufender Dokumentation können die Berichte ohne großen Zusatzaufwand erstellt werden, da sie im wesentlichen aus der im Rahmen der Projektarbeit zu erstellenden Dokumentation bestehen.

<table>
<tr><td>

1. Deckblatt
Projekt
Gliederung
Ersteller
Verteiler
Datum

2. Management Zusammenfassung
Zusammenfassung der wesentlichen Erkenntnisse auf max. 2 Seiten.

3. Beschreibung des IST-Zustandes
Abgrenzung des Untersuchungsbereichs
 Untersuchungsbereich
 Stellenliste - Tätigkeitsbereiche
 Organigramm
Geschäftsvorfälle
 Liste der Geschäftsvorfälle
 Beschreibung der Geschäftsvorfälle
Daten
 Formulare, Karteien, Dateien, Listen
Übersicht über bestehende EDV-Lösung

4. Zielsetzungen und Anforderungen
5. Problemkatalog/Lösungsmöglichkeiten
6. Wirtschaftlichkeitsvorschau
7. Vorgehensplan
 Aktivitätenplan für die nächste Phase
8. Anlage

</td></tr>
</table>

Abb. 4.22.: Phasenabschlußbericht Voruntersuchung.

Die Abschlußberichte der folgenden Phasen sind ähnlich aufgebaut, unterscheiden sich nur in den phasenspezifischen Arbeitsergebnissen:

1. **Deckblatt**
2. **Management Zusammenfassung**
3. **Soll - Konzeption**
   Unternehmensstruktur
   Soll - Organisation
   > *Liste der Geschäftsvorfälle, Beschreibung*
   > *Aufgabenstruktrur*
   > *Funktionendiagramm*
   > *Organigramm*
4. **Schnittstellenkonzeption**
5. **Sachmittelkonzeption**
6. **Schulungsplan**
7. **Zielsetzungen und Anforderungen**
8. **Problemkatatog /Lösungsmöglichkeiten**
9. **Wirtschaftlichkeitsvorschau**
10. **Vorgehensplan**
11. **Anlage**

Abb. 4.23.: Phasenabschlußbericht Konzeption.

1. **Deckblatt**
2. **Management Zusammenfassung**
3. **Inhalte des Organisationshandbuchs**
   > *Organisationshandbuch (siehe nächster Abschnitt)*
4. **Sachmittelkonzeption**
5. **Lebensversicherung**
6. **Zielsetzungen und Anforderungen**
7. **Problemkatatog /Lösungsmöglichkeiten**
8. **Wirtschaftlichkeitsvorschau**
9. **Vorgehensplan**
10. **Anlage**

Abb. 4.24.: Phasenabschlußbericht Realisierung.

---

1. **Deckblatt**
2. **Management Zusammenfassung**
3. **Organisatorische Änderungen seit der letzten Präsentation**
4. **Projektwunschsammlung**
   Projektanträge
5. **Abschließende Wirtschaftlichkeitsbetrachtung**

Abb. 4.25.: Phasenabschlußbericht Einführung.

Zur laufenden Dokumentation wird auch eine "Betriebsdokumentation"[53] benötigt.

4.2.6.3. Betriebsdokumentation

Die Betriebsdokumentation teilt sich in Organisationshandbuch und Systemhandbuch. Ersteres dient der Fachabteilung bzw. den Anwendern bei der laufenden Arbeit mit dem System als Benutzungsanleitung. Das Systemhandbuch wird der Stelle übergeben, die für den technischen Ablauf des Systems verantwortlich ist (Rechenzentrum, EDV-Abteilung, o.ä.).

Erstellung des Organisationshandbuchs

Das Organisationshandbuch ist ein lebendes Werk, welches nach Projektabschluß laufend weiterzuführen ist. Die Erstellung des Organisationshandbuchs bereitet wenig Arbeit, da es sich aus Dokumenten, die im Laufe des Projekts erstellt wurden, zusammensetzt (das setzt natürlich eine laufende, korrekte Dokumentation voraus). Inhalte sind z. B.:

- Organigramm

- Aufgabenstruktur

- Funktionendiagramm

- Stellenbeschreibungen

- Liste der Geschäftsvorfälle und Beschreibung der Geschäftsvorfälle

- Ausfallplanung

- Periodische Funktionen

---

53 Zehnder, C. A.: Informatik-Projektentwicklung, a.a.o, S. 166.

Erstmals eingesetzt wird das Organisationshandbuch bzw. Teile davon bei der Benutzerschulung. Somit ergeben sich einige Synergieeffekte, die für eine korrekte Dokumentation sprechen.

Erstellung des Systemhandbuchs

Das Systemhandbuch beinhaltet alle systemnahen Informationen bzw. alle Informationen und Dokumente, die der EDV-Bereich benötigt, um den technischen Betrieb des Systems aufrechtzuerhalten:

- Anleitungen für das Operating

- Zusammenstellung aller Modifikationen (bei Standardsoftware)

- Dokumentation der Eigenentwicklungen

- Dokumentation der geschriebenen (Schnittstellen-)Programme

4.2.6.4. Dokumentationsverantwortlichkeit

Die Verantwortung für die korrekte Erstellung der Dokumentation liegt grundsätzlich bei dem Mitarbeiter, der eine Arbeit im Rahmen des Projekts durchführt. Der Projektleiter muß dafür Sorge tragen, daß eine Tätigkeit erst dann als beendet anzusehen ist, wenn auch die Dokumentationsarbeiten abgeschlossen sind. Wichtig ist die Kontrolle der Benutzerdokumentation. Diese wird zumeist am Ende des Projekts unter großem Zeitdruck zusammengestellt und ist daher besonders gefährdet.

Auch nach der Beendigung des Projekts müssen die Unterlagen weitergeführt werden. Die Verantwortlichkeit geht dabei einerseits auf die Fachabteilungen über (Organisationshandbuch), wo ein eigener Mitarbeiter (Fachbereichsbetreuer) mit dieser Aufgabe betraut werden muß, andererseits wird das Systemhandbuch von der zuständigen Stelle der EDV-Abteilung, des Rechenzentrums, usw. auf dem letzten Stand gehalten.

Zum Abschluß möchte ich noch darauf Hinweisen, daß das Thema Dokumentation schon längere Zeit aktuell ist. Kupper behauptet in Anlehnung an Thomas von Altköln und andere, daß der Turmbau zu Babel nicht abgebrochen wurde, wie im Alten Testament beschrieben, sondern fertiggestellt, aber nicht dokumentiert worden ist.[54] Nach diesem "Fehler" wurden bereits im Codex Hammurabi Richtlinien erlassen:

---

54   Kupper, H.: Zur Kunst der Projektsteuerung, a.a.O., S. 189ff.

"Für das, was du niederzulegen hast, gilt:
- es muß zu verstehen sein
- es muß in leichter Weise zu erlernen und zu benutzen sein
- es müssen alle in der gleichen Weise verfahren
- nicht jeder muß alles wissen
- ein und dasselbe darf nicht an mehreren Stellen geschrieben stehen
- du mußt leicht und sicher die Beschreibung ändern können!

Dies beachte bei der Arbeit und säume nicht!"

Dreieinhalb Jahrtausende später liest sich dies auf lateinisch so:" ... Et omnibus hominibus et magistro actionum labor totus non finitus nisi labor papyri." (Thomas von Altköln). Übertragen in die heutige Projektterminologie: Jeder Projektmitarbeiter, besonders der Projektleiter, sieht das Projekt erst dann als beendet an, wenn die Dokumentation abgeschlossen ist!

4.3. Computergestützte Informationsbedarfsanalyse im Informatikprojekt

"Das zentrale Problem der Datenverarbeitung ist das Reduzieren eines Berges von Tatsachen auf das Wesentliche, das für menschliche Benutzer von Wert ist!"[55]

Nicht nur dieses Zitat, sondern auch die folgende Schwachstellenanalyse beim Einsatz von IKT zeigt die Notwendigkeit einer ausführlichen Informationsbedarfsanalyse (siehe Abb. 4.26.).

Die Notwendigkeit, aus der Unternehmensstrategie eine Informatikstrategie abzuleiten, ist bereits im dritten Abschnitt beschrieben. Das Fehlen dieser Voraussetzung führt zu der in der Abbildung dargestellten Strategielücke. Was strategisch benötigt wird, ist aber organisatorisch noch nicht umgesetzt. Die Gestaltungslücke, welche sich aus dieser Problematik ergibt, hat folgende Ursachen: Zum einen die einseitige Aussage, "Technik muß sich der Organisation anpassen, nicht umgekehrt" und zum anderen eine Konzentration der Bemühungen auf rein technische Aspekte. Im ersten Fall hinkt die Organisation hinter der technischen Entwicklung her (technische Möglichkeiten werden nicht wahrgenommen). Im zweiten Fall finden strategische, personelle und organisatorische Auswirkungen zuwenig Berücksichtigung. Mangelnde Akzeptanz von seiten der Benutzer/Anwender führt zu Akzeptanzlücken, d. h. hinter zum Teil hochgerüsteten technischen Ausstattungen und kongenialen Lösungen stehen Demotivation und damit mangelnde Ausnutzung

---

55   Martin, J.: Einführung in die Datenbanktechnik, a.a.O., S. 309.

vorhandener Möglichkeiten. In dem Ausmaß, in dem die IKT sich auch auf die Einsatzgebiete von Führungskräften auswirkt, steigt oft auch deren Angst vor Verlust
an Status und Prestige; Ablehnung von "Tastaturarbeit" und auch mangelndes Interesse bzw. mangelnde EDV-Kenntnisse führen letztendlich zu einer Führungs-
lücke (vgl. dazu im dritten Kapitel "Informationsbewußtes Management").[56]

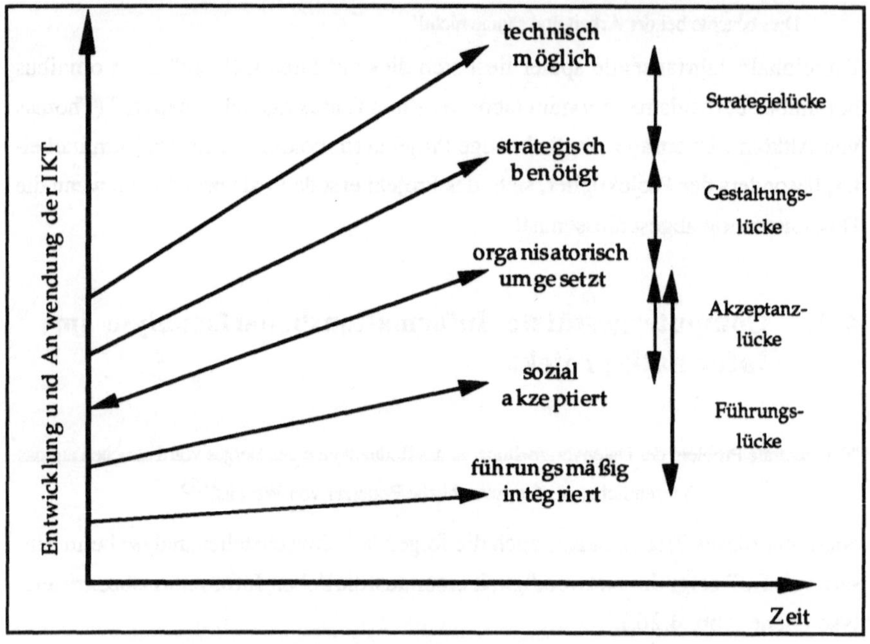

Abb. 4.26.: Lücken(Gap)-Analyse, nach: Krüger/Pfeiffer[57]

Während das dritte Kapitel versucht Wege aufzuzeigen, welche die Strategielücke
möglichst gering halten, besteht die Aufgabe der Informatikprojektabwicklung vor
allem darin, den Abstand zwischen strategisch benötigtem IKT-Einsatz und organisatorisch umgesetztem IKT-Einsatz (Gestaltungslücke) möglichst gering zu halten.
Ansatzpunkt ist die Informationsbedarfsanalyse für Informatikprojekte.

Nach Heinrich/Roithmayr wird Informationsbedarfsanalyse als "Erfassen, Strukturieren und Beurteilen des Informationsbedarfs mit einer methodischen Vorgangsweise" definiert. Informationsbedarf ist "die Nachfrage nach Information, die für
eine bestimmte Aufgabe von einem Aufgabenträger zur Aufgabenerfüllung ge-

---

56   Pfeiffer, P.: Technologische Grundlage, Strategie und Organisation des Informationsmanage-
     ments, a.a.O., S. 125ff.
57   Krüger, W., Pfeiffer, P.: Strategisches Management von Informationen. In: Office Manage-
     ment 10/1987, S. 29.

braucht wird."[58] Damit sind sowohl Informationen gemeint, die das Projektteam für die Durchführung des Projekts benötigt, als auch die Informationen, die ein neues System einem Benutzer zur Verfügung stellen muß.

Bestehende Methoden und Werkzeuge[59], die ähnliche Ziele in der Unterstützung der Informatikprojektabwicklung verfolgen, weisen im spezifischen Bereich des Informationsbedarfs folgende Mängel auf:

- Es handelt es sich in der Regel um Methoden, die speziell für den Softwareentwurf erstellt wurden und hier vor allem zur Unterstützung der Implementierung, d. h. der späteren Projektphasen[60] (vgl. dazu "Methodenberg"[61]) dienen. Damit ist ein großer Formalismus verbunden, der vom Anwender der jeweiligen Methode einzuhalten ist. Dies fördert weder die Motivation der Teammitglieder noch entspricht es dem "natürlichen" Sprachgebrauch von Anwendern, die ihr Fachwissen einbringen sollen. Die Folgen sind erhöhter Schulungsaufwand, Demotivation, die Versuchung, Teile auszulassen, um so der Verpflichtung zur Abstraktion und zum Formalismus teilweise zu entfliehen.

- Die Aquirierung und Verwaltung von Informationen ist selten integrierter Bestandteil der Methoden.

- Durch hohe Komplexität und umfangreiche Formalismen sind viele Methoden nur für sehr große Projekte sinnvoll einsetzbar.

- Es wird zuwenig Rücksicht auf Nicht-Informatiker genommen.

- Viele Methoden sind nicht oder nur schlecht computerunterstützt.

---

[58] Heinrich, L., Roithmayr, F.: Wirtschaftsinformatiklexikon, a.a.O., S. 241, Stichwörter: Informationsbedarfsanalyse, Informationsbedarf.

[59] Zusammenstellungen und Gegenüberstellungen. In:
Koreimann, D. S.: Methoden der Informationsbedarfsanalyse, Berlin - New York 1976, S. 61 - 140.
Grupp, B.: Methoden der Istaufnahme und Problemanalyse, Arbeitstechniken für Mitarbeiter in EDV- und Büroprojekten, Wiesbaden 1987, S. 43 - 64.
Lockemann, P.C., Schreiner, A., Trauboth, H., Klopprogge, M.: Systemanalyse, DV-Einsatzplanung, Berlin - Heidelberg - New York 1983, S. 109 - 162.
Heinrich, L. J., Burgholzer, P.: Informationsmanagement, München 1987, S. 158 - 311.
Maag, D.: Methoden resultieren aus dem Verständnis ihres Entwicklers. In: Computerwoche Nr. 35, 1990, S. 27ff.

[60] Scheer, A. W.: Wirtschaftsinformatik, a.a.O., S. 6.

[61] Roithmayr, F.: Controlling der Softwareeentwicklung. Welcher Ansatz ist richtig? In: Controlling, Heft 4, Juli 1989, S. 239.

Bereits 1970 wurden die folgenden Forderungen an Methoden im Bereich der Informationsbedarfsanalyse gestellt:[62]

1. Einfachheit im Sinne einer leichten und verständlichen Benutzung: Die Mitarbeit von Anwendern kann nur dann erreicht werden, wenn die zum Einsatz kommenden Methoden für sie verständlich und transparent sind.

2. Modifikationsmöglichkeiten durch den Anwender: Die Anwender sollten im Idealfall in der Lage sein, selbständig ihren Informationsbedarf zu bestimmen.

3. Vollständigkeit: Die eingesetzte Methode soll ein möglichst vollständiges Bild des Informationsbedarfs eines Anwenders oder Prozesses abbilden können.

4. Kontrollierbarkeit: Die Ergebnisse müssen nachvollziehbar und damit kontrollierbar sein.

5. Leichte Implementierbarkeit: Alle computergestützten Methoden (Werkzeuge) sollten ohne großen zusätzlichen Aufwand eingesetzt werden können.

6. Wirtschaftlichkeit: Durch die Methode kann natürlich kein Ertrag erwirtschaftet werden (zumindest nicht absolut). Diese Forderung bringt zum Ausdruck, daß jener Methode oder Vorgangsweise der Vorzug gegeben werden muß, die bei gleichem Zielerreichungsgrad den geringsten Aufwand verursacht.

James Martin stellt folgende Ansprüche an computergestützte Information:[63]

1. Sie muß genau sein.

2. Sie muß maßgeschneidert auf die Bedürfnisse der Benutzer sein.

3. Sie muß in einem engen Bezug zu den Bedürfnissen zum gegebenen Zeitpunkt sein.

4. Sie muß zeitgerecht (d. h. beispielsweise nicht mit einer Verzögerung von einem Tag) sein.

5. Sie muß sofort verständlich sein (Computerausdrucke, Listen !!).

6. Die Bedeutung muß sofort erkennbar sein.

7. Eine attraktive Darstellung ist hilfreich.

8. Sie sollte für den Zweck, für den sie benötigt wird, hinreichend aktuell sein.

---

62 Little, J.D.C.: Methods and Managers: The Concept of a Decision Calculus. In: Management Sciences, Vol 16, No. 8, April 1970. In: Koreimann, D. S.: Methoden der Informationsbedarfsanalyse, Berlin - New York 1976, S. 165f.

63 Martin, J.: Einführung in die Datenbanktechnik, a.a.O., S. 311.

9.   Sie muß kurz gefaßt sein.

10. Sie muß vollständig sein.

11. Sie muß leicht zugänglich sein. Ist ein System schwierig zu benutzen, so wird es nicht akzeptiert.

Auch die Einschränkung auf die Informationsbedarfsanalyse ist gerechtfertigt. Die Bedeutung der Informationsbedarfsanalyse im Ablauf der Projektphasen ist durch die folgende Abbildung dargestellt. Der größte Aufwand besteht in den ersten beiden Phasen und nimmt mit zunehmendem Projektverlauf schnell ab.

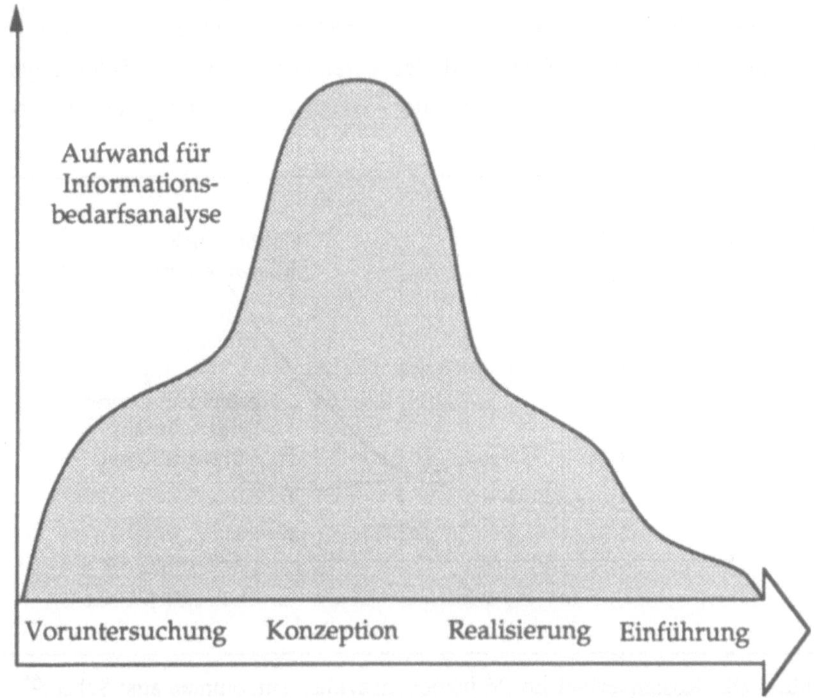

Abb. 4.27.: "Arbeitsberg" Informationsbedarfsanalyse.

Im Vergleich dazu zeigt die folgende Tabelle den relativen Arbeitsaufwand für einzelne Projektphasen:[64]

---

64   Die Zahlen sind angepaßt an die hier verwendeten Projektphasen. Ursprünglich Survey 5 %, Analysis 35 %, Design 20 %, Implementation 15 %, Remaining activities 25 %. Entnommen aus:
Yourdon, Edward: Managing the System Life Cycle, a.a.O., S. 148.

Voruntersuchung (mit Analyse)	40 %
Konzeption	20 %
Realisierung	20 %
Einführung	20 %

Damit liegen in der Regel 60 % des Arbeitsaufwands vor der Realisierungsphase. Auch wenn diese Zahlen im Einzelfall differieren, zeigt sich, daß die Arbeitsschwerpunkte in den Bereichen liegen, in welchen auch die Informationsbedarfsanalyse einen großen Arbeitsanteil beansprucht und damit ein großes Rationalisierungspotential darstellt. Die folgende Abbildung zeigt, daß sich die Gesamtkosten eines Projekts durch Investitionen in frühe Projektphasen reduzieren lassen. Je besser die Analyse durchgeführt wird, desto weniger Änderungen fallen gegen Ende des Projekts an. Generell gilt, je später Änderungen notwendig werden, desto teurer sind sie.

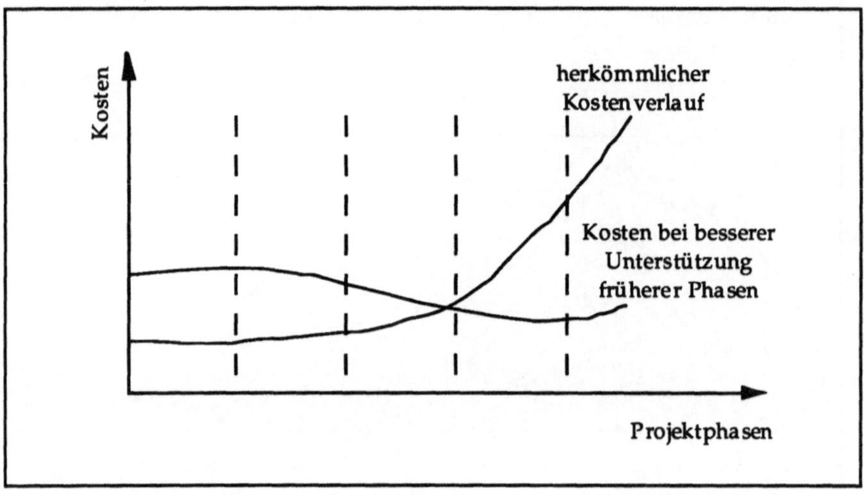

Abb. 4.28.: Kostenverlauf im Projektlebenszyklus, entnommen aus: Scheer[65]

4.3.1. Ziele und Aufbau des Werkzeugs

Ziel ist die Unterstützung der Informationsbedarfsanalyse bei Informatikprojekten. Dabei wird besonderes Gewicht auf hohe Benutzerakzeptanz gelegt. Dazu tragen folgende Punkte bei:

---

65   Scheer, A. W.: Wirtschaftsinformatik, a.a.O., S. 7.

(1) Im Idealfall erfolgt die Analyse direkt vom Anwender. Dieser kann in seiner vertrauten Fachsprache die ihm wichtigen Informationen erfassen. Die Strukturierung und Aufbereitung für das Projektteam erfolgt über das Werkzeug. Damit wird eine der wesentlichsten Aufgaben - die Kommunikation zwischen Anwender und Projektmitarbeiter - unterstützt. Dies dient sowohl der Arbeitserleichterung für beide Teile als auch der Motivation der Anwender, die - auch wenn sie nicht im Projektteam vertreten sind - intensiv ihre Meinung einbringen können. Damit wird auch schon ein Grundstein für die spätere Akzeptanz der neuen Lösung gelegt:

Der Beplante	Der Anwender
ist Zielobjekt innovativer Planung. Er ist den Planungsmaßnahmen wehrlos ausgesetzt und hat sich den neuen Gegebenheiten wortlos unterzuordnen. Er soll viel mehr dankbar sein, daß sich aufgrund des erzielten Rationalisierungserfolgs seine Anwesenheit nicht erübrigt. Jede Kritik des Planungsergebnisses ist unerwünscht, da sie nur die geistige Beschränktheit des Beplanten zum Ausdruck bringt.	ist Ideenquelle innovativer Planung. Er ist den Planungsmaßnahmen nicht wehrlos ausgesetzt und hat sich an den neuen Gegebenheiten aktiv mitzubeiligen. Er kann vielmehr erwarten, daß sich aufgrund des erzielten Rationalisierungserfolgs seine Aufgaben verantwortlicher gestalten. Jede Kritik des Planungsergebnisses ist erwünscht, da sie die geistige Anteilnahme des Anwenders zum Ausdruck bringt.

Abb. 4.29.: "Beplanter" und "Anwender" nach Siemens (Hrsg.)[66]

(2) Durch die Werkzeugunterstützung darf die Kreativität der Befragten oder der Teammitglieder nicht eingeschränkt werden. D. h. das Werkzeug muß so "offen" sein, daß Raum für innovative, kreative Vorschläge bleibt. Diese dürfen nicht durch Formalismus oder andere Restriktionen unterbunden werden.

(3) Die Durchgängigkeit der einmal erfaßten Informationen muß gewährleistet sein. Ein und derselbe Sachverhalt sollte nicht mehrmals erfaßt werden. Dazu ist es notwendig, daß auch Änderungen an den Daten leicht möglich sind (z. B. vom Ist-Zustand zu einer Soll-Konzeption).

(4) Die Dokumentation wird automatisch generiert.

---

66   Siemens (Hrsg.): Organisationsplanung, a.a.O., S. 39.

Für den Benutzer ist ein vernünftiges Benutzeranalyseinstrumentarium[67] zu schaffen. Im Idealfall bedeutet das, daß automatisch Lücken in der Wissensbasis festgestellt werden, Benutzerwünsche erfaßt werden können, welche noch nicht von der Datenbank befriedigt werden, und die Qualität der gefundenen Information von den Benutzern ständig überprüft wird. Diese drei Kriterien sind in einem ersten Prototyp nicht vollständig zu realisieren, aber als Anforderungen für eine Weiterentwicklung festzuhalten.

Der technische Aufbau des Werkzeugs erfolgt entsprechend dem dritten Kapitel durch den Entwurf einer Datenbank mit Hypertext-Feldern.

4.3.2. Vorgehen bei der Informationsbedarfsanalyse im Informatikprojekt

Rahmenbedingungen für das folgende Modell sind das oben beschriebene Projektvorgehen und die gerade definierten Ziele. Ausgangspunkt ist das aus der strategischen Planung entwickelte Projektportfolio bzw. im konkreten Fall einzelne Projektaufträge. Im Sinne des datenorientierten Ansatzes ist ein Projekt dem Aufbau des konzeptionellen Datenmodells (zumindest dessen grundsätzlichem Aufbau) gewidmet. Der Entwurf und die Computerunterstützung betrieblicher Datenelemente und in weiterer Folge eines konzeptionellen Datenbankmodells wird hier explizit ausgeschlossen. Diese Frage ist bereits ausführlich behandelt, stellvertretend für verschiedene Lösungsansätze stehen SEBIS[68], BLUES[69] und TOSADE[70].

Das Werkzeug hilft auch bei der Erstellung der vier Modelle der *structured analysis*.:[71]

---

[67]   Palme, K.: Aufbau einer Datenbank - Ein Praxisbeispiel, München - Wien 1987, S. 205f.

[68]   SEBIS ist ein Produkt des Instituts für Wirtschaftsinformatik, Hochschule St. Gallen.
Brenner, W.: Entwurf betrieblicher Datenelemente, Ein Weg zur Integration von Informationssystemen, Bamberg 1985.
Palffy, T.: Rechnergestützte Analyse der Beschreibung im Entwurf betrieblicher Informationssysteme, Bamberg 1985.
Gutzwiller, T.: Integrierte Beschreibung betrieblicher Informationssysteme, St. Gallen 1987.

[69]   Ein Produkt für den Apple Macintosh.

[70]   Unterstein, M.: Systemanalyse und Datenbankentwurf. In: Computer Magazin, 9/90, S. 48.

[71]   Fitzgerald, J., Fitzgerald, A.: Fundamentals of Systems Analysis, Using Structured Analysis and Design Techniques, 3rd Edition, New York 1987, S. 54.

(1)   Ein physisches Modell des existierenden Systems

(2)   Ein logisches Modell des existierenden Systems

(3)   Ein logisches Modell des neuen Systems

(4)   Ein physisches Modell des neuen Systems

FIRST   **Physical model of the existing system**

- How the existing system operates
- Identify the external entities, processes performed, sequence of the processes, data used for the processes, how the processes are performed, including people, forms, computers and so on.

SECOND   **Logical model of the existing system**

- What the existing system is doing without regard to how the processes are performed (manual or computerized)
- Identify the processing required, flow of data, data required, external entities (system interfaces).

THIRD   **Logical modell of the new system**

- What the new system must do to meet the organization´s business needs
- Identify the processing required, flow of data, data required, external entities (system interfaces).

FOURTH   **Physical model of the new system**

- How the new system actually will operate
- Identify the processes performed, sequence of the processes, data used for the processes, how the processes are performed, including people, forms, computeres, and so on, boundaries between manual and automated processes.[72]

Eine Weiterentwicklung dieses Ansatzes führt zum sogenannten "essential model"[73], welches das physische und logische Modell des existierenden Systems darstellt. Nach diesem Ansatz ist die Entwicklung des ersten Modells zum Großteil Zeitverschwendung, da 75% davon bei der Umwandlung in das logische Modell verworfen werden. Hier ist es unerheblich, welchem der beiden Ansätze der Vorzug gegeben wird, da beide von der Informationsbedarfsanalyse her unterstützt werden können.

---

[72]   Fitzgerald, J., Fitzgerald, A.: Fundamentals of Systems Analysis, a.a.O., S. 55.
[73]   Yourdon, E.: Modern Structured Analysis, Englewood Cliffs 1989, S. 323.

4.3.2.1. Installation von Projekten - Projektcontrolling

Voraussetzung für erfolgreiche Projektarbeit ist die ordnungsgemäße Installation der Projekte. Informationen, die über das Projekt gespeichert werden, dienen in weiterer Folge vor allem dem Projektcontrolling. Die folgende Abbildung zeigt die Datenbankstruktur:

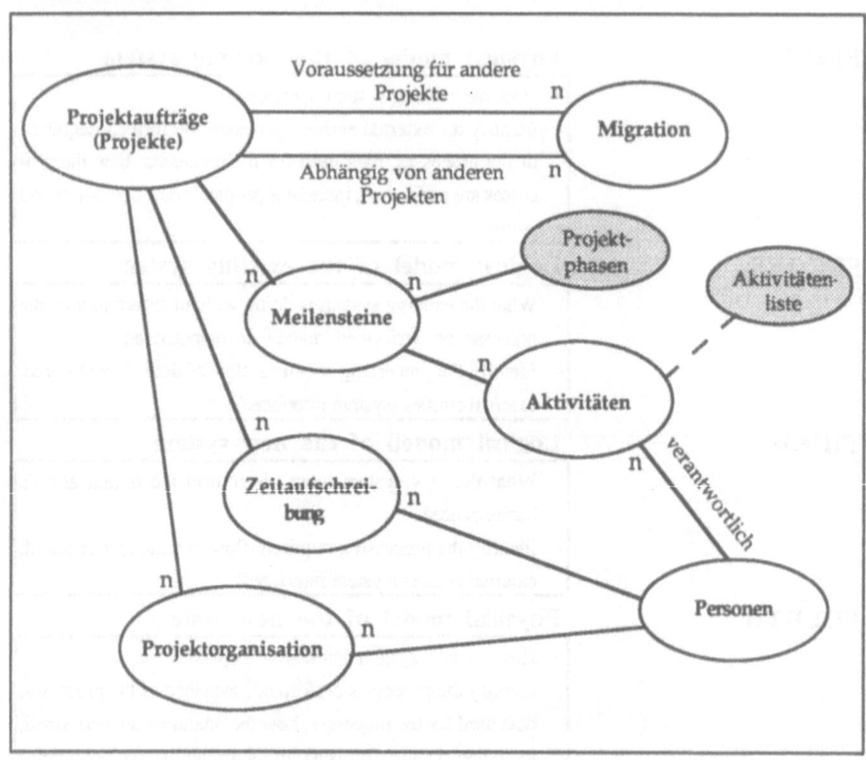

Abb. 4.30.: Datenbankstruktur Projektcontrolling

Projektauftrag

PaNummer	Primärschlüssel
Bezeichnung	Text
Priorität	(1 = hoch, 10 = niedrig)
Wirtschaftlichkeit	Hypertext-Feld
Beginn	Datum
Ende	Datum
Kurzbeschreibung	Hypertext-Feld
Ziele	Hypertext-Feld
Randbedingungen	Hypertext-Feld

Migration

PaNummer	Voraussetzung für andere Projekte
PaNummer	Abhängig von anderen Projekten

Im *Projektauftrag* werden die aus der strategischen Analyse definierten Projekte angegeben. Die Attribute ergeben sich aus dem weiter oben abgebildeten und beschriebenen Musterprojektauftrag. Die Wirtschaftlichkeitsberechnung wird als Hypertext-Feld geführt, da die Entwicklungs-Werkzeuge eine Einbindung z. B. einer Tabellenkalkulation nur umständlich ermöglichen. In diesem Stadium der Wirtschaftlichkeitsschätzung dürften dadurch aber keine gößeren Nachteile entstehen.

Durch den Entitätstyp *Migration* wird eine Reihung der Projekte im Sinne eines Netzplans möglich. Es können damit die Interdependenzen zwischen den verschiedenen Projekten aufgezeigt werden.

Projektphasen
PpNummer	Primärschlüssel
Bezeichnung	Text
Beschreibung	Hypertext-Feld

Aktivitätenliste
AkNummer	Primärschlüssel
Bezeichnung	Text
Beschreibung	Hypertext-Feld

Die Entitätstypen *Projektphasen* und *Aktivitätenliste* dienen zum Aufbau einer Art Standard-Checkliste für projektbezogene Vorgangsweise. Ausgangspunkt für diese Definition sind z. B. die weiter oben abgebildeten Aktivitäten für die verschiedenen Projektphasen.

Meilensteine
MsNummer	Primärschlüssel
PaNummer	->Projektauftrag
PpNummer	->Projektphasen
Termin	Datum
Beschreibung	Text
Phasenfreigabe	Datum
Bemerkungen	Hypertext-Feld

Eine Projektphase, welche einem konkreten Projekt zugewiesen ist, wird als Meilenstein definiert (Entitätstyp *Meilensteine*). Daher sind auch Attribute, wie Termin und Phasenfreigabe, berücksichtigt.

Das Vorgehensmodell ist für jedes Projekt zu adaptieren. Dazu wählt der Projektleiter aus einer Liste von Tätigkeiten die für das konkrete Projekt notwendigen Tätigkeiten aus. Zusätzlich ist es möglich, neue Tätigkeiten aufzunehmen. So kann für jede Organisation im Laufe der Zeit eine angepaßte Checkliste für die Aktivitäten bestimmter Informatikprojekte entstehen.

Aktivitäten
<u>AkNummer</u>	Nummer
MsNummer	->Meilensteine
Bezeichnung	Text
Beschreibung mit Arbeitsziel	Hypertext-Feld
verantwortlich	->Personen
Endtermin	Datum
erledigt	Datum

Zur Erreichung jedes Meilensteins (Projektphase) sind gewisse Aktivitäten notwendig. Diese Aktivitäten werden aus der *Aktivitätenliste* ausgesucht und dem konkreten *Meilenstein* zugeordnet. Zusätzlich sind Attribute im Sinne des weiter oben dargestellten Aktivitätenplans vorgesehen.

Projektorganisation
PaNummer	->Projektauftrag
PeNummer	->Personen
Funktion	Text
Beschreibung	Hypertext-Feld
AufwandSoll	Text
AufwandIST	Text

Die Projektorganisation bezieht sich auf die personelle Ausstattung der Projekte. Das Attribut "Funktion" hält fest, welche Aufgabe eine Person im Rahmen des Projekts wahrnimmt (z. B. Projektleiter, Projektmitarbeiter, Steuerungsgremium). Durch das Hypertext-Feld *Beschreibung* ist es möglich, zusätzliche Anmerkungen wie Dauer der Mitarbeit, eventuelle Zusatzfunktionen, etc. mitzuführen.

Zeitaufschreibung
ZaNummer	Primärschlüssel
PeNummer	->Personen
Projekt	->Projektauftrag
Tätigkeit	Text, Kurzbeschreibung
Datum	für tägliche Erfassung
Zeit	Text z. B. in Stunden

Die *Zeitaufschreibung* entspricht dem Formular Zeitaufschreibung für das kurzfristige Projektcontrolling (siehe weiter oben!).

Personen
<u>Person-Nummer</u>	Nummer
Name	Text
Telefon	Text
Notizen	Hypertext-Feld

Für den Entitätstyp Personen wäre selbstverständlich eine Verbindung zu einem Personalinformationssystem ideal. Diese Schnittstelle wird hier simuliert, indem durch das Hypertext-Feld *Notizen* die Möglichkeit besteht, beliebige, für das Projekt relevante Personalinformationen einzugeben.

4.3.2.2. Abgrenzung des Untersuchungsbereichs

Der nächste Schritt ist die Abgrenzung des Untersuchungsbereichs[74]. Die Abgrenzung des Untersuchungsbereichs erfolgt durch die Eingabe des Organigramms (möglicherweise bis auf personelle Ebene). Die folgende Abbildung zeigt die Datenbankstruktur:

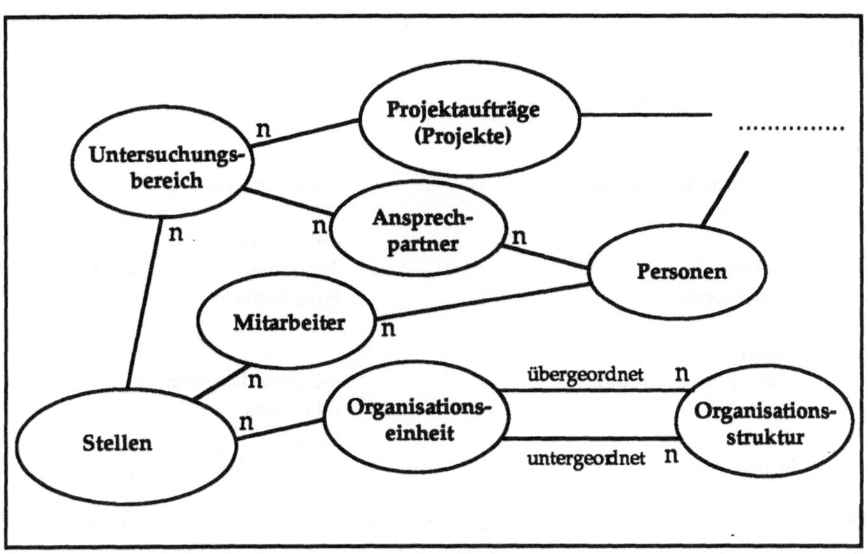

Abb. 4.31.: Datenbankstruktur Untersuchungsbereich

Organisationseinheit
    Org-Nummer   Nummer
    Bezeichnung   Text
    Beschreibung   Hypertext-Feld

Organisationsstruktur
    Übergeordnete-Org-Nummer   -> Organisationseinheit
    Untergeordnete-Org-Nummer   -> Organisationseinheit

---

[74]   Hoyer, R.: Modell einer Kommunikationsstrukturanalyse: Rechnergestützte Darstellung und Aufbau einer Organisationsstruktur, Online 87, 10. Europäische Kongreßmesse für Technische Kommunikation, Symposium 31, Hamburg 4.2. - 7.2. 1987, S. 8.

Stelle

<u>Stellen-Nummer</u>	Nummer
Stellenbezeichnung	Text
allgemeine Stellenbeschreibung	Hypertext-Feld
Org-Nummer	-> Organisationseinheit

Personen

<u>Person-Nummer</u>	Nummer
Name	Text
Telefon	Text
Notizen	Hypertext-Feld

Mitarbeiter

<u>StellenNr</u>	->Stellen
<u>PersNr</u>	->Personen
Besondere Aufgaben	Hypertext-Feld

Untersuchungsbereich

<u>Untersuchungsbereich-Nr</u>	Primärschlüssel
StellenNr	->Stellen
PaNr	->Projektaufträge
Priorität	Bewertung (z. B. von 1 - 10)
Bemerkungen	Hypertext-Feld

Ansprechpartner

UntersuchungsbereichNr	->Untersuchungsbereich
PersNr	->Personen
Befragungsdatum	Datum
Bemerkungen	Hypertext-Feld

Zwischen den Entitätstypen *Personen* und *Stellen* steht nun der neue Entitätstyp *Mitarbeiter*. Damit wird es möglich, Personen mehreren Stellen und einer Stelle mehrere Personen zuzuordnen. Eine Stelle ist eine personenunabhängige, abstrakt gedachte Einheit von einem oder mehreren Aufgabenträgern. Der Stelle sind bestimmte Aufgaben, Kompetenzen , Verantwortungsbereiche und Verbindungswege zwischen den Stellen (Informationswege) zugeordnet.[75]

Durch die bei Netzen übliche Datenbankstruktur ist es möglich, alle Beziehungen zwischen *Organisationseinheiten* festzuhalten. Damit ist erhöhte Aufmerksamkeit bei der Dateneingabe notwendig. Jede Stelle hingegen ist nur einer Organisationseinheit zuordenbar. Dies ist auch betriebswirtschaftlich erwünscht und dient eventuell einer ersten Behebung grober Organisationsmängel.

---

[75]   Hill, W., Fehlbaum, R., Ulrich, P.: Organisationslehre, Band 1, 3. Aufl., Bern - Stuttgart 1981, S. 130.

Zwischen *Projektaufträge* und *Stellen* wird durch den *Untersuchungsbereich* eine Verbindung hergestellt. Daraus ist ersichtlich, welche Stellen für welches Projekt zum aktuellen Untersuchungsbereich zählen. *Ansprechpartner* erlaubt die Eingabe von potentiellen Auskunftspersonen für den aktuellen Untersuchungsbereich.

4.3.2.3. Geschäftsvorfälle

Ein zentraler Punkt der hier beschriebenen Informationsbedarfsanalyse und der Projektmethodik ist die Ermittlung von Geschäftsvorfällen. Mit Hilfe dieses Ansatzes wird versucht, ein möglichst anwendernahes Modell zur Analyse von bestehenden Abläufen und Strukturen in Systemen zu finden.[76]

Die Idee zur Beschreibung des Untersuchungsbereichs in Form von Geschäftsvorfälle erklärt das folgende Beispiel:

Der Ablauf eines Computerprogramms ist je nach Betrachter völlig unterschiedlich zu sehen. Ein Systemprogrammierer, der ein Programm beschreibt, sieht in erster Linie z. B. die Zugriffe des Programms auf das Betriebssystem und wird damit eine sehr maschinennahe, technische Beschreibung des Programmablaufs geben. Der Anwender dieser Software beschreibt den Ablauf mit Hilfe der für ihn sichtbaren Ergebnisse, d. h. Ausdrucke, Menüs, Bildschirme.[77] Diese unterschiedliche Sichtweise läßt sich auch auf die Beschreibung des Unternehmens übertragen. Fachspezialisten liefern eine völlig andere Beschreibung ein und desselben Sachverhalts als ein Informatiker/Programmierer. Das Bestreben, dem Fachspezialisten eine möglichst auf niedriger Ebene (im Sinne von Daten und Funktionen) liegende Beschreibung abzuringen, gleicht oft dem Versuch, einen Zuseher ein Fernsehbild auf Grund der Bildpunkte beschreiben zu lassen.

Je nach Fachgebiet besteht eine mehr oder weniger unterschiedliche Betrachtungsweise von Strukturen und Abläufen in Systemen.[78] Ein Mitarbeiter, der im Bereich Marketing arbeitet, wird von den Prozessen, Funktionen und Daten in seinem Ar-

---

[76] Schultze, D.: Weniger Komplexität durch Redundanzen. Geschäftsfallorientierte Systementwicklung macht große Systeme überschaubar. In: Computerwoche, 10. März 1989, S. 21 - 22.

[77] Hofstadter, D. R.: Gödel, Escher, Bach, ein endlos geflochtenes Band, Kapitel X, Beschreibungen und Computersysteme, 9. Auflage, Stuttgart 1986.

[78] Zusätzlich erschwert wird das Problem durch die Tatsache, daß auch die Abgrenzung des Systems vom Benutzer abhängt.
Ulrich, H., Probst, G.: Anleitung zum ganzheitlichen Denken und Handeln, a.a.O., S. 27f, S. 35.

beitsbereich eine wesentlich ganzheitlichere Ansicht haben als ein Programmierer. Damit sind Mißverständnisse schon implizit vorgegeben. Ziel dieses Abschnitts ist daher, diese Kluft durch Methodik und Computerunterstützung möglichst weitgehend zu beseitigen.

Was ist ein Geschäftsvorfall

"To define a system by events forms a users` view of the system requirements."[79]

Ein Geschäftsvorfall entspricht nicht direkt einem event (Vorfall). Hier wird "Geschäftsvorfall" in einer umfassenderen Bedeutung verwendet. Die folgende Abbildung zeigt die Basis für die weiteren Ausführungen:

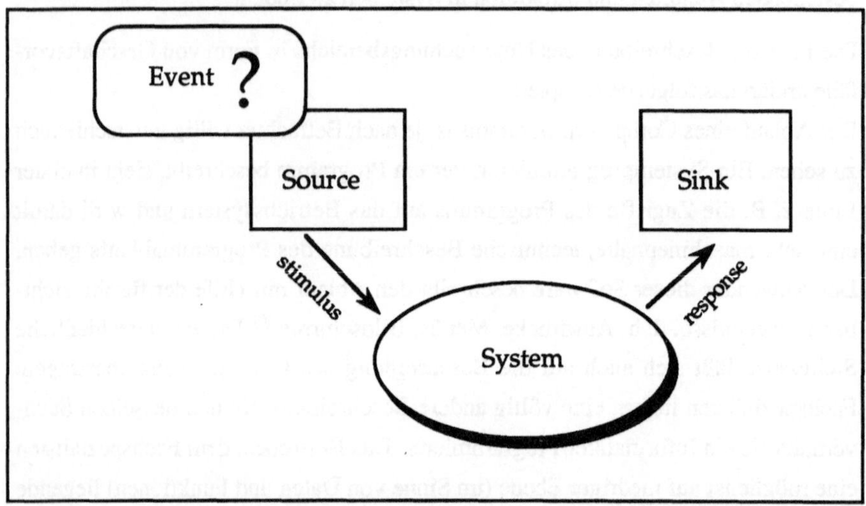

Abb. 4.32.: Zusammenhang Event, Source, Stimulus, System, Response and Sink nach Kowal, J. A., System Analysis, S. 243.

Die Abbildung beschreibt folgenden Sachverhalt: Im "System" sind vordefinierte Abläufe gespeichert, die unter gewissen Umständen stattfinden. Dieses System entspricht damit dem Kern eines Geschäftsvorfalls und besteht aus manuellen Aufgaben und maschinellen Transaktionen. Damit diese vordefinierten Arbeitsschritte ausgeführt werden, muß das System "stimuliert" werden. In unserem Fall geschieht dies z. B. durch Tastatureingabe, Ablauf einer gewissen Zeitspanne usw. Da normalerweise anzunehmen ist, daß sich das System nicht aus Selbstzweck betätigt, ist die zentrale Frage, warum diese "Stimulanz" erfolgt. Die Begründung da-

---

79   Kowal, J. A.: Analyzing Systems, Prentice Hall, Englewood Cliffs 1988, S. 252

für liefert der sogenannte "Vorfall" (event)[80] Mit englischen Worten ausgedrückt: " An ... event is some happening in the universe that motivates a source to present a stimulus to the system."[81]

Wenn also ein solcher Vorfall stattfindet, so wird irgendjemand (oder auch -etwas) dazu veranlaßt, das System direkt oder, im Normalfall, über einen Anwender zum Arbeiten zu bewegen. Das System führt daraufhin die für den Vorfall bzw. in weiterer Folge den für den "stimulus" vorgesehen Arbeitsablauf aus und erzeugt eine Antwort (response), die hoffentlich nicht nur für die Ablage bestimmt ist (vornehm ausgedrückt für "sink"). Dieser gesamte Vorgang wird im folgenden als Geschäftsvorfall bezeichnet.

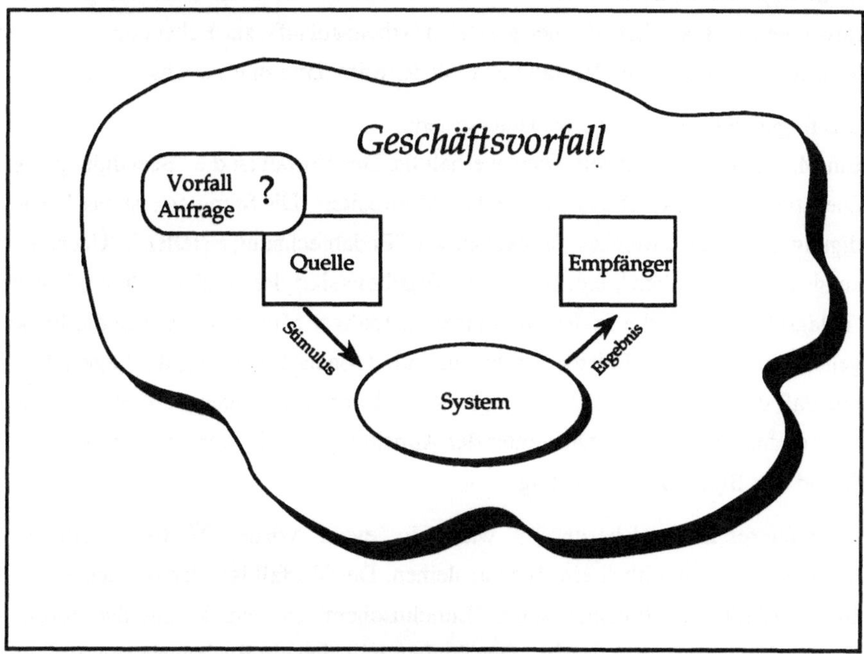

Abb. 4.33.: Geschäftsvorfall

In einem weiteren Schritt muß der Begriff "System" angepaßt werden. Der Untersuchungsbereich wurde weiter oben bereits beschrieben. Die Abgrenzung erfolgt vor allem auf der Ebene der Stellen. Es liegt daher nahe, auch hier die Stelle als jene Einheit zu bestimmen, auf die sich ein Vorfall bezieht.

---

80   Shlaer, S., Mellor, S.: Object-Oriented Systems Analysis, Modeling the World in Data, Englewood Cliffs 1988, S. 93ff.

81   Kowal, J. A.: Analyzing Systems, a.a.O., S. 242.

In der Praxis hat sich gezeigt, daß die Schwierigkeit vor allem darin liegt, wie Geschäftsvorfälle voneinander abgegrenzt werden können. Die folgenden Überlegungen dienen der Beantwortung dieser Frage.

Abgrenzung von Geschäftsvorfällen (GV)

Wesentliches Kriterium für einen GV ist der *event* (Vorfall). Der Eintritt eines solchen Vorfalls kann drei Ursachen haben. Einmal eine externe Nachfrage als häufigsten Anlaß. Die zweite Möglichkeit ist der automatische Eintritt in Folge des Ablaufs einer definierten Zeitperiode (z. B. Listen am Monatsende). Eine dritte Möglichkeit ist denkbar, aber selten: Ein interner *event*, d. h. selbständiges Tätigwerden, z. B. auf Grund eines gestörten Arbeitsablaufs, zur Behebung von Fehlern, etc. Wichtig ist, den Vorfall nicht mit der Stimulanz zu verwechseln.

Das folgende Beispiel zeigt den Unterschied:

Ein Mitarbeiter beendet sein Dienstverhältnis. Der Vorfall ist die "Beendigung des Dienstverhältnisses". Die Quelle ist der "Mitarbeiter". Die Stimulanz ist das "Kündigungsschreiben", welches Tätigkeiten wie "Endabrechnung erstellen", "Überweisungsträger schreiben", etc. beinhaltet. Ergebnis sind die "Endabrechnung", der "Erlagschein", etc., die an die Empfänger ehemaliger Mitarbeiter und an die Bank gehen. (Ein ähnliches Beispiel ist die laufende Monatsabrechnung für Angestellte, nur daß dann eventuell kein externer Vorfall vorliegt, sondern ein Vorfall auf Grund eines Zeitablaufs. Dies unter der Annahme, daß die Abrechnung nicht auf Grund von BDE-Systemen erfolgt).

Ein weiteres Beispiel beschreibt, wann ein "event" vorliegt.[82] Eine Studentin möchte in der Bibliothek ein Buch ausleihen. Der Vorfall ist "Person möchte ein Buch ausleihen", Stimulanz ist der "Entlehnschein" etc. Nun könnte der Vorfall auch weiter interpretiert werden. Der Student will sich ein Buch ausleihen, weil er es für eine Seminararbeit benötigt (event "Seminararbeit anfertigen"). Damit ginge aber der direkte Zusammenhang zwischen *event* und nachfolgenden Arbeitschritten verloren. Beispielsweise könnte der Student ein Buch auch kaufen und nicht ausleihen.

Die Beispiele zeigen:

-   **Muß-Kriterium für einen GV ist der Eintritt eines *events*.**
-   **Ein *event* liegt dann vor, wenn darauf direkt (durch eine Stimulanz) eine geplante Verarbeitung erfolgt.**

---

82   Kowal, J. A.: Analyzing Systems, a.a.O., S. 245.

Jeder solcher Vorfall verursacht eine darauffolgende Verarbeitung. Diesen Vorgang bezeichnen wir als *Szenario*. Das Wesen eines solchen Szenarios ist, daß es eine Reihe von einzelnen Tätigkeiten enthält, die in Summe zum erwünschten Ergebnis führen sollen. Selbstverständlich kann es innerhalb eines Szenarios zu Schleifen oder Verzweigungen im Arbeitsablauf kommen. Damit es zu keiner unstrukturierten Beschreibung kommt, gilt aber die folgende Grundregel: Eine Tätigkeit, die einem GV zugeordnet ist, darf keinen Datenfluß zu einer Tätigkeit eines anderen GV haben. Dies würde dazu führen, daß ein GV einen anderen aufruft ohne vorher zur Gänze abgeschlossen zu sein. Es ist daher möglich, daß einzelne Tätigkeiten in mehren GVen vorkommen.

Für die Erhebung ergibt sich nun ein weiteres Problem. Dem Szenario, welches auf Grund eines Vorfalls stattfindet, kann möglicherweise nicht auf eine Stelle beschränkt sein. Der Vorfall "Beendigung des Dienstverhältnisses" führt z. B. nicht nur zur beschriebenen Endabrechnung, sondern auch zum "Ausstellen eines Dienstzeugnisses", wofür etwa der Personalchef selbst zuständig ist.

Daraus ergeben sich zwei Aspekte:

(1) Um diesen Sachverhalt darstellen zu können, muß es erlaubt sein, daß unterschiedliche GVe auf dem gleichen event beruhen. Mit anderen Worten kann ein event Bestandteil eines oder mehrerer Geschäftsvorfälle sein.

(2) Der zweite, sehr erwünschte Effekt besteht darin, daß sich solche GVe, die auf denselben events beruhen, geradezu zur Reorganisation anbieten. D. h. bei der Überarbeitung des Ist-Zustands zum Soll-Zustand können durch eine neue Definition der Szenarien - und damit verbunden der Stellenbeschreibungen - solche Abläufe rationalisiert werden.

Ähnliches gilt auch für den Fall, daß mehrere events zu gleichen Geschäftsvorfällen gehören. Wenn es sich dabei um dieselbe Stelle handelt, so ist wahrscheinlich der event nicht richtig definiert. Zum Beispiel gibt es wenig Sinn, aus "Ausleihe eines Buchs" zwei events "Ausleihe einer Monografie" und "Ausleihe gebundener Zeitschriften" zu machen, wenn beide Vorfälle zum gleichen Szenario führen. Sind jedoch mehrere Stellen mit diesen gleichen Geschäftsvorfällen beschäftigt, müssen diese im Ist-Zustand auch mehrfach angeführt werden, und es gilt dasselbe über die Reorganisationsmöglichkeiten wie bereits beschrieben.

Nach dieser relativ ausführlichen Beschreibung zur Definition von GVen und deren Funktion als Schlüsselpunkt der events noch eine kurze Bemerkung zur Benennung von GVen. Dadurch, daß jeder GV als Muß-Merkmal einen event voraussetzt, liegt es nahe, den GV nach dem event zu benennen. Gehören mehrere events zu einem GV, so kann entweder versucht werden, einen gemeinsamen Überbegriff zu finden oder den wichtigsten event (falls es einen solchen gibt) zur Namensgebung heranzuziehen. Gehört ein event zu mehreren GV, so wird es sich im Regelfall auch um den selben GV handeln, sodaß eine Namensgleichheit durchaus erwünscht ist.

Arbeitsschritte zur Definition von Geschäftsvorfällen

Ausgangspunkt ist ein personell und fachlich möglichst eindeutig abgegrenzter Untersuchungsbereich. Dies ist die Voraussetzung für die Ermittlung aller betroffenen Stellen. Für jede dieser Stellen sind im nächsten Schritt die Geschäftsvorfälle zu erheben. Dies geschieht entweder durch den Stelleninhaber selbst, oder auch durch entsprechend kompetente Projektmitarbeiter (damit geht aber die Motivation des "Gefragt-werdens" für den Anwender verloren). Das Hauptinteresse gilt jedoch der Definition der Geschäftsvorfälle an sich. Die folgenden Anleitung helfen dabei:

(1) Im ersten Arbeitsschritt sind alle events, welche eine Stelle betreffen, zu definieren (sammeln). Dabei spielt es vorerst keine Rolle, ob es sich um regelmäßig auftretende Vorfälle handelt (z. B. Anfrage eines Kunden) oder um unregelmäßige (Statistik für den Abteilungsleiter). Auch sollen hier explizit nur solche Vorfälle aufgelistet werden, die es bereits gibt und nicht solche, die wünschenswert wären. Damit wird eine vorzeitige Beschäftigung mit dem Sollzustand vermieden und der Gefahr vorgebeugt, sich nicht vorzeitig in Details zu verlieren oder diese zumeist attraktivere, kreative Arbeit der langweiligen Erhebung des Ist-Zustands vorzuziehen. Praktische Erfahrungen haben gezeigt, daß es sich empfiehlt, zuerst eine Liste von events zu erstellen und erst danach eine genauere Beschreibung des Geschäftsvorfalls zu erstellen. Dies ist aber nicht zuletzt eine Frage des persönlichen Arbeitsstils. Möglicherweise ist es auch sinnvoll, events getrennt nach externen, internen und zeitabhängigen Kriterien aufzulisten.

Parallel dazu können auch gleich Listen, Formulare und andere schriftlich vorliegende Informationen gesammelt werden.

(2) Auf Grund der definierten Vorfälle (events) und Informationen erfolgt die Identifikation der Input-Informationen, die darauf hinweisen, daß ein event aufgetreten ist (in der Grafik weiter oben als "stimulus" bezeichnet). Beispiele dafür sind ausgefüllte Formulare, mündliche Anfragen, Schriftstücke etc. Existieren keine solchen Stimuli, so muß es sich definitionsgemäß um einen internen event oder um

einen durch Zeitablauf eintretenden event handeln. Gleichzeitig ist auch die Informationsquelle festzuhalten, d. h. der Input-Information für die gerade untersuchte Stelle wird die anfragende (auslösende) Stelle zugeordnet.

Auf dieser Basis können bereits erste Geschäftsvorfälle definiert werden. Diesen GVen werden events, Input-Informationen und Output-Informationen zugeordnet.

(3) Die Schritte 1 und 2 werden mit wechselseitiger Berücksichtigung so lange wiederholt, bis alle events, GVe und Informationen gegenseitig zugeordnet sind.

(4) Zuletzt sind die Szenarios mit Aufgaben, Daten und Aufgabenstruktur für jeden GV in der gewünschten Tiefe zu speichern.

Die Daten sind entsprechend dem datenorientierten Ansatz, welcher am Beginn dieses Kapitels beschrieben wurde, bereits zum Teil definiert und festgehalten. Auf diese Informationen kann hier bereits zurückgegriffen werden, bzw. diese Informationen werden ergänzt. Daraus ergibt sich, daß es eine Schnittstelle zwischen dem System für die Informationsbedarfsanalyse und dem System des Datenentwurfs geben muß. Da sich eine solche Schnittstelle kaum generell definieren läßt, wird dieses Problem im Prototyp so gelöst, daß das System für den Datenentwurf durch ein Datadictionary simuliert wird. Dieses ist möglichst einfach gehalten und besteht aus einem Entitätstyp *Daten* mit den zugehörigen Minimal-Attributen, die für eine Beschreibung notwendig sind.

Bei der Definition von Aufgaben sind unter Berücksichtigung der Rahmenbedingungen für das jeweilige Szenario die notwendigen einzelnen Arbeitsschritte (manuelle Aufgaben und Transaktionen) anzugeben, die zum gewünschten Ergebnis führen. Wie tief diese Unterteilung erfolgen muß, hängt von der Art des Projekts und des Untersuchungsbereichs ab. Für Softwareentwicklungs-Projekte wird in der Regel eine wesentlich detailliertere Untersuchung und Beschreibung notwendig sein als dies z. B. für die Einführung von Standardsoftware der Fall ist. Die folgenden Vorschläge geben Anhaltspunkte für die Unterteilung in Aufgaben.

Aufgaben sind Tätigkeiten, die für die Durchführung eines eruierten Geschäftsvorfalls unbedingt notwendig sind. Damit müssen folgende Kriterien erfüllt werden:

-     Die Aufgabe muß auf den Geschäftsvorfall ausgerichtet sein, der Geschäftsvorfall ist auf die Ziele der Unternehmung ausgerichtet. Damit ist z. B. "Büro aufräumen" nicht zu berücksichtigen (es sei denn, es handelte sich um eine Reinigungsfirma).

- Es ist zu unterscheiden, ob es sich um eine originäre Aufgabe handelt oder um eine Hilfstätigkeit innerhalb einer anderen Aufgabe. "Telefonieren" kann beispielsweise ein Hilfsmittel sein, das bei der Aufgabe "Angebot erstellen" (fallweise) benötigt wird. Anderseits kann es sich bei "Telefonieren" auch um eine wesentliche Aufgabe einer Marketingstelle handeln.

- Die Bedeutung einer Aufgabe sollte nicht ausschließlich auf Detailabläufe beschränkt sein. Dies ist sicher abhängig vom Detaillierungsgrad der Untersuchung und somit eine schwer zu beschreibende Forderung. Als Richtlinie kann man sich z. B. darauf einigen, nur Tätigkeiten zu beschreiben, welche einen gewissen (geschätzten) Anteil der Jahresarbeitszeit einer Stelle ausmachen (z. B. mindestens 5 Mitarbeitertage/Jahr).

Die angeführten Kriterien gelten sinngemäß für alle Untersuchungstiefen. Endet die Untersuchung bei der Definition der Geschäftsvorfälle (ohne Unterteilung der Szenarien in Arbeitsabläufe), so sind diese Kriterien z. B. auf die GV anwendbar.

4.3.2.4. Abbildung der Analyse

Abb. 4.34. zeigt die Struktur der benötigten Datenbank.

Im Entitätstyp *Geschäftsvorfälle* sind nur allgemeingültige Eigenschaften des Geschäftsvorfalls abgebildet. Dafür finden sich dann Entitätstypen wie Szenario, Aufgaben, Event und Information.

Geschäftsvorfälle

GV-Nummer	Primärschlüssel
Bezeichnung	Text
Beschreibung	Hypertext-Feld
Probleme und Lösungsvorschläge	Hypertext-Feld

Das Feld *Probleme und Lösungsvorschläge* gibt dem Befragten die Möglichkeit, neben der eigentlich gewünschten Information auch seine persönliche Sicht der Dinge einzubringen. Damit können einerseits wichtige Punkte angesprochen werden, die ohne diese Möglichkeit wahrscheinlich erst zu einem späteren (und damit für Änderungen teureren) Zeitpunkt aufgetreten wären, andererseits gibt dies dem Befragten das Gefühl, über die bloße Auskunft hinaus mitreden zu können. Natürlich ist auch die originäre Funktion als Platzhalter für tatsächliche Probleme nicht zu unterschätzen.

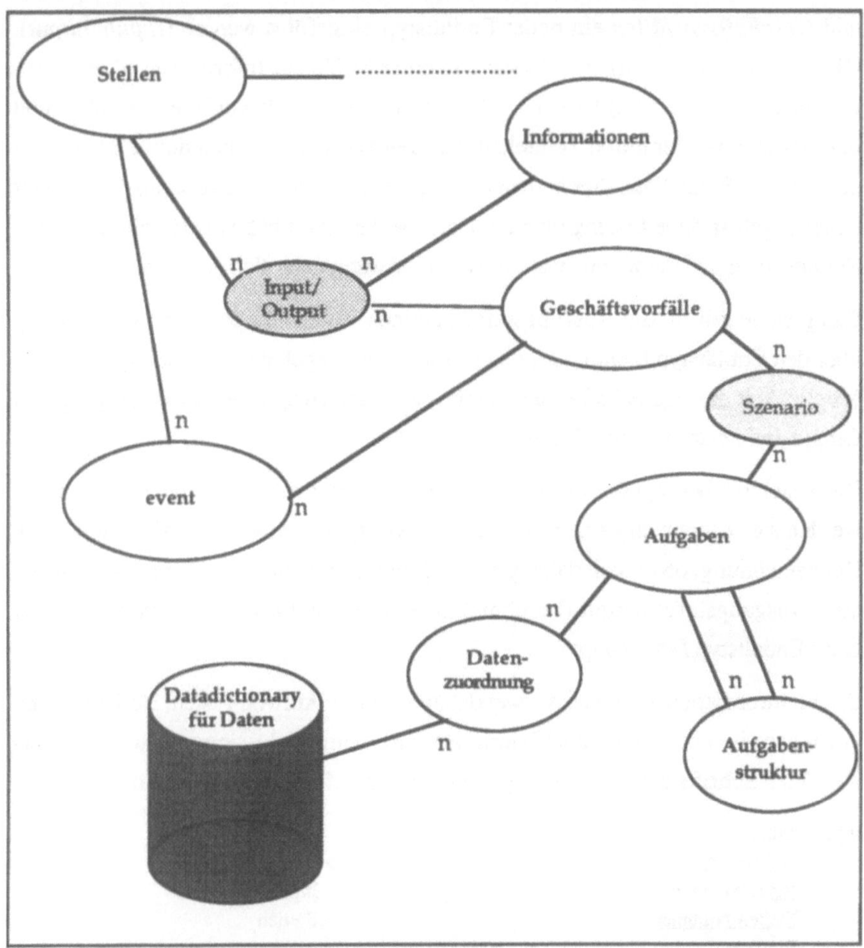

Abb. 4.34.: Datenbankstruktur für die Abbildung der Analyse

Die folgenden Entitätstypen dienen zur Speicherung von Eingangs-(Input) und Ausgangsinformationen (Output) im Geschäftsvorfall. Diese dürfen nicht mit den klassischen Eingangs- und Ausgangs**daten** verwechselt werden, welche später beim Entitätstyp *Aufgaben* benötigt werden. Hier befinden wir uns noch auf einer höheren Stufe im Detaillierungsgrad der Untersuchung. Die Eingangs- und Ausgangsinformationen liegen in der Regel als Formulare, Listen, Berichte, mündliche Anfragen oder formfreie schriftliche Anfragen vor und sind im Sinne des oben beschriebenen Aufbaus als *Stimulus* bzw. als *Ergebnisse* zu verstehen. Damit läßt sich auch die Datenbankstruktur erklären: Jeder GV hat eine oder mehrere Input-Informationen, welche die Arbeitsgrundlage für die Aufgaben des Szenarios bieten. Eine Input-Information kann aber auch zu mehreren Geschäftsvorfällen gehören. Um diese n:m Beziehung zu normalisieren, muß zwischen (Input)*Informationen* und *Geschäftsvorfällen* ein neuer Entitätstyp eingeführt werden (*Input/Output*). Dieser dient gleichzeitig zur Zuordnung einer Stelle zur Information (d. h.: wer - welche Stelle - ist die Quelle der Information). Geschäftsvorfälle, die auf Grund interner events oder durch Zeitablauf zustandekommen, werden durch Zuordnung der eigenen Stelle bzw. durch Ausprägung einer Input-Information als "Zeit" oder "Intern" gelöst. Eine Lösung über die Datenbankstruktur hätte die Einführung neuer Entitätstypen und damit eine weitere Komplizierung nach sich gezogen.

Das gleiche gilt für die Ausgangsinformationen. Auch hier passiert die Auflösung über den Entitätstyp *Input/Output* und - sollte kein Ergebnis nach außen gehen - die Möglichkeit die eigene Stelle zuzuordnen bzw. eine entsprechende Ausprägung von Output-*Informationen* zu wählen.

Da es sich bei bei Input- und Outputinformation um identische Datentypen handelt, werden sie zusammengezogen zum Entitätstyp *Information* (siehe Abbildung). Die Kennzeichnung, ob es sich dabei um eine Eingangsinformation (Stimulus) oder um eine Ausgangsinformation (Ergebnis) handelt, erfolgt über ein Attribut *Ein/Aus* beim Entitätstyp *Input/Output*.

Da die Informationen im hier verwendeten Sinn in Form von Listen, Berichten, etc. vorliegen, ist eine allzu spezifizierte Beschreibung nicht sinnvoll, weil die verwendeten Schriftstücke physisch gesammelt und aufbewahrt werden können.

```
Input/Output
     GV-Nummer                          -> Geschäftsvorfälle
     Input-Nummer                       -> Input-Info
     Stellen-Nummer                     -> Stellen
     Ein/Aus
     Übermittlung durch                 Text

Informationen
     Info-Nummer                        Primärschlüssel
     Bezeichnung                        Text, Ordnungsbegriff
     Beschreibung                       Hypertext-Feld
     Qualität                           Text
     Probleme und Lösungsvorschläge     Hypertext-Feld
```

Im Feld *Übermittlung durch* wird der Modus der Informationsübermittlung eingegeben. Ausprägungen sind z. B. mündlich, auf Datenträger, schriftlich, mit Formular. Das Feld *Qualität* bietet die Möglichkeit, die Weiterverarbeitungsqualität der Informationen zu bezeichnen. Mögliche Ausprägungen sind: Direkt zu verarbeiten, nur nach mehrmaliger Nachfrage, Datenformat muß konvertiert werden. Für das Attribut *Probleme und Lösungsvorschläge* gilt sinngemäß die Begründung bei den Geschäftsvorfällen.

Zwischen den Entitätstypen *Events* und *Geschäftsvorfälle* besteht eigentlich eine n:m Beziehung. Hier wurde aber zu Gunsten einer besseren Übersichtlichkeit und Geschwindigkeit die Einschränkung getroffen, daß ein (oder mehrere) event(s) zu genau einem GV führen.

Ähnliches gilt für die Verbindung zu *Stellen*. Auch hier gehört jeder event nur zu genau einer Stelle. In abweichenden Fällen müssen zusätzliche events definiert werden!

Events

event-Nummer	Primärschlüssel
Bezeichnung	Text, Ordnungsbegriff
Beschreibung	Hypertext Feld
Häufigkeit	Text
Art	intern, extern, zeitabhängig

Jeder Geschäftsvorfall besitzt ein Szenario, welches aus einer gewissen Anzahl von durchzuführenden Aufgaben besteht. Datenbankmäßig wird dieser Sachverhalt durch eine n:m Beziehung zwischen *Geschäftsvorfälle* und *Aufgaben* dargestellt, welche durch den Entitätstyp *Szenario* normalisiert wird.

Szenario

GV-Nummer	-> Geschäftsvorfälle
Aufgaben-Nummer	-> Aufgaben

Aufgaben

Aufgaben-Nummer	Primärschlüssel
Bezeichnung	Text, Ordnungsbegriff
Beschreibung	Hypertext-Feld
verwendete Hilfsmittel	Text
Jahresaufwand in Mitarbeitertagen (MT)	
Anzahl/Jahr	

Aufgabenstruktur

Übergeordnete Aufgaben-Nummer	-> Übergeordnete Aufgabe
Untergeordnete Aufgaben-Nummer	-> Untergeordnete Aufgabe
Beschreibung	Hypertext-Feld

Besondere Erwähnung beim Entitätstyp *Aufgaben* verdienen die Attribute verwendete Hilfsmittel, Jahresaufwand in MT und Anzahl proJahr. Hilfsmittel sind beispielsweise PC-Anwendungen, Mainfraim-Anwendungen, Schreibmaschine, Papier und Bleistift, Telefax, Telefon. Mehrfachnennungen sind natürlich möglich, daher auch die Definition als Textfeld. Dies ist zwar datenbanktheoretisch nicht einwandfrei gelöst, dient aber der Übersichtlichkeit und Vereinfachung bei der Dateneingabe. Daher wird diese Unschärfe bewußt in Kauf genommen. Der Jahresaufwand und die Anzahl pro Jahr, die eine Aufgabe wahrgenommen werden muß, dienen der Erstellung eines Mengengerüsts und damit zur Abschätzung des quantitativen Anteils einer Aufgabe an der Gesamtarbeitszeit einer Stelle (Rationalisierungspotential!). Damit sind z. B. Daten für eine folgende Gemeinkostenwertanalyse vorhanden.

Der Entitätstyp *Aufgabenstruktur* erlaubt die weitere Strukturierung von Aufgaben in Teilaufgaben (welche auch als Aufgaben bezeichnet und gespeichert werden). Damit wird aber nichts über die Reihenfolge in der Ausführung der Aufgaben ausgesagt. Die Abfolge der Aufgaben kann je nach Geschäftsvorfall variieren und wird daher durch die Reihenfolge der Zuordnung (*Szenario*) bestimmt.

Die Schnittstelle zwischen Aufgaben und deren Ein- und Ausgangsdaten wird mit Hilfe des Entitätstyps *Datenzuordnung* getroffen.

Datenzuordnung

<u>DatenNr</u>	-> Daten
<u>AufgNr</u>	-> Aufgaben
EinAus	Text

Das Datadictionary für Daten besteht physisch aus einer Datei mit folgendem Aufbau:

Daten

<u>Daten-Nummer</u>	Primärschlüssel
Bezeichnung	Text, Ordnungsbegriff
Beschreibung	Hypertext-Feld
Herkunft	Text
Erfassung	Text

Datenempfänger und Datenherkunft müssen nicht gesondert spezifiziert werden, da sich Aufgaben definitionsgemäß nur innerhalb eines Geschäftsvorfalls befinden und diese wiederum zur gleichen Zeit nur eine Stelle betreffen.

4.3.2.5. Detaillierungsgrad der Untersuchung

Erfahrungsgemäß stellt die Untersuchungstiefe bei jeder (Informationsbedarfs-) Analyse ein Problem dar. Auch hier kann dieses Problem nicht allgemeingültig gelöst werden. Letztlich ist dies ein Punkt, bei dem von der Erfahrung und dem Augenmaß des Projektleiters und/oder der Teammitglieder abhängt, ob eine Untersuchung zu intensiv betrieben wird und damit hohe Kosten verursacht, oder ob auf Grund einer schlechten Analyse viele nachträgliche Änderungen - ebenfalls mit hohen Kosten verbunden - anfallen. Auch die Literatur hat in dieser Hinsicht nicht viel zu bieten. Eine der bekanntesten allgemeinen Richtlinien ist die sogenannte 80:20-

Regel, welche generell für Automatisierungsprojekte Gültigkeit hat, in denen eine Anzahl mehr oder weniger einfacher Fälle zu behandeln ist. Sie sagt folgendes aus: 20 % der Sonderfälle verursachen ca. 80 % des Aufwandes für Untersuchung und Implementierung, während 80 % einer kompletten Lösung mit 20 % des Gesamtaufwands erreicht werden können.[83]

Einen ähnlichen Ansatz zeigt die folgende Abbildung:

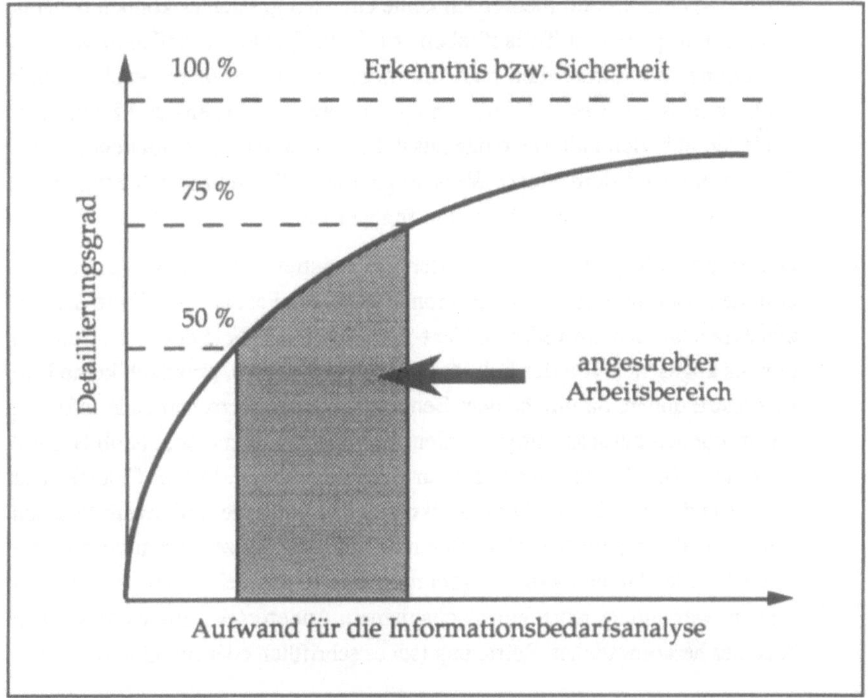

Abb. 4.35.: Der Grenznutzen für die Informationsbedarfsanalyse nimmt mit zunehmendem Detaillierungsgrad ab. Quelle: Siemens[84]

Wenn es also nicht möglich ist, generelle Regeln für die Untersuchungstiefe anzugeben, so muß zumindest das Werkzeug so gestaltet sein, daß ein iteratives Vorgehen möglich ist, d. h. die Untersuchung muß an jedem beliebigen Grad der Detaillierung abgebrochen und ganz oder an einzelnen Punkten weiter vertieft werden können. Dieser Umstand wird im oben beschriebenen Datenmodell auf zwei Wegen berücksichtigt:

---

83   Zehnder, C. A.: Informatik-Projektentwicklung, a.a.o, S. 34.
84   Siemens (Hrsg.): Organisationsplanung, a.a.O., S. 308.

a)   Die Unterteilung von Geschäftsvorfällen in Aufgaben und die Möglichkeit, Aufgaben in Teilaufgaben zu unterteilen.

Der geringstmögliche, sinnvolle Detaillierungsgrad ergibt sich durch die Möglichkeit, einem Geschäftsvorfall nur eine Aufgabe zuzuweisen. (Es ist auch möglich, Geschäftsvorfälle ohne Aufgaben zu definieren; damit gehen aber auch andere Informationen verloren bzw. können nicht berücksichtigt werden, wie Aufwand in MT und die Eingangs- und Ausgangsdaten). Nach unten sind dem Modell theoretisch keine Grenzen gesetzt, es können beliebig viele Teilaufgaben zu Teilaufgaben, zu Teilaufgaben, ... definiert werden. Die Grenze des Sinnvollen liegt hier dort, wo ein Problem bereits soweit strukturiert ist, daß es sich vollständig in Form von Daten- und Funktionsmodellen abbilden läßt, ohne daß zusätzliche Erläuterungen notwendig sind. Dann gibt es auf dem Markt Werkzeuge, die z. T. automatisch Programmcode generieren können und somit hilfreicher sind.

b)   Die zweite Möglichkeit, die Untersuchungstiefe möglichst variabel zu gestalten, ist durch die Felddefinitionen gegeben. Fast alle Attribute der Entitätstypen wurden entweder als Text- oder Hypertext-Feld definiert. Dadurch gibt, es abgesehen von der Feldlänge (bei Textfeldern), praktisch keine Eingaberestriktionen. Sämtliche dem Benutzer interessant erscheinende Informationen können berücksichtigt werden, und das annähernd so, als ob er diese auf einem Notizblock oder Formular festhalten würde. Dieser Chance steht auf der anderen Seite das hohe Risiko einer bewußt oder unbewußt falschen Dateneingabe gegenüber. Dem Benutzer wird die ganze Verantwortung für eine korrekte Dateneingabe aufgebürdet, es erfolgen keine Plausibilitätsprüfungen oder andere Korrekturmechanismen. Andererseits gibt es diese auch bei einer herkömmlichen Befragung (sei es schriftlich oder mündlich) nicht!

Die hohe Flexibilität bei der Informationsbedarfsanalyse birgt eine wesentliche Gefahr in sich: Unangenehme Teilgebiete werden weniger intensiv bearbeitet, während andere bis ins letzte Detail ausgeführt werden. Diese Fehlerquelle ist daher durch andere Mechanismen auszuschalten. Erfolgt die mangelhafte Beschreibung bei der Befragung der Fachbereichsmitarbeiter, so muß das Projektteam auf eine ausreichende Bearbeitung des Untersuchungsgebiets drängen. Dies geschieht unabhängig von der Befragungsform (Fragebogen, Interview, Selbstaufschreibung, usw.) schon heute und auch bei einer computergestützten Befragungsform wird es immer wieder notwendig sein, durch Interviews zusätzliche Informationen nachzufragen bzw. zu klären. Hat das Projektteam selbst Leichen im Keller versteckt, so greift der Mechanismus des Projektcontrollings.

Zusammenfassend ist festzuhalten, daß mit zunehmendem Projektverlauf die Informationen sukzessive zu verbessern sind, andererseits aber nie eine 100%ige

Information besteht, weil sich das System im Rahmen einer lebenden Umwelt ständig ändert. Dieser Sachverhalt wird durch die folgende Abbildung dargestellt:

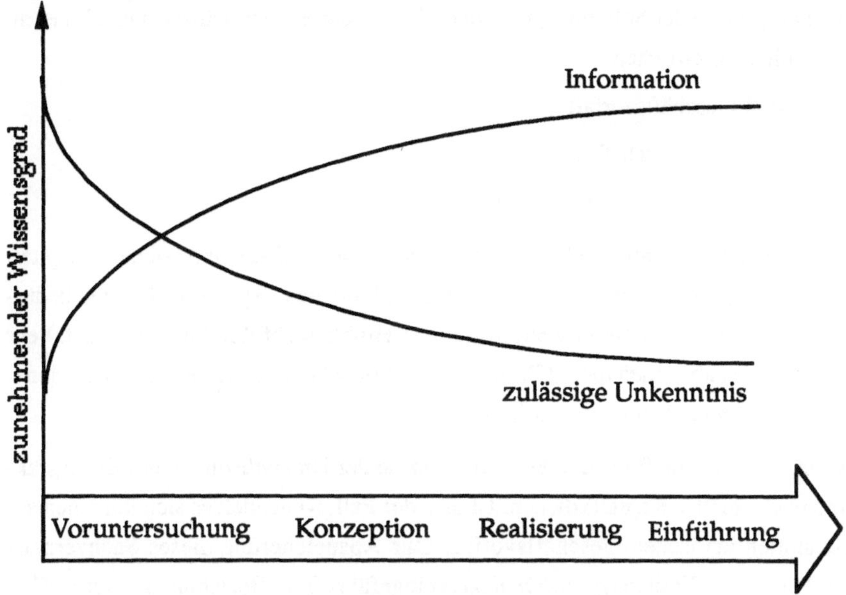

Abb. 4.36.: Zunehmende Information im Projektverlauf,
Quelle: Daenzer[85]

4.3.2.6. Die Konzeption des Sollzustands

Durch die Konzeption des Sollzustands werden neue, realisierbare Wege und Lösungen für organisatorische und technische Abläufe gesucht oder bestehende Abläufe bestätigt. Daraus ergeben sich auch zwei Extremvarianten im Vorgehen:

(1)   Modellorientiertes Arbeiten zur Verwirklichung von Idealvorstellungen: Das Projektteam versucht, auf allgemeingültigen Erkenntnissen der Betriebswirtschaft oder anderen Gebieten aufbauend, in einem kreativen Prozeß Idealmodelle für den Ablauf zu entwickeln.

(2)   Praxisorientiertes Vorgehen auf Basis des Ist-Zustands: Ausgangspunkt der Arbeiten ist der Ist-Zustand mit seinen Vor- und Nachteilen.

Jeder Planungsprozeß besteht aus einer Kombination dieser beiden Komponenten. Planung bzw. Konzeption des Sollzustands ist daher ein "... laufendes Wechsel-

---

85   Daenzer, W. F. (Hrsg.): Systems Engineering, a.a.O., S. 35.

spiel zwischen modell- und praxisorientierter Arbeit, wobei die Modelle ständig verfeinert und die Untersuchungen vertieft werden."[86]

Ausgangspunkt der Sollkonzeption sind die definierten Geschäftsvorfälle. Es ist zu unterscheiden zwischen:

a)   Muß-Geschäftsvorfall

b)   Kritischer Geschäftsvorfall

c)   zu prüfender Geschäftsvorfall

Muß-Geschäftsvorfälle sind - ähnlich den Muß-Geschäftsfeldern (siehe 3. Kapitel) - unbedingte Voraussetzung zur Aufrechterhaltung des Tagesgeschäfts. Sie bedürfen daher keiner weiteren Rechtfertigung in Hinblick auf ihre Sinnhaftigkeit. Sehr wohl können aber auch diese GV auf organisatorische und/oder technische Rationalisierungspotentiale hin untersucht werden.

Alle GV sind daraufhin zu untersuchen, ob sie der Unterstützung eines Erfolgsfaktors (siehe drittes Kapitel) dienen. Ist dies der Fall, so handelt es sich um einen sogenannten kritischen Geschäftsvorfall. Zur Abspeicherung dieses Sachverhalts wird ein neuer Entitätstyp *Abhängigkeit* eingeführt (n:m Beziehung zwischen *CSF* und *Geschäftsvorfälle*).

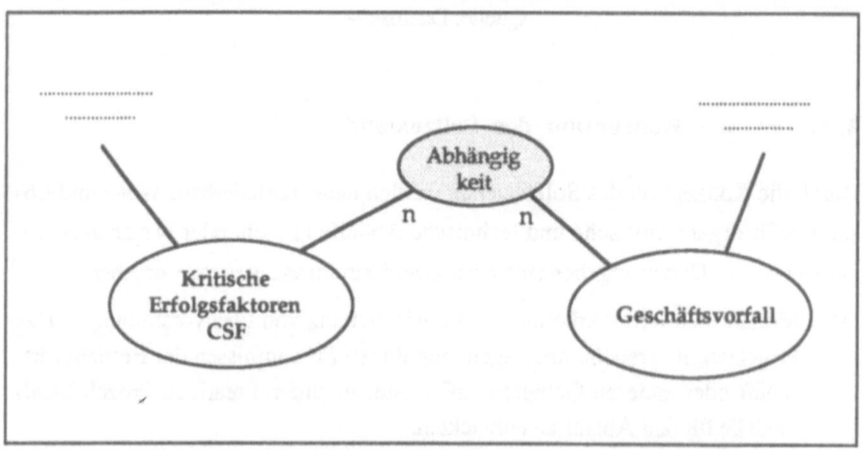

Abb. 4.37.: Externes Schema CSF - Geschäftsvorfälle

Abhängigkeit
    GV-Nummer
    CSF-Nummer
    Begründung   Hypertext-Feld

---

[86]   Siemens (Hrsg.): Organisationsplanung, a.a.O.; S. 75.

Der Entitätstyp GVe wird um das Attribut *Art des GV* erweitert.

Geschäftsvorfälle
GV-Nummer	Primärschlüssel
Bezeichnung	Text
Beschreibung	Hypertext-Feld
Probleme und Lösungsvorschläge	Hypertext-Feld-Feld
Art des GV	Text

Alle GV, welche weder zur einen noch zur anderen der bisher beschriebenen Kategorien zu zählen sind, werden als zu prüfende GVe eingestuft. Es ist zu prüfen, ob diese GVe nicht gänzlich eingespart werden können. Damit zusammenhängend erfolgt auch die Überprüfung der Sinnhaftigkeit des/der events die zu diesem GV gehören.

Neben der Einteilung der GVe in die oben angeführten Kategorien ist auch die Beschreibung bzw. der Ablauf der GVe in der Konzeption neu zu überdenken. Dies führt entweder zu einem geänderten Ablauf des GVs oder zur Bestätigung der bisher geltenden Organisation. Diese Überprüfung beinhaltet selbstverständlich alle mit dem Geschäftsvorfall zusammenhängenden Informationen. D. h. auch events, Aufgaben, Aufgabenstruktur, Eingangsinformationen, Ausgangsinformationen, Daten, Listen und Berichte werden für jeden GV auf diese Art und Weise geprüft.

4.3.3. Anwendung und Benutzerakzeptanz

Der Nutzen der Anwendung eines Werkzeugs und die Benutzerakzeptanz sind voneinander stark abhängig und können nicht getrennt voneinander betrachtet werden. Unter Benutzer sind jene Personen zu verstehen, welche mit dem Werkzeug arbeiten, während als Anwender die Mitarbeiter der Fachabteilungen bezeichnet werden, welche mit dem bestehenden oder neuen Informationssystem arbeiten.

Benutzer des Werkzeugs können die Projektteam-Mitarbeiter sein und/oder die Anwender in den Fachabteilungen. Wie die Informationsbedarfsanalyse durchgeführt wird, hängt von Faktoren wie Unternehmenskultur, Unternehmensgröße, Einfluß der Abteilung Informatik/Organisation, Art des Projekts, ab. Deshalb werden im folgenden zwei verschiedene mögliche Szenarien einer Analyse unter Einbeziehung des Werkzeugs geschildert:

(1) Einsatz als Analysetool

Das Projektteam betrachtet das Werkzeug als Instrument zur persönlichen Arbeitserleichterung und die Anwender als zu wenig geschult, um das Werkzeug selbst einzusetzen. Die Befragung und Analyse findet nach herkömmlichem Schema statt, die erfragten Informationen werden im nachhinein eingegeben, ausgewertet und weiterverarbeitet. Diese Art der Anwendung ist nur dort sinnvoll, wo der Schulungsaufwand für die Anwender im Gegensatz zum Aufwand, der dem Projektteam durch eine herkömmliche Befragung und nachträgliche Eingabearbeit entsteht, unverhältnismäßig groß wäre. Der Nutzen des Werkzeugs liegt im methodischen Vorgehen, der laufenden Dokumentation, der Möglichkeit, die Ist-Daten direkt weiterzuverarbeiten, gleichem Informationsstand aller Projektmitglieder und in der Schaffung der Informationsbasis für spätere ähnliche oder gleiche Projekte.

(2) Einsatz als Erhebungswerkzeug und Analysetool

In diesem Fall wird das Werkzeug schon für die Befragung der einzelnen Stellen eingesetzt. Dies setzt natürlich eine entsprechende Planung, Koordination und Schulung für die Anwender voraus. Diese Möglichkeit bietet sich vor allem dort an, wo nicht zu viele Stellen bzw. Personen eines Untersuchungsbereichs befragt werden müssen. Ein zu umfangreicher Personenkreis würde wahrscheinlich mehr Aufwand für Koordination und Schulung erfordern als durch das Werkzeug eingespart werden kann. Schließlich ist diese Variante auch von den technischen Möglichkeiten her zu betrachten. Die Befragung bzw. die Informationseingabe ins System sollte am Arbeitsplatz des Anwenders erfolgen - d. h. in der Regel mit Hilfe von tragbaren PC´s. Ist eine entsprechende Anzahl davon vorhanden, so ist diese Befragung sicher mit weniger Aufwand verbunden als eine händische Alternative. Die Auswertung der Ergebnisse und der Entwurf des Soll-Zustands erfolgt durch das Projektteam unter laufender Rücksprache mit den Anwendern. Selbstverständlich sind auch Mischformen denkbar und erwünscht.

Die Akzeptanz des Werkzeugs läßt sich auf mehreren Ebenen betrachten. Eine allgemeine Sicht zeigt Abb. 4.38.

Ausgehend von vorhandenen Verfahren kann nicht mit einer sofortigen Besserung des Problemlösungsprozesses bei der Einführung neuer Methoden gerechnet werden. Zuerst sinkt die Problemlösungskapazität in Folge von natürlicher Ablehnung, welche die meisten Menschen neuen Lösungen entgegenbringen. Darauf folgt eine Phase der Euphorie, der Nutzen wird stark überschätzt und dies führt nach einiger Zeit zwangsläufig zu Frust. Erst nach diesen wechselnden Erfahrungen kommt es zu einer Akzeptanz in dem Sinne, daß Vor- und auch Nachteile gegenüber den bestehenden Verfahren realistisch eingeschätzt werden, und damit ein effektives Arbeiten möglich wird. Dieser allgemeinen Erfahrungskurve stehen persönliche

Einschätzungen der Benutzer gegenüber, die entweder den oben abgebildeten Zustand verschärfen oder abschwächen können.

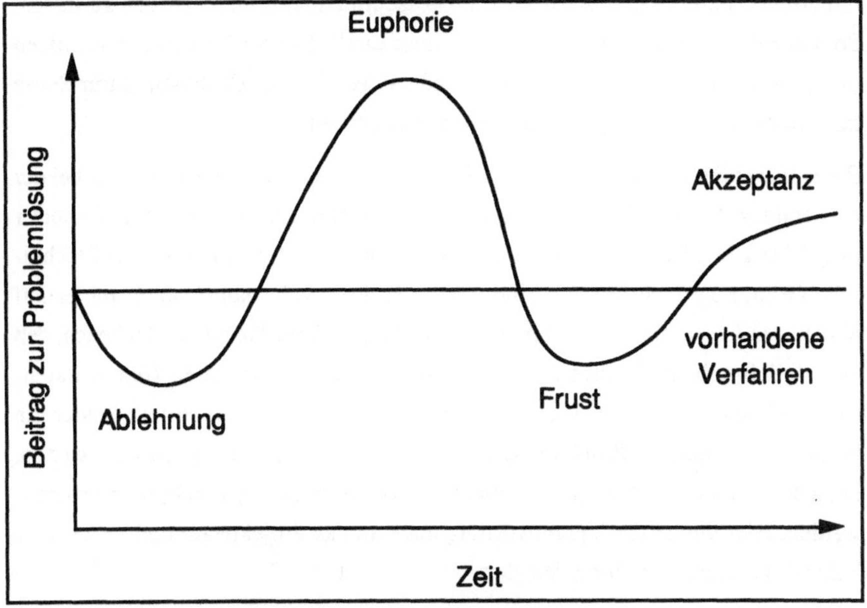

Abb. 4.38.: Akzeptanz neuer Methoden

Wie schon aus den Anwendungsszenarien ersichtlich wurde, gibt es zwei potentielle Benutzergruppen für das Werkzeug: Die Mitglieder des Projektteams und die Mitarbeiter in den Fachabteilungen. Motiviert müssen in erster Linie die Projektteammitarbeiter werden, da diese in weiterer Folge für die Motivation der Fachabteilungen zuständig sind. Am Anfang dieses Kapitels wurden Kriterien angeführt, welche ein Werkzeug zur Informationsbedarfsanalyse besitzen muß. Diese werden nun in Hinsicht auf ihre Relevanz für die Benutzerakzeptanz und in weiterer Folge auf die Erfüllung durch den Entwurf für das Werkzeug hin geprüft.

In Frage kommende Kriterien sind:

Einfachheit, Flexibilität, Vollständigkeit, Kontrollierbarkeit, leichte Einführung des Werkzeugs, d. h. geringer Schulungsaufwand, Wirtschaftlichkeit.

Die Einfachheit im Sinne einer leichten und verständlichen Benutzung ist einmal durch das Grundsystem, auf dem das Werkzeug aufbaut, gegeben (grafikorientierte Oberfläche, Mausunterstützung) und zum zweiten durch die flexible Struktur bei der Dateneingabe. Es müssen zwar Beziehungen zwischen den verschiedenen Entitätstypen hergestellt werden, was bei größeren Anwendungen die Übersichtlichkeit erschwert. Es wurde aber versucht, die Anzahl der Entitätstypen möglichst gering zu halten. Durch Auflösung von nicht normalisierten Beziehungen sind allerdings eine Reihe neuer Entitätstypen entstanden. Daraus ergibt sich für die Implementierung die Forderung, möglichst viele Prozesse im Hintergrund ablaufen zu lassen. So sollte der Benutzer beispielsweise *events* direkt *Geschäftsvorfällen* zuordnen (durch Anklicken mit der Maus), während das Werkzeug selbständig dafür Sorge trägt, daß diese Beziehung normalisiert gespeichert wird.

Ein weiterer Punkt zur Erhöhung der Benutzerakzeptanz ist die Flexibilität bei der Anwendung. Es wird davon ausgegangen, daß es möglich sein muß, dem Benutzer möglichst keine Restriktionen aufzubürden, die nur mit dem Hinweis auf technische Gründe zu rechtfertigen sind. Diese Freiheit geht naturgemäß immer auf Kosten der Auswertbarkeit und meist der Vollständigkeit. Trotzdem glaube ich, daß es möglich sein muß, diese gegensätzlichen Ziele zu vereinen (durch datenbankmäßigen Aufbau die Auswertbarkeit, durch Text- und Hypertext-Felder die Freiheit der Benutzer). Problematisch ist die Frage der Vollständigkeit zu bewerten. Diese kann mit dem vorliegenden Entwurf nur schwer bzw. gar nicht nachgewiesen werden. Hier wurde die Verantwortung noch an das Projektteam und in weiterer Folge das Projektcontrolling delegiert.

Das Kriterium einer leichten Einführung, verbunden mit möglichst geringem Schulungsaufwand, konnte bereits zum Großteil im Entwurf erfüllt werden. Dies zum einen durch die oben bereits angesprochenen Punkte wie Einfachheit und Flexibilität, nicht zuletzt aber auch durch die Möglichkeit des iterativen Vorgehens; das erlaubt bereits Anwendungserfolge auf einem noch sehr niedrigen Detaillierungsgrad der Untersuchung. Trotzdem ist nicht zu übersehen, daß einer der wesentlichsten Punkte zum erfolgreichen Einsatz irgendeines Werkzeugs in der ausreichenden Benutzerschulung liegt: "A technically successful system is an operational failure, if people will not use it."[87]

4.4. Zusammenfassung

Im 4. Kapitel sind die Voraussetzungen für erfolgreiche Informatikprojektabwicklung aufgezeigt. Wichtiger Aspekt ist die personelle Komponente von Projekten. Dies beginnt beim Projektauftraggeber und endet bei den Benutzern. Dabei ist darauf hinzuweisen, daß im Verhältnis zwischen Auftraggeber und Projektteam (mit

---

[87]   Canning, R. (Hrsg.): Manage the Impact of Systems on People. In: EDP-Analyzer, May, 1985, Vol. 23, No. 5, S. 1.

Projektleiter) vor allem das Projektcontrolling funktionieren muß. Im Verhältnis Projektleiter - Teammitarbeiter steht die Motivation und Führung im Vordergrund. Die positive Beeinflussung von Benutzern ist vor allem durch Mitarbeit bei der Lösung des Problems und durch ausreichende Schulung zu erzielen.

Weitere wesentliche Punkte der Informatikprojektabwicklung sind das Vorgehensmodell, das Projektcontrolling und die Dokumentation. Dem Projektcontrolling wird in der Praxis oft zu wenig Aufmerksamkeit gewidmet. Eine ausführliche Beschreibung und Hinweise auf die Notwendigkeit eines übergreifenden Projektcontrolling sollen helfen, das Bewußtsein für die Wichtigkeit dieser Kontroll- und Steuerungsmechanismen zu wecken. Voraussetzung dafür ist unter anderem auch eine laufende und vollständige Dokumentation der Projektarbeit. Zum Vorgehensmodell wurde festgestellt, daß es eine einheitliche Methodik nicht gibt. Als Beispiel ist ein Vier-Phasen-Modell angeführt, welches als wesentlichen Kernpunkt die Definition von Geschäftsvorfällen zur Beschreibung des Informationsbedarfs erhält.

Dieser Punkt, die Definition und die Beschreibung von Geschäftsvorfällen stellt, auch den Kern beim Entwurf eines Werkzeugs zur Unterstützung der Informationsbedarfsanalyse bei Informatikprojekten dar. Informationsbedarf bedeutet aber nicht nur Informationen, die ein neues System dem Benutzer zur Verfügung stellen muß, sondern auch Informationen über das Projekt selbst. Auch diesem Punkt ist beim Entwurf des Werkzeugs Rechnung getragen worden.

Das Kapitel schließt mit einigen Bemerkungen zum Thema Anwendung und Benutzerakzeptanz. Zentrale Punkte sind die Einfachheit, die Flexibilität, die Vollständigkeit, die Kontrollierbarkeit und die leichte Einführung eines Werkzeugs. Am Ende steht die Erkenntnis, daß ein Werkzeug technisch noch so perfekt sein kann, der Nutzen jedoch immer nur im Zusammenhang mit der Benutzerakzeptanz entsteht.

5. Implementierung des Werkzeugs

Der in den vorangegangen Kapiteln entwickelte Aufbau der Informationsbedarfs-analyse ist zu Demonstrationszwecken in Form eines Prototyps implementiert. Dieses Werkzeug wird im diesem Kapitel kurz beschrieben (eine ausführliche tech-nische Beschreibung ist hier nicht vorgesehen, kann aber vom Autor auf Wunsch angefordert werden). Der Prototyp ist so gestaltet, daß er von unterschiedlichen Be-nutzertypen angewendet werden kann. Für diese drei Ebenen sind vorgesehen:

1. Benutzer, welche mit dem Werkzeug arbeiten, ohne irgendwelche Voreinstel-lungen und Parameter zu ändern, d. h. im wesentlichen nur Informationen eingeben und abfragen.

2. Benutzer, welche alle Möglichkeiten der individuellen Anpassung des Werk-zeugs nutzen, ohne jedoch das Werkzeug an sich zu ändern (z. B. Generieren von eigenen Portfolios, neue Layouts, individuelle Hilfstexte).

3. Benutzer, welche das Werkzeug an sich ändern (z. B. durch das Einfügen neuer Datenbankfelder).

5.1. Entwicklungsumgebung

Als Entwicklungsumgebung wurden die Produkte ORACLE© und HYPER-CARD© auf einem Macintosh IIx verwendet. Dies hat zum Teil pragmatische Gründe, da diese beiden Produkte am Institut für Wirtschaftsinformatik der Univer-sität Innsbruck zur Verfügung stehen, andererseits handelt es sich bei der Kombi-nation von Datenbankumgebung mit grafisch- und ereignisorientierten Entwick-lungswerkzeugen um den letzten Stand der Technik, weshalb auch aus diesem Grund diese Kombination z. B. einer dritten GL-Sprache vorgezogen wurde. ORACLE© bietet zudem Vorteile mit einer durchgängigen Portierbarkeit auf viele Hardware- und Betriebssystem-Systeme, womit zusätzlich - zumindest für die zu-grunde liegende Datenbank - eine gewisse Unabhängigkeit von der Hardwareplatt-form erreicht werden konnte.

Die Produkte ORACLE© und HYPER-CARD© werden nicht beschrieben. Kennt-nisse über diese Systeme sind nur für die dritte Benutzergruppe (mit Einschränkungen auch für die zweite) notwendig und können in den entsprechenden Handbüchern nachgelesen werden.[1]

5.2. C O I N
Computergestützte Informationsbedarfsanalyse

5.2.1. Allgemeine Beschreibung

Die Abbildung 5.1 zeigt, wie mit COIN die schrittweise Verbesserung der Problemstruktur erfolgt. COIN ist in die Bereiche Strategische Informatikplanung und Informatikprojekte gegliedert. COIN unterstützt die Informationsbedarfsanalyse und damit vor allem die Strukturierung von Problemen. Entscheidungen sind damit nur indirekt unterstützt, es sind aber die Voraussetzungen für eine Unterstützung, z. B. durch Expertensysteme, geschaffen.

Für die strategische Informatikplanung sind zuerst die strategischen Ausgangsdaten zu definieren. Durch Angabe möglicher Geschäftsfelder (SGF), Erfolgsfaktoren (CSF), Umweltbedingungen (UMW) und Informations- und Kommunikationstechnik (IKT), erfolgt eine erste Vorgabe zur weiteren Problemlösung. In der oberen Teil der Abbildung 5.1 ist dies durch ① gekennzeichnet. Im zweiten Schritt sind jene Geschäftsfelder auszuwählen oder zusätzlich zu definieren, denen in Zukunft strategische Bedeutung zukommt. Dazu sind teilweise die Ergebnisse des dritten Schritts notwendig; in der Grafik ist dieser wechselseitige Zusammenhang durch einen doppelten Pfeil zwischen ② und ③ dargestellt.

Die Ergebnisse des dritten Punkts können z. B. in Form von beliebig zu definierenden Portfolios dargestellt werden und damit die Bewertung der Geschäftsfelder erleichtern. Für jedes strategische Geschäftsfeld sind anschließend Erfolgsfaktoren zu definieren. Auch hier wird durch die bisher gespeicherten Informationen die Definition unterstützt. Im fünften Schritt sind die Möglichkeiten des IKT-Einsatzes zur Unterstützung dieser Erfolgsfaktoren zu klären und zu bewerten. Daraus werden im 6. Arbeitsschritt operative Maßnahmen abgeleitet.

---

[1]   Finkenzeller, Kracke, Unterstein: Systematischer Einsatz von SQL-ORACLE, Entwurf und Realisierung eines Informationssystems, Addison-Wesley (Deutschland) 1989.
Goodman, D.: The complete HyperCard Handbook, Bantam Books, Toronto 1987.
Oracle for Macintosh, Handbücher zum Programm ORACLE.
Hypercard-Handbücher.

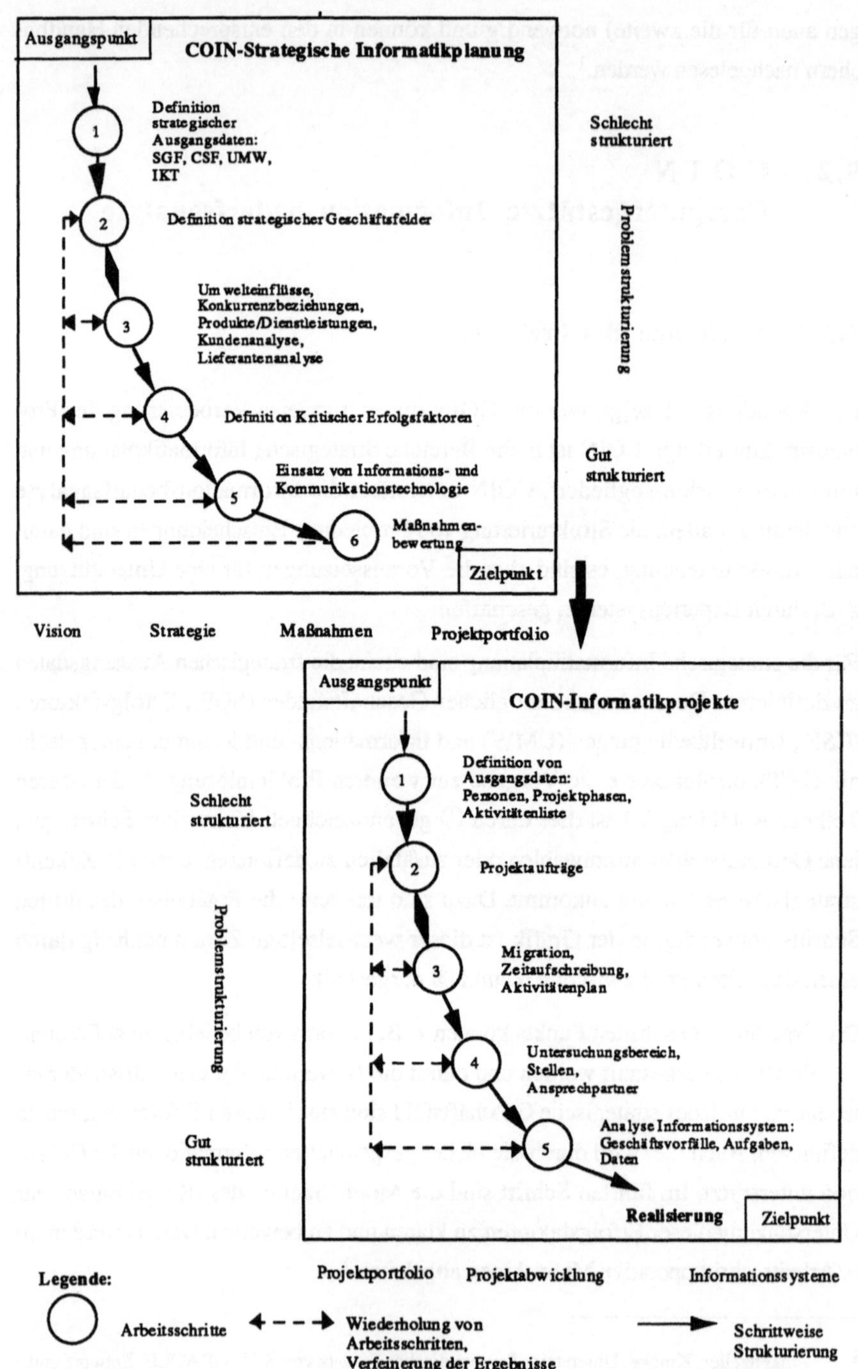

Abb. 5.1.: Ablauf COIN

Die Maßnahmen sind in Form von Projektportfolios Ausgangspunkt für die Abwicklung der Informatikprojekte. Der Schritt von der Maßnahmenbewertung zur Definition konkreter Projekte ist nicht durch COIN unterstützt. Dieses Problem ist theoretisch und methodisch noch nicht gelöst und ist daher noch nicht durch ein Werkzeug zu unterstützten. Auch im zweiten Teil von COIN sind zuerst Ausgangsdaten zu definieren. Sie sind im unteren Teil der Abbildung 5.1. mit ① gekennzeichnet. Der nächste Schritt ist die Definition von Projektaufträgen, der in engem Zusammenhang mit dem Punkt 3 steht. Damit sind die Informationen über das Projekt erfaßt, in den Punkten 4 und 5 erfolgt die Informationsbedarfsanalyse in bezug auf die Inhalte des Projekts. Zielpunkt ist die Realisierung von Informationssystemen. Das Werkzeug unterstützt auch hier vor allem die Strukturierung des Problems und nicht dessen Umsetzung.

5.2.1.1. Start und Log On

Nach dem Aufruf des Programms ist zuerst das Datenbankverwaltungssystem zu aktivieren. Die folgende Karte zeigt die ersten Schritte:

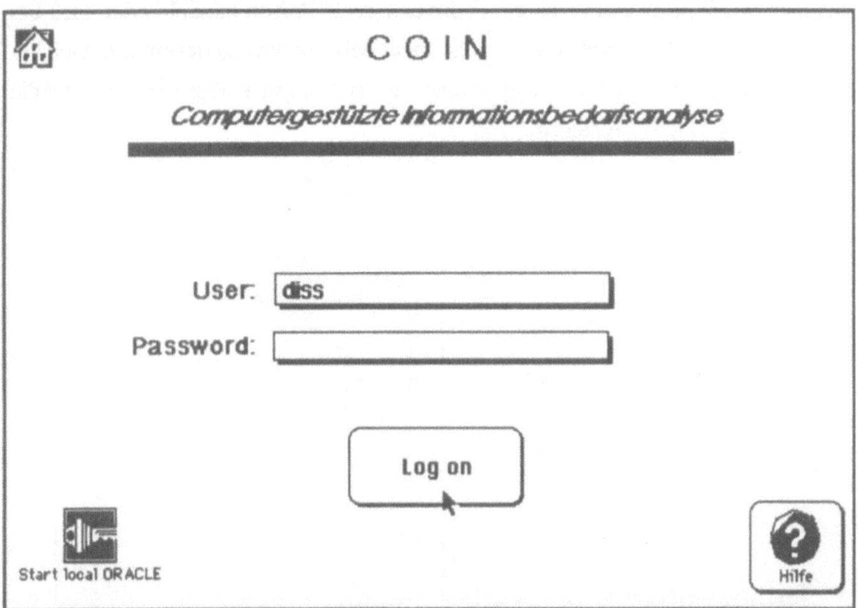

Zuerst wird durch Anklicken des Buttons **Start local ORACLE** die lokale Datenbasis gestartet. Danach erfolgt das LogOn durch Eingabe in die Felder **User** und **Password**. Die Eingaben werden durch Anklicken von **Log On** bestätigt . Bei korrekter Eingabe wird die nächste Karte zur Eingabe des Experten (vergleichbar mit dem Wissensengineer, siehe Kapitel 3) angezeigt.

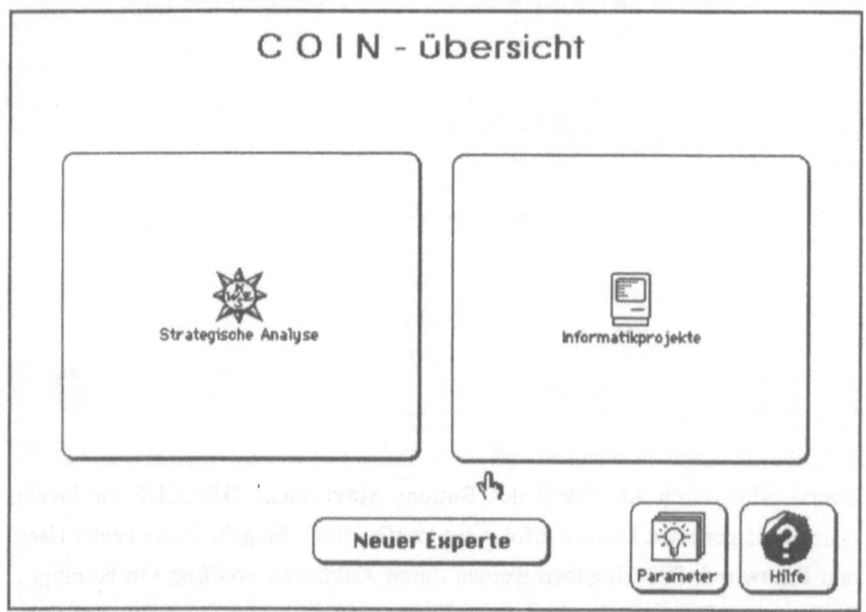

Bei jeder mit COIN erfaßten Information muß der sogenannte Experte mit abgespeichert werden. Es kann sich dabei um eine reale Person handeln oder auch um eine Gruppe von Personen. Dazu ist es notwendig, vorher zu definieren, welcher Experte gerade mit dem Werkzeug arbeitet. Bei ordnungsgemäßer Eingabe folgt die dritte Karte **COIN-Übersicht**.

Hier wird die fachliche Trennung des Werkzeugs in **Strategische Analyse** und Informationsbedarfsanalyse für **Informatikprojekte** deutlich.Zusätzlich finden sich drei weitere Optionen (in Form von Buttons): **Neuer Experte, Parameter** und der **Hilfe**-Button (welcher standardmäßig auf der rechten unteren Kartenseite plaziert ist!)

5.2.1.2. Definition neuer Expertenberechtigungen

Bei der ersten Sitzung empfiehlt es sich, durch Anklicken von **Parameter** zuerst neue Expertennamen einzugeben.

Dazu dient die Karte **Expertenberechtigungen.** Hier werden Expertennamen, Paßwörter und Userlevel definiert. Zusätzlich können Bemerkungen erfaßt werden, z. B. aus welchen Personen sich eine Expertengruppe zusammensetzt.

Der Userlevel kann Ausprägungen von 1 bis 5 annehmen, wobei 5 die höchste Stufe mit den meisten Berechtigungen ist. In Ergänzung zu den von Hyper-Card vergebenen Berechtigungen (1=Browsing, 2=Typing, 3=Painting, 4=Authoring, 5=Scripting) ist folgendes festgelegt: Berechtigungen unter 3 können keine Informationen aus der Datenbank löschen und keine neuen Portfolios anlegen, Berechtigungen unter 5 können keine neuen Expertnamen definieren, sondern nur das eigene Paßwort ändern (auch der Expertenname kann nicht geändert werden).

Das Speichern, Abfragen, Ändern und Löschen von Informationen beschreiben die folgenden Ausführungen.

5.2.1.3. Datenmanipulation

Die Datenmanipulation erfolgt nach einem standardisierten Schema und wird an Hand der oben abgebildeten Karte **Expertenberechtigungen** erklärt. Die folgende Abbildung zeigt die Standardleiste für die Datenmanipulation, welche sich bei den entsprechenden Karten immer am unteren Bildschirmrand befindet:

Durch Anklicken von **Abfrage** werden Daten abgefragt. Alle Werte, welche in einem Eingabefeld zu diesem Zeitpunkt stehen, werden als Abfragebedingung angesehen. Wildcards (% für mehrere Zeichen, _ für ein Zeichen) und =, <,>, etc. sind möglich. Die Abfrage erfolgt prinzipiell nach den SQL-Regeln von ORACLE. Sind mehrere Datensätze vorhanden, erscheint ein zusätzlicher Button, mit dem vorwärts geblättert werden kann (rückwärts zu blättern ist derzeit nicht möglich, es muß eine neue Abfrage gestartet werden!).

Mit **Einfügen** wird ein neuer Datensatz eingefügt. Dabei werden automatisch die Felder *Experte, Datum* und falls vorhanden eine *Nummer* als Primärschlüssel eingefügt. Das Selbe geschieht auch bei **Ändern**, ohne daß allerdings eine neue Nummer vergeben wird. Zur Verbesserung der Übersichtlichkeit (vor allem bei vielen Eingabefeldern auf einer Karte) werden die automatisch ausgefüllten Felder (*Nummer, Experte, Datum*) versteckt, wenn die Maus *durch* den Button **Einfügen** geführt wird. Führt man den Mauspfeil *auf* oder *durch* **Abfrage**, werden die versteckten Felder wieder angezeigt!

Das **Löschen** von Datensätzen ist nur ab einem Userlevel von 3 möglich. Gelöscht werden alle Datensätze, welche einer gültigen Abfragebedingung entsprechen (Ausnahme: wenn die Bedingung auf alle Datensätze zutrifft, werden nicht alle Datensätze gelöscht!). Wird ein Datensatz gelöscht, dessen Schlüssel als Fremdschlüssel in einer anderen Datei verwendet wird, so ist auf die Integrität der Datenbank zu achten (auch die referenzierten Datensätze müssen gelöscht werden). Diese Funktion ist noch nicht implementiert und muß händisch durchgeführt werden.

Die Buttons **Commit** und **Rollback** erfüllen eine Sicherheitsfunktion. Die vorher beschriebenen Aktionen (Abfrage, Einfügen, Ändern, Löschen) werden nicht sofort in der Datenbank festgeschrieben, sondern müssen mit **Commit** bestätigt bzw. mit **Rollback** verworfen werden. Rollback rollt alle Datenmanipulationen bis zum letzten Commit auf! Im Button **Zurück** (führt auf die Karte zurück, welche Ausgangskarte für die aktuelle Karte war - siehe dazu Navigation) ist der Commit-Befehl mit eingebaut, sodaß bei jedem Verlassen der Karte automatisch ein **Commit** erfolgt.

Mit **Clear Fields** werden alle Felder auf Leer (empty) gesetzt. Diese Funktion wird z. B. notwendig, wenn neue Abfragebedingungen eingefügt werden sollen.

Mit dem Button **Menü 2** wird ein geändertes Menü angezeigt:

Dieses besteht im wesentlichen aus **Abfrage, Drucken** und **Portfolio**. Diese Funktionen werden weiter unten beschrieben. Durch Anklicken von **Menü 1** wird wieder das erste Menü angezeigt.

Eine weitere Funktion wird durch die Eingabefelder angeboten: Durch Anklicken der Feldüberschriften (links neben den Eingabefeldern) wird eine Liste bereits eingegebener Datensätze für das entsprechende Attribut angezeigt. Beim folgenden Beispiel wurde auf das Feld *Experten* geklickt, die unten stehende Abbildung zeigt das Ergebnis.

Diese Funktion steht bei (fast) allen Eingabefeldern zur Verfügung, Ausnahmen sind z. B. Paßwörter. Durch Anklicken eines dieser Ausprägungen (siehe **Hand** in der oben abgebildeten Karte) wird der Wert ins aktuelle Feld (hier *Experten*) übernommen.

Eine weitere Funktion ist die Kennzeichnung neu eingegebener Informationen. Werden in einem Feld neue Informationen eingegeben, so wird die Feldüberschrift mit einem schwarzen Punkt gekennzeichnet. Dadurch wird angezeigt, daß entweder mit **Einfügen** oder **Ändern** das Speichern neuer Information nötig ist.

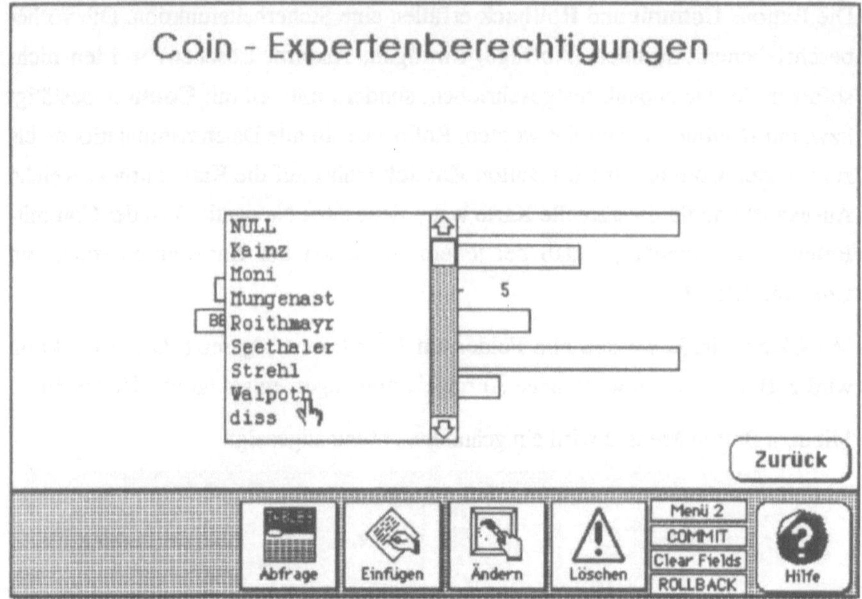

5.2.1.4. Benutzerführung und Hilfetexte

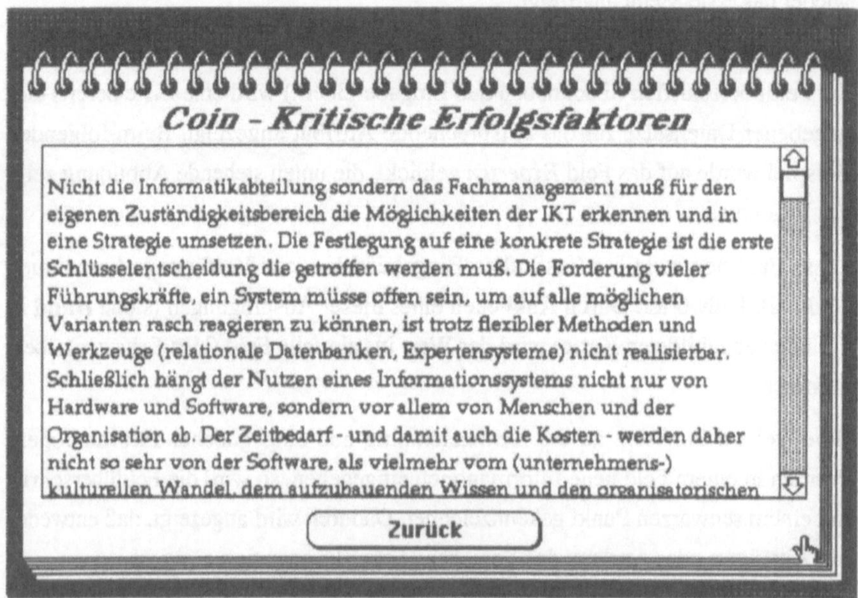

Generell wurde darauf geachtet, daß eine Benutzung des Werkzeugs ohne Hilfe
von Handbüchern, längere Einschulung und größeren Problemen möglich ist.
COIN besitzt eine durchgängige, einheitliche Benutzeroberfläche mit standardisier-

ten Menüs und Maussteuerung. In der obersten Zeile jeder Karte wird eine Überschrift angezeigt, welche die Orientierung erleichtert. Zusätzlich wird für jede Karte eine Hilfefunktion durch den Button **Hilfe** am rechten, unteren Bildschirmrand angeboten. Damit kann entweder bereits vordefinierte Hilfe angefordert werden oder selbst nach Bedarf eigener Text bzw. Grafik als Hilfe bereitgestellt werden.

5.2.1.5. Organisation der Hypertext-Felder

Ähnlich den Hilfetexten sind auch die Hypertext-Felder aufgebaut (zur Funktion dieser Felder siehe Kapitel 3 und 4). Durch Anklicken (2 x) eines Hypertext-Feldes verzweigt Hyper-Card in den Stack **COIN Besch** (COIN Beschreibung) und stellt entweder eine leere Karte zur Verfügung oder zeigt eine bereits früher angelegte Karte.

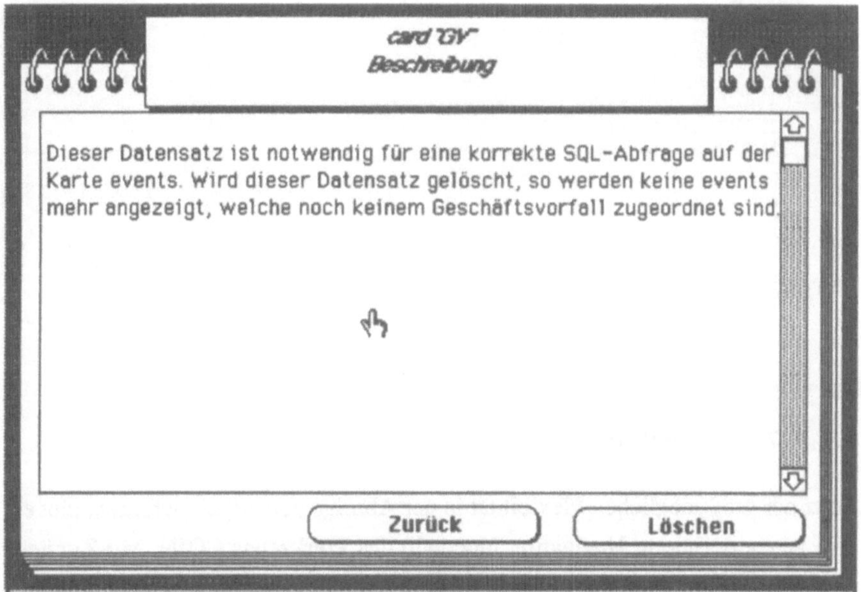

Mit **Löschen** wird die Beschreibung gelöscht, die Karte gelöscht und das Eingabefeld auf Leer (empty) zurückgestellt. Mit **Zurück** werden die Eingaben gespeichert und die entsprechende Kartennummer in das Eingabefeld gespeichert (um sie beim nächsten Mal wiederzufinden). Hypertext-Felder sind meist durch die Namen "Besg" bzw. "Bemerkung" gekennzeichnet. Die Mausposition verwandelt sich auf einem Hypertext-Feld in eine Hand mit ausgestrecktem Zeigefinger.

5.2.1.6. Drucken

Leider sind die Druckfunktionen von Hyper-Card äußerst schwach ausgeprägt. Dies spiegelt sich auch in dieser ersten Version von COIN wider. Durch Anklicken von **Drucken** (im **Menü 2**) werden die Daten der aktuellen Abfrage (auch mehrere Datensätze) mit den dazugehörigen Hypercard-Feldern in ein Druckfeld geschrieben. Von dort können sie dann ausgedruckt werden.

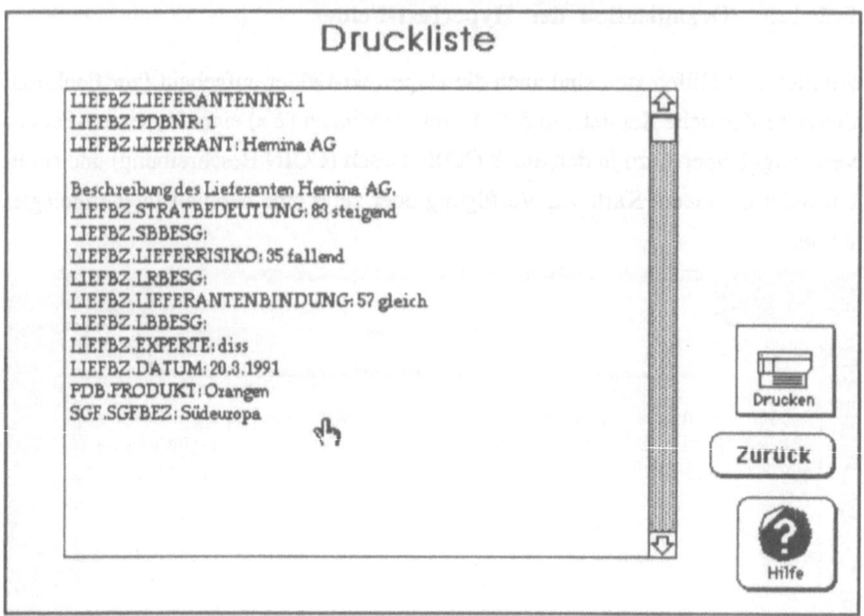

5.2.1.7. Navigation

Trotz der größtmöglichen Flexibilität in der Abfolge von Arbeitsschritten, gibt es eine genau definierte Navigation innerhalb des Werkzeugs COIN. Mit **Zurück** oder **Ok** wird genau der Weg zurückverfolgt, der zu einem bestimmten Standort geführt hat. (Ausgangspunkt und Endpunkt ist damit immer die erste Karte **Log On**). Für Benutzer, welche sich mit Hyper-Card intensiver beschäftigt haben, gibt es selbstverständlich noch andere Möglichkeiten, von einer Karte zur anderen zu gelangen. Damit wird aber auch der fix definierte Navigationsrahmen verlassen und die weitere Navigation muß händisch erfolgen.

5.2.2. Strategische Informatikplanung

Die Strategische Informatikplanung mit COIN gliedert sich in folgende Abschnitte:

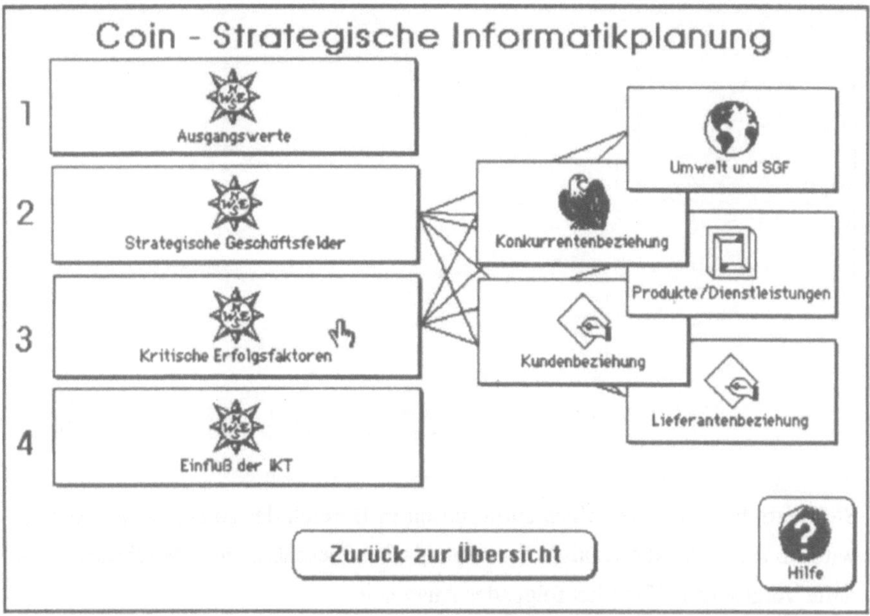

COIN ist so gestaltet, daß es möglich ist, entsprechend dem im dritten Kapitel vorgeschlagenen Weg oder in beliebiger Reihenfolge (soweit dies sinnvoll ist) die Informationen einzugeben (Numerierung auf der linken Seite von 1 - 4 bzw. wechselseitiger Informationsaufbau der Schritte 2 und 3 durch die vernetzt dargestellten Analysetools). Die Informationen, die in jedem Analyseschritt gespeichert werden können, sind hier nicht noch einmal beschrieben. Wichtig für den Start der Strategischen Informatikplanung ist ein (einmaliges) Definieren bzw. Ergänzen und Aktualisieren der Ausgangswerte. Diese sind wie in der nachfolgenden Abbildung dargestellt unterteilt.

Durch Anklicken eines der in den letzten beiden Karten gezeigten Analyse-Buttons wird zur entsprechenden Informationskarte verzweigt, wo alle für die Datenmanipulation nötigen Funktionen zur Verfügung stehen.

Die Auswertung der Informationen erfolgt primär über den Portfoliogenerator (wird später beschrieben) bzw. auch über die Abfragemöglichkeiten in den verschiedenen Karten.

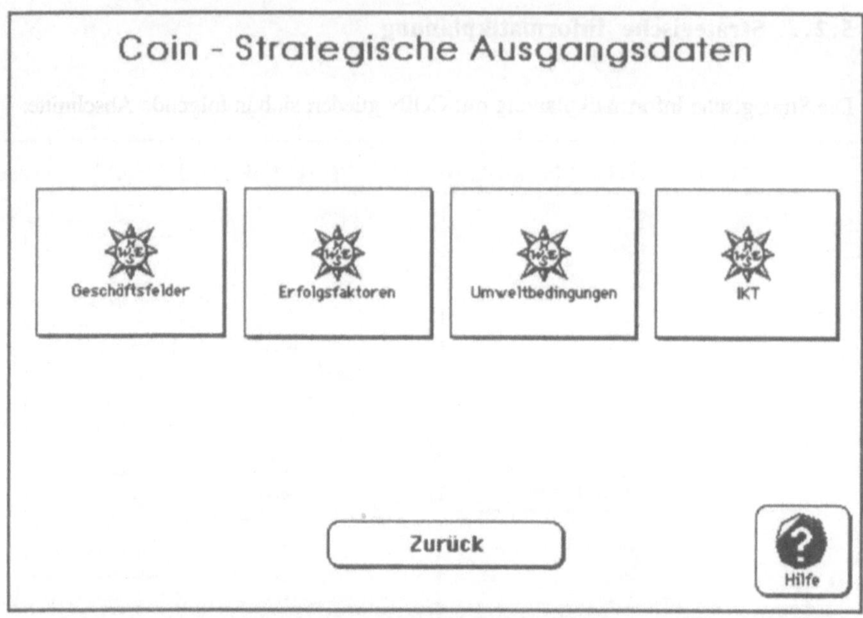

Stellvertretend für alle Informationskarten in Bereich der strategischen Analyse wird im folgenden die Analyse der strategischen Geschäftsfelder beschrieben. Die dafür vorgesehene Karte hat folgendes Aussehen:

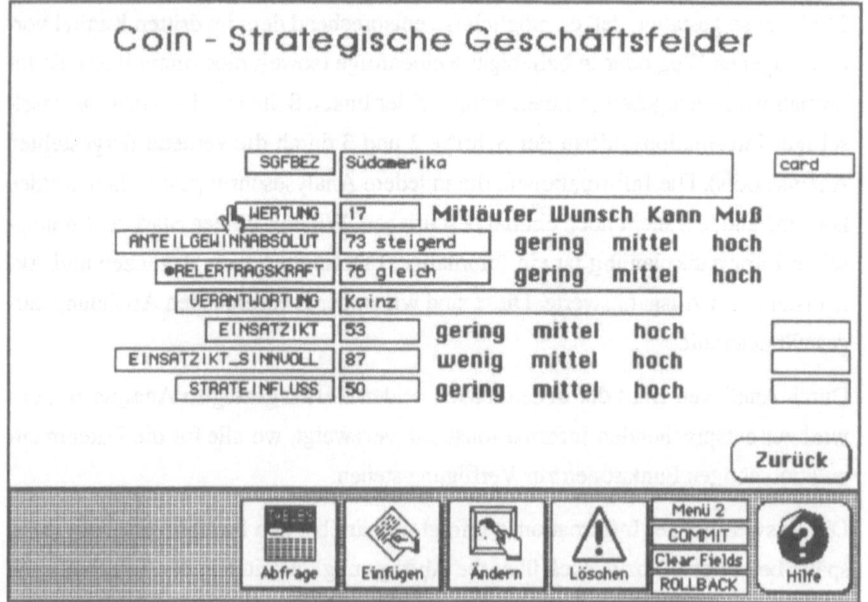

In der Abbildung werden nur die Felder gezeigt, wo eine Eingabe von Seiten des Benutzers erfolgt, die automatischen Felder sind nicht angezeigt.

Im ersten Feld **SFGBEZ** wird die Bezeichnung des SGF eingegeben. Dieses erste Feld ist in in den meisten Fällen so definiert, daß eine Eingabe erfolgen muß (d. h. die Information kann nur abgespeichert werden, wenn eine Bezeichnung dafür eingegeben wurde). Es handelt sich hier um ein Feld, wo die Eingabe über die Tastatur erfolgt, der Mauszeiger verwandelt sich auf diesem Feld in folgendes Zeichen:

I. Rechts daneben befindet sich ein Feld ohne Feldüberschrift. Bei solchen Feldern handelt es sich immer um Hypertext-Felder. Durch Anklicken dieser Felder (2 x) wird eine neue Karte angezeigt, auf der Platz für ausführliche Beschreibungen ist (siehe weiter oben). Der Mauszeiger verwandelt sich auf diesen Feldern in die Form einer Hand mit ausgetrecktem Zeigefinger (siehe Abbildung).

Die Beschriftungen rechts neben den Eingabefeldern deuten auf zusätzliche Buttons hin, die zur fehlerfreien und schnellen Eingabe standardisierbarer Informationen dienen. Um Berechnungen zu erleichtern, werden diese Informationen oft in Zahlen umgerechnet: z. B. "gering   mittel   hoch" in Werte zwischen 1 und 100 je nach Auswahl. Auch zusätzliche Eingabemöglichkeiten durch Fragen sind vorgesehen: z. B. beim Feld **AnteilGewinnAbsolut** die Frage: "Tendenz steigend, gleich, fallend" mit den entsprechenden Auswahlmöglichkeiten.

Die Auswertung der eingegebenen Informationen erfolgt vorzugsweise durch Portfolios. Dazu sind eigene Karten eingerichtet und zum Portfoliogenerator zusammengefaßt.

5.2.3. Portfoliogenerator

Der Start des Portfoliogenerators erfolgt durch Auswahl von **Portfolio** aus dem **Menü 2**. Zuerst werden entsprechend der Ausgangskarte (Karte, von der aus der Portfoliogenerator aufgerufen wurde) bereits angelegte Portfolios bzw. deren Bezeichnungen angezeigt.

Wie die abgebildete Karte zeigt existieren für **Strategische Geschäftsfelder** bereits zwei vordefinierte Portfolios (eines davon wird angezeigt). Im Feld **Ausgangskarte** wird die Informationskarte für Strategische Geschäftsfelder gespeichert (damit kann automatisch eine SQL-Abfrage für Portfoliodaten generiert werden). Im Feld **Portfoliokarte** wird die Karte aus dem Stack COIN Port (COIN Portfolio) gespeichert, wo alle Daten der bereits einmal definierten Portfolios stehen. Durch Anklicken des Buttons **1** (links unten) wird der nächste Datensatz angezeigt (die Zahl 1 steht hier für "noch 1 Datensatz vorhanden", d. h. insgesamt sind es zwei).

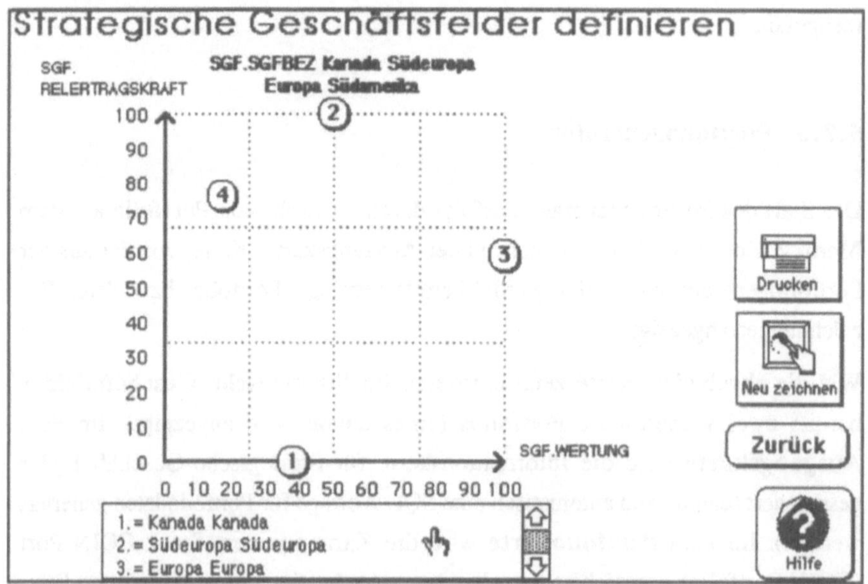

Ausgehend von dieser Karte kann entweder ein vorhandenes Portfolio angezeigt
werden oder ein neues definiert werden (nur bei Userlevel > 3). Durch Anklicken
von **Portfolio zeigen** wird hier folgendes Portfolio angezeigt.

Für jeden Portfoliopunkt (hier 1 - 4) können durch Anklicken des Punktes vollständige Informationen aus der Datenbank abgefragt werden. Der Button **Neu zeichnen** wird nur ab Userlevel 4 angezeigt. Mit **Drucken** kann das Portfolio als Grafik

ausgedruckt werden. **Zurück** zeigt wieder die Karte mit den gespeicherten Portfolios an.

Eine interessante Funktion ist das eigene Generieren von Portfolios. Dazu wird **Portfolio generieren** ausgewählt.

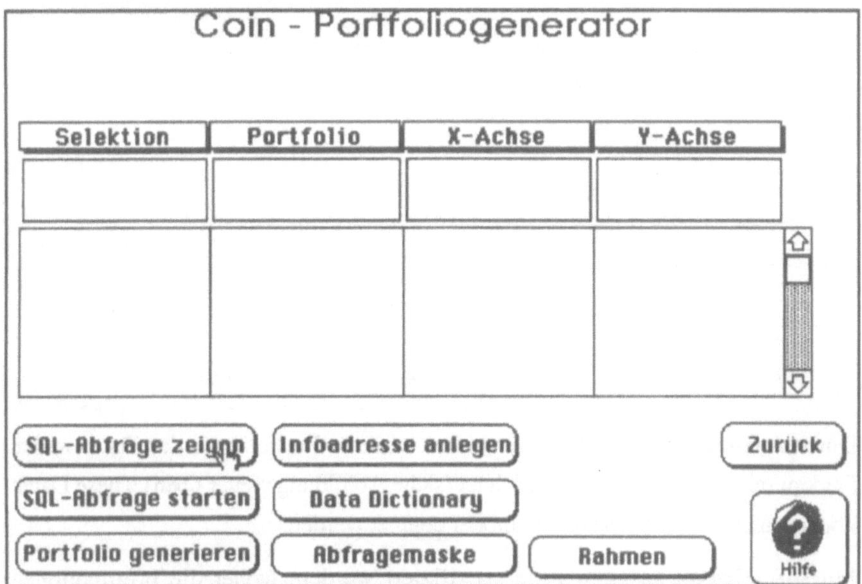

Diese leere Maske sollte unbedingt in einer fest definierten Reihenfolge ausgefüllt werden, um brauchbare Ergebnisse zu erreichen. In einem ersten Schritt werden die Felder der **X-Achse**, der **Y-Achse**, die Informationen für den **Portfolio**punkt und eventuelle **Selektion**skriterien für die Datenbankabfrage definiert. Dies geschieht durch Anklicken dieser Punkte in den gleichlautenden Feldern. Normalerweise entsprechen diese Angaben genau einem Datenbankfeld (Attribut), es können aber auch Kombinationen gebildet werden (dafür sollte aber ein Grundverständnis für SQL und die Funktionsweise von ORACLE Befehlen vorhanden sein). Angezeigt werden nur Felder, welche der Abfragebedingung der Ausgangsmaske für das Portfolio entsprechen (hier z. B. strategische Geschäftsfelder). Durch Anklicken von Data-Dictionary werden alle verfügbaren Felder aus der Datenbank angezeigt (es ist damit möglich, ein beliebiges Portfolio zu erzeugen; diese Funktion ist aber nur für Spezialisten gedacht! und wird hier nicht weiter beschrieben!!).

Nach Definition dieser Felder werden die Buttons **SQL-Abfrage zeigen** und **SQL-Abfrage starten** angeklickt. Das Ergebnis entspricht der folgenden Abbildung:

Durch Anklicken von Portfolio generieren wird das Portfolio aus den Daten in den Feldern mit dem Rollbalken gezeichnet (siehe Abbildung weiter oben). Diese Daten können auch manuell geändert und/oder ergänzt werden.

Mit **Infoadresse anlegen** kann spezifiziert werden, woher die Informationen kommen, welche angezeigt werden, wenn auf einen Portfoliopunkt geklickt wird. Auch hier wird ein gewisses Verständnis für die Datenbankumgebung vorausgesetzt, wenn die Standardeinstellungen geändert werden.

Abfragemaske führt zurück zur Ausgangskarte. Dort kann beispielsweise eine bestimmte Selektion (Abfrage nach neuen Kriterien) getroffen werden und direkt zurück zum Portfolio verzweigt werden. Die neue Abfrage wird mit übernommen.

Wichtig ist noch die richtige Definition des **Rahmen**s. Damit wird die grafische Gestaltung des Portfolios festgelegt. Die nachfolgende Abbildung zeigt den Aufbau.

Notwendig sind vor allem die **Einstellungen Skala X-Achse, Teilung anzeigen** und **Einstellungen Skala Y-Achse, Teilung anzeigen**. Die ersten beiden Werte dieser Parameter (0 100) entsprechen der maximalen Ausprägung der definierten Felder für X-Achse und Y-Achse. Wenn das Feld **AnteilGewinnAbsolut** eine Ausprägung von 150 hätte, so würde dieser Punkt außerhalb des Portfolios liegen! Der dritte Wert (hier 10) zeigt die Unterteilung an, der vierte Parameter (j oder n) bestimmt, ob diese Unterteilung angezeigt wird. Bei den hier eingestellten Werten würde sowohl auf der X-Achse, als auch auf der Y-Achse eine Unterteilung 1 10 20 30 40 50 60 70 80 90 100 angezeigt werden. Bei einer Teilungsziffer 50 statt 10 würde nur 1 50 100 angezeigt!

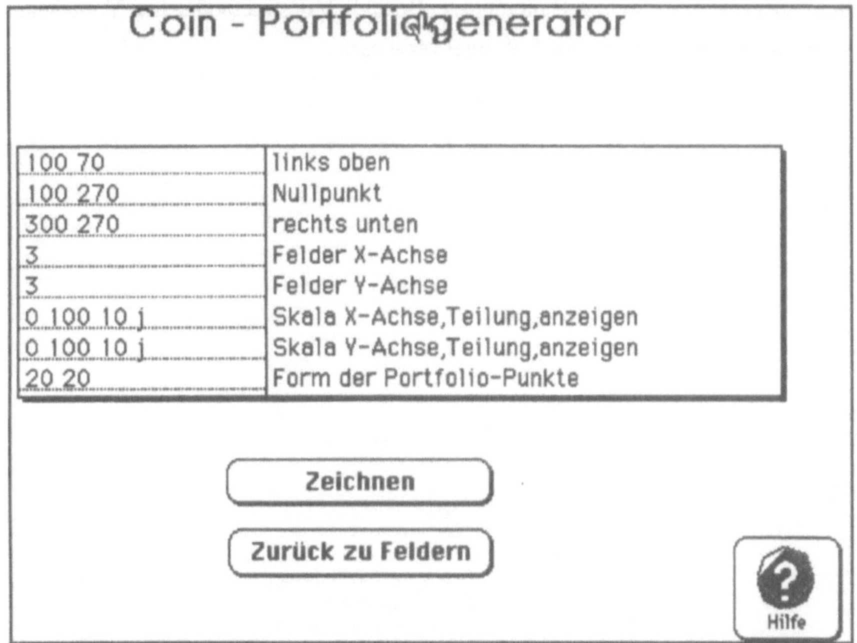

Die Parameter **Felder X-Achse, Felder Y-Achse** unterteilen das Portfolio in die entsprechende Anzahl von Feldern. Bei den hier angezeigten Werten wird das Portfolio in 9 Felder geteilt.

Die restlichen Parameter beziehen sich auf Bildpunkte und setzen ein Verständnis für die grafischen Fähigkeiten von Hypercard voraus. Die Angabe 20 20 bei **Größe der Portfoliopunkte** erzeugt Punkte im Ausmaß von 20 x 20 Bildpunkten. Ähnliches gilt für die Definition der X-Achse und Y-Achse.

Bei einer Änderung dieser Parameter ist unbedingt auf die Syntax zu achten. Sind mehrere Werte gefragt, muß dazwischen immer ein Leerraum stehen. Werte dürfen nicht ausgelassen werden. Falsche Werte führen derzeit zu einer Fehlermeldung. Dann muß der Vorgang abgebrochen werden und bei neuerlichem Aufruf dieser Funktion werden wieder die Standardeinstellungen angezeigt.

Zeichnen schließlich generiert ein leeres Portfolio mit einem Musterpunkt, um die getroffenen Einstellungen zu überprüfen, mit **Felder** gelangt man zurück zur Portfolio-Definitons-Karte.

5.2.4. Informatikprojekte

Die Informationsbedarfsanalyse für Informatikprojekte gliedert sich ähnlich der Strategischen Analyse in 4 Hauptpunkte. Bezüglich des methodischen Vorgehens wird auf die Beschreibung im 4. Kapitel verwiesen.

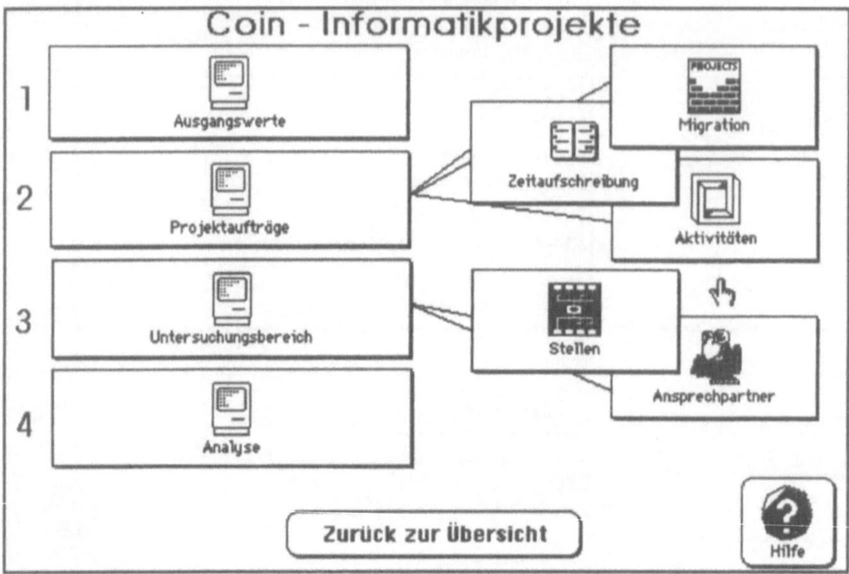

Für die Informationsbedarfsanalyse bei Informatikprojekten gelten die Ausführungen der Strategischen Informatikplanung weiter oben sinngemäß. Auch hier gibt es eine vorgeschlagene Reihenfolge, die aber ebenfalls nicht zwangsweise eingehalten werden muß.

Die Ausgangsdaten gliedern sich hier wie in nachfolgender Abbildung dargestellt.

Der Button **Hier nicht klicken** dient zur Auflockerung der oft als sehr trocken empfundenen Analyse und soll zusätzlich die Neugierde anregen, nicht nur diese Beschreibung zu lesen, sondern auch das Werkzeug COIN anzuschauen.

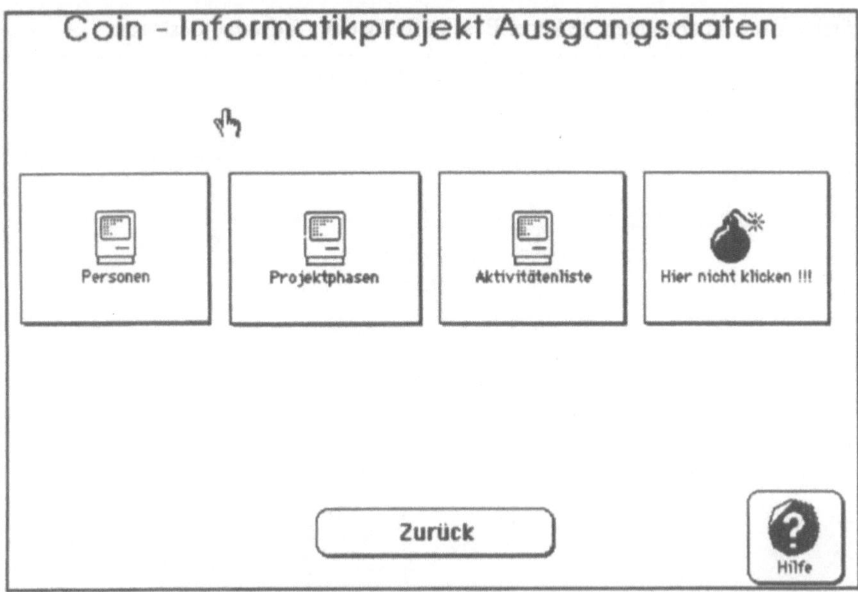

Ein weiteres Untermenü steht für die Analyse des Untersuchungsbereichs zur Verfügung. Hier wurde versucht, den Ablauf der Analyse bildlich darzustellen und ebenfalls wieder eine Reihenfolge als Vorschlag anzugeben:

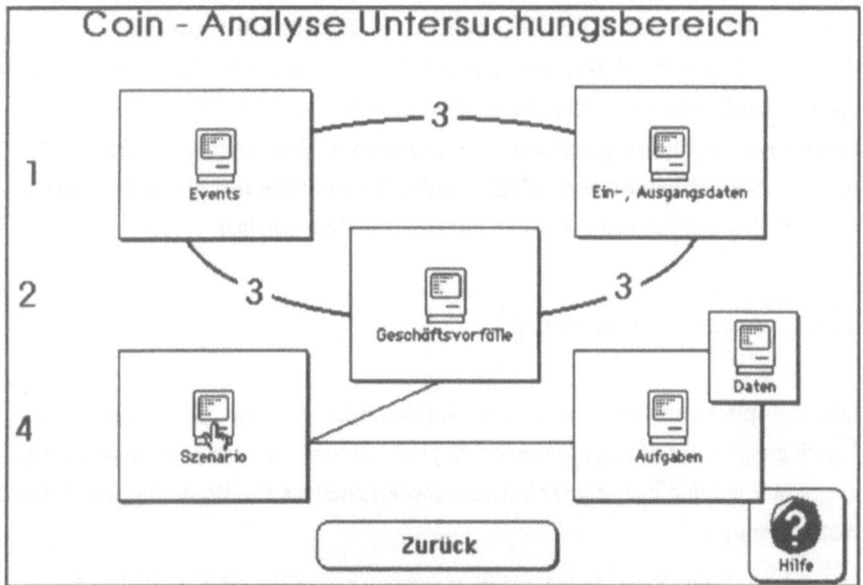

Die Interpretation bzw. der vorgeschlagene Weg ist bereits im 4. Kapitel genau beschrieben. Durch Anklicken der Buttons wird zur jeweiligen Analysekarte verzweigt.

Stellvertretend auch hier die kurze Beschreibung einer Informationskarte:

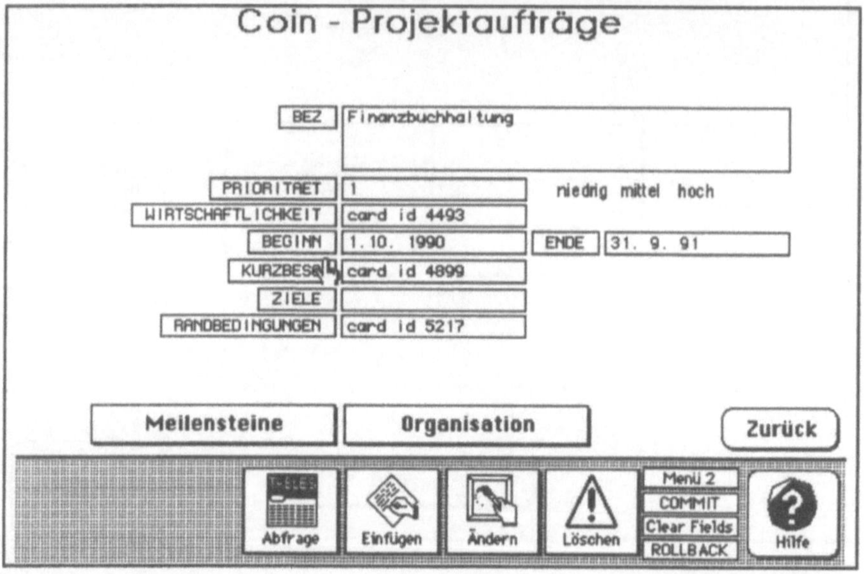

Die Karte **Projektaufträge** dient zur Speicherung von Projektaufträgen. Bekannt sind bereits die Funktionen der Texteingabe (**BEZ**), die Bewertungsfunktion (**niedrig mittel hoch**) für die **Priorität** und die Funktion der Hypertext-Felder **Wirtschaftlichkeit, Kurzbeschreibung, Randbedingungen** für die in diesem Fall bereits Referenzkarten angelegt wurden (ersichtlich an den gespeicherten Karten id´s - Identifikationsnummern). Neben diesen Funktionen gibt es auch Karten, die Ausgangspunkt für eine weitere Verzweigung zu anderen Karten darstellen (**Meilensteine, Organisation**). Damit bleiben die Anfangsmenüs übersichtlich und trotzdem der volle Funktionsumfang erhalten.

5.3. Zusammenfassung

Das 5. Kapitel beschreibt - aufbauend auf den Erkenntnissen und konzeptionellen Überlegungen der vorangegangenen Kapitel - einen ersten Prototyp eines Werkzeugs für eine durchgängige Informationbedarfsanalyse für die strategische Informatikplanung .

Die abschließende Betrachtung orientiert sich noch einmal an den im vierten Kapitel zitierten Kriterien. Die Einfachheit im Sinne einer leichten und verständlichen Benutzung konnte meines Erachtens zum Großteil implementiert werden. Die durchgängige Oberfläche, Mausunterstützung und benutzerfreundliche, grafische Oberfläche tragen ihren Teil dazu bei. Negativ wirkt sich die teilweise umständliche Datenmanipulation aus, welche eine gewisse Konsequenz für fehlerfreies Arbeiten verlangt.

Die Forderung nach Modifikationsmöglichkeiten für den Anwender sind ebenfalls verwirklicht. Voraussetzung ist natürlich ein tieferes Verständnis für die Entwicklungsumgebung, um kleinere und auch große Modifikationen vorzunehmen. Der konzeptionelle Aufbau des Werkzeugs jedenfalls erlaubt Modifikationen ohne komplette Neuentwicklung oder Zerstörung des bisherigen Modells.

Die Vollständigkeit der abgebildeten Informationen wurde in den Bereich des Projektteams delegiert. Das Werkzeug ist nur in sehr geringem Ausmaß dazu in der Lage, unvollständige Informationen zu erkennen (Ansätze dazu aber beispielsweise bei der Analyse des Untersuchungsbereichs). Dafür ist der Punkt Kontrollierbarkeit sehr gut erfüllt. Alle Informationen, ob neu oder geändert, sind immer mit Datum und Expertennamen versehen. Somit ist eine gute Kontrollmöglichkeit und Nachvollziehbarkeit der Informationsbedarfsanalyse gegeben.

Auch die leichte Implementierbarkeit ist gut verwirklicht. Für nur wenig geschulte MitarbeiterInnen wird es schnell möglich sein, das Werkzeug zu verwenden. Ein übriges trägt auch die verwendete Hard- und Softwareplattform dazu bei, da es sich durchwegs um Standardprodukte und offene Systeme handelt, welche in vielen Unternehmen zu finden sind.

Ein Schwachpunkt des Werkzeugs COIN ist die Wissensrepräsentation. Die äußerst schwachen Möglichkeiten von Hyper-Card als Oberfläche für den Output haben vorerst bessere Auswertungsmöglichkeiten der Information und repräsentativere Darstellungsformen verhindert. Eine Weiterentwicklung des Prototyps müßte sicher vorrangig in diesem Bereich erfolgen.

6. Schlußbemerkung

Das vorliegende Buch beschreibt die strategische Planung und Durchführung von Informatikprojekten im allgemeinen und als Hilfsmittel dazu die computergestützte Informationsbedarfsanalyse im speziellen.

Ausgangsthesen sind einerseits die (vermeintlich) zu hohen Kosten beim Einsatz von Informations- und Kommunikationssystemen (IKS) und andererseits die tatsächlich wachsenden Kosten von Informatikprojekten durch die zunehmende Komplexität der Informations- und Kommunikationstechnik (IKT). Hauptursache für die aus Sicht des Managements nicht gerechtfertigten IKS-Kosten ist eine zu enge Nutzenbetrachtung von IKS, welche strategische Nutzen nicht miteinbezieht. Der strategische Nutzen ergibt sich naturgemäß nur dann, wenn mit dem Einsatz von IKS auch strategische Ziele verfolgt werden. Das dritte Kapitel zeigt auf, daß die Basis dafür eine mit der Unternehmensstrategie abgestimmte Informatikplanung sein muß. Gleichzeitig ist beim Entwurf der strategischen Ziele auch auf die Möglichkeiten Rücksicht zu nehmen, welche die IKT zur Erreichung neuer Wettbewerbsvorteile bietet. Es besteht eine wechselseitige Abhängigkeit zwischen dem Einsatz von IKT und der Unternehmensstrategie.

Grundlage für den gesamten Planungsprozeß ist ausreichende Information. Als zentraler Punkt einer methodischen Unterstützung der strategischen Informatikplanung ist die Informationsbedarfsanalyse anzusehen. Ein Entwurf des Datenmodells, welches zur Strukturierung der Informationen dient, ist das Ergebnis dieser Überlegungen. Dabei hat sich gezeigt, daß eine Mischung aus relationalem Datenbankansatz mit der Philosophie des Hypertext-Ansatzes, nach dem derzeitigen Stand der Technik das geeignetste Werkzeug zur Abbildung darstellt.

Ziel der strategischen Informatikplanung sind operative Maßnahmen, welche in Form von Informatikprojekten umgesetzt werden. Das vierte Kapitel beschreibt zuerst die wesentlichen Voraussetzungen für Informatikprojekte. Erfolgsfaktoren für Projekte sind neben personellen Komponenten vor allem das oft unterschätzte Projektcontrolling, das Vorgehensmodell und die Dokumentation.

Die Gesamtkosten von Informatikprojekten hängen in großem Ausmaß von der Intensität der Analysephase ab. Wie anhand eines typischen Kostenverlaufs gezeigt wurde, sind Änderungen umso teurer, je später sie notwendig werden. Die Gesamtkosten des Projekts sind somit niedriger, je gewissenhafter die Arbeit in den ersten Projektphasen erfolgt. Damit ist es auch hier sinnvoll, Unterstützung im Bereich der Informationsbedarfsanalyse zu geben. Mit der selben Technik wie im dritten Kapitel wurde ein Modell entworfen, welches alles für die Projektarbeit notwendigen Informationen abbildet. Zusätzlich ist auch das Projektcontrolling in bezug auf den Informationsbedarf berücksichtigt. Dabei hat sich gezeigt, daß die Abbildung des Geschäfts am besten in Form von Geschäftsvorfällen erfolgt. Damit kann eine sehr "anwenderfreundliche" (fachbereichsnahe) Beschreibung erfolgen, die auch den Anforderungen der Informatikspezialisten zur Umsetzung in ein IKS genügt.

Schließlich zeigt die Implementierung eines Werkzeug-Prototyps, daß auch im Bereich der Informationsbedarfsanalyse bei der strategischen Planung und Durchführung von Informatikprojekten - der von kommerziellen CASE Produkten eher stiefmütterlich behandelt ist - methodische Unterstützung wichtig und die Entwicklung eines Werkzeugs möglich ist.

Gleichzeitig hat sich herausgestellt, daß gerade in diesem Bereich nicht automatisierbare Faktoren eine wesentliche Rolle spielen. So wird bei der strategischen Informatikplanung deutlich, daß die Entscheidungen durch gut strukturierte Informationen zwar besser argumentierbar und entscheidbar werden, die Entscheidung an sich aber trotzdem eine persönliche, von vielfältigen menschlichen Faktoren beeinflußte, bleibt. Wesentlicher Vorteil eines Werkzeugs in diesem Bereich ist das Festhalten objektiv feststellbarer Informationen, die Strukturierung der Problematik und eine eventuell bessere Nachvollziehbarkeit von Entscheidungen.

Interessante und wichtige Weiterentwicklungen in diesem Bereich sind vor allem die bessere Unterstützung gruppendynamischer Prozesse bei der Entscheidungsfindung und - soweit möglich - die Entwicklung von Expertensystemen zur Unterstützung der menschlichen Entscheidung.

Eine der wichtigsten Implikationen des Werkzeugs ist das Aufzeigen der Abhängigkeiten zwischen Strategie und Informatikprojekten. Leider existierten noch keine operativen Methoden über Entscheidungsregeln, welche strategischen Maßnahmen zu welchen (Informatik-)Projekten führen. In diesem Bereich wäre eine Weiterentwicklung sicher interessant und notwendig.

Ein wesentlicher Erfolgsfaktor für die strategische Informatikplanung ist das IS-Controlling. COIN unterstützt das IS-Controlling nur teilweise (im erweiterten Bereich Projektcontrolling) durch entsprechende Informationsabfragen und -eingabemöglichkeiten. Dem Bereich IS-Controlling wird in letzter Zeit wieder mehr Aufmerksamkeit in der Praxis und in der Literatur gewidmet. Trotzdem sind auch hier noch entscheidende Fragen - wie z. B. die Bewertung strategischer Nutzen - offen.

Literaturverzeichnis

Adorno, T. W. (Hrsg.): Der Positivismusstreit in der deutschen Soziologie, Berlin 1967.

Alagic, S.: Object-Oriented Database Programming, Berlin - New York 1989.

Arthur D. Little International (Hrsg.): Management des geordneten Wandels, Wiesbaden 1988.

Becker, M., Haberfellner, R. Liebetrau, G.: EDV-Wissen für Anwender, 4. Auflage, Zürich 1985.

Berner, G.: Lexikon für DV-Systementwicklung, Köln 1986, Stichwort: Tools.

Bleicher, K.: Organisation, Formen und Modelle, Wiesbaden 1981.

Boehm,B. W.: Software Engineering - as it is. In: IEEE (Hrsg.): 4th International Conference on Software Engineering, München 1979.

Brenner, W.: Entwurf betrieblicher Datenelemente, Ein Weg zur Integration von Informationssystemen, Bamberg 1985.

Brooks, F. P.: The Mythical Man Month. Essays on Software Engineering, New York 1982.

Brownston, L., Farrell, R., Kant, E., Martin, N.: Programming Expert Systems in OPS5, p.20. Reading: Addison-Wesley 1985.

Buchanan, B.G., et al.: Constructing an Expert System. In: Hayes-Roth, F., Waterman, D. A., Lenat, D. B. (Hrsg.): Building Expert Systems, London 1983.

Burke, J.: Connections, London 1978. In: Hildebrand, K.: Software-Tools: Automatisierung im Software Engineering, Berlin - Heidelberg, 1990.

Bußmann, R.: Controlling der Informatikstrategie: "Ein iterativer Unternehmensprozeß". In: Informationssysteme-Controlling, Methoden und Verfahren in der Anwendung, IDG Communications Verlag AG, CSE, (Hrsg.): München 1990.

Canning, B. (Hrsg.): Using the Idea Generator. In: EDP-Analyzer, December 1986.

Canning, R. (Hrsg.): Manage the Impact of Systems on People. In: EDP-Analyzer, May, 1985, Vol. 23, No. 5.

Canning, R.G.(Hrsg): Making Better Use of Your Data, EDP Analyzer, August 1986, Vol. 24, No. 8.

Carlson, M.: Business Information Analysis and Integration Technique (BIAIT) - The New Horizon. In: DATA BASE, 10(4), Spring 1979.

Cave. W., Maymon, G.: Leitfaden des Software-Projektmanagements, Wiesbaden 1988.

Clifford, J.: Designing Expert Systems in a Business Environment. In: Pau, L. F. (Hrsg.): Artificial Intelligence in Economics and Management, Amsterdam 1986.

Codd, E.F.: Further Normalization of the Data Base Relational Model, Courent Computer Science Symposia, 6, "Data Base Systems", New York University, Prentice-Hall, Inc., Engelwood Cliffs, N.J., 1972.

Conklin, E. J.: Hypertext: An Introduction and Survey, IEEE Computer 20, 1987.

Crasemann, C., Krasemann. H.: Der Wissens-Ingenieur - ein neuer Hut auf altem Kopf. In: Informatik Spektrum, Band 11, Heft 1, Februar 1988.

Curtice, R. M.: Strategic Value Analysis, A Modern Approach to Systems and Data Planning, Englewood Cliffs 1987.

Daenzer, W. F. (Hrsg.): Systems Engineering, Leitfaden zur methodischen Durchführung umfangreicher Planungsvorhaben, 6. Auflage, Zürich 1988.

Daniels, A., Yeates, D., Erbach, K.: Grundlagen der Systemanalyse, 2., überarbeitete und erweiterte Auflage, Köln 1970.

Duden, Etymologie, Herkunftswörterbuch der deutschen Sprache, Band 7, Mannheim - München - Zürich 1963

Dyer, W.G.: Team Building, Issues and Alternatives, second edittion, Reading Mass. 1987.

Epple, K.: Theorie und Praxis der Systemanalyse, München 1979.

Felgentreu, K., Krasemann, H. Meßing J.: Entwicklungsstrategien. In: HMD, Handbuch der modernen Datenverarbeitung, Expertensysteme, Heft 147, Mai 1989.

Finkenzeller, Kracke, Unterstein: Systematischer Einsatz von SQL-ORACLE, Entwurf und Realisierung eines Informationssystems, Addison-Wesley (Deutschland) 1989.

Fitzgerald, J., Fitzgerald, A.: Fundamentals of Systems Analysis, Using Structured Analysis and Design Techniques, 3rd Edition, New York 1987.

Flechtner, H. J.: Grundbegriffe der Kybernetik, Stuttgart 1966.

Frese, M., Brodbeck, F.: Computer in Büro und Verwaltung, Psychologisches Wissen für die Praxis, Berlin - Heidelberg 1989.

Fuchs, H.: Systemtheorie. In: Grochla, E. (Hrsg.): Handwörterbuch der Organisation, Stuttgart 1969.

Goodman, D.: The complete HyperCard Handbook, Bantam Books, Toronto 1987.

Graef, M., Greiller, R.: Organisation und Betrieb eines Rechenzentrums, 2. überarbeitete Auflage, Stuttgart - Wiesbaden 1982.

Griese, J., Seibt, D.: Ergebnisse des Arbeitskreises Wirtschaftlichkeit der Informationsverarbeitung. In: Zfbf, Heft 7, 39. Jg. 1987.

Griese, J.: Die Bedeutung von Informationssystemen im internationalen Wettbewerb. In: Wirtschaftsinformatik, 2/90.

Grill, E.: Relationale Datenbanken, Vom logischen Konzept zur physischen Realisierung, Ziele - Methoden - Fallstudie, 3. überarbeitete und erweiterte Auflage, Hallbergmoos 1987.

Grochla, E. (Hrsg.): Handwörterbuch der Organisation, Stuttgart 1969.

Grochla, E.(Hrsg.): Organisationstheorie, 2. Teilband, Köln 1975.

Grochla, E.: Systemtheorie und Organisationstheorie. In: Grochla, E.:(Hrsg.): Organisationstheorie, 2. Teilband, Köln 1975.

Grupp, B.: Methoden der Istaufnahme und Problemanalyse, Arbeitstechniken für Mitarbeiter in EDV- und Büroprojekten, Wiesbaden 1987.

Gutzwiller, T.: Integrierte Beschreibung betrieblicher Informationssysteme, St. Gallen 1978.

Halal, W.: The New Capitalism, New York 1986.

Hanssmann, F.: Grundbegriffe der Unternehmensplanung: Versuch einer Abgrenzung und systemaren Verknüpfung. In: Die Betriebswirtschaft, 42, 1982.

Hanssmann, F.: Informatik-Strategie im Kielwasser der Unternehmensstrategie. In: Handbuch der modernen Datenverarbeitung, Strategische Planung der Informationsverarbeitung, Heft 154/1990.

Härder, T., Nelson, M., Puppe. F.:   Zur Kopplung von Datenbank- und Expertensystemen. In: Savory, S. E. (Hrsg.): Expertensysteme, State of the Art 3, München 1987.

Hartwig, T.: Portfolio-Analyse für das strategische Informationsmanagement. In: Information Management, 3/87.

Head, R. V.: Planning Techniques for Systems Management, Wellesley Hills 1984.

Heinen, E.: Das Zielsystem der Unternehmung, Grundlagen betriebswirtschaftlicher Entscheidungen, Wiesbaden 1966.

Heinen, E.: Unternehmenskultur, Perspektiven für Wissenschaft und Praxis, München - Wien 1987.

Heinrich, L., Roithmayr, F.: Wirtschaftsinformatiklexikon, 3. Auflage, München - Wien, 1989

Heinrich, L. J., Burgholzer, P.: Informationsmanagement, München 1987.

Heinrich, L., Burgholzer, P.: Systemplanung, Planung und Realisierung von Informations- und Kommunikationssystemen, Band 1 und Band 2, 4. überarbeitete und ergänzte Auflage, München - Wien 1989.

Heinrich, L.: Strategisches Informationsmanagement. In: Roithmayr, F. (Hrsg.): Der Computer als Instrument der Forschung und Lehre in den Sozial- und Wirtschaftswissenschaften, Wien - München 1989.

Heintel, P., Krainz, E.: Projektmanagement, Eine Antwort auf die Hierarchiekrise, 2. Auflage, Wiesbaden 1990.

Hershey, L., Eatman, J.L.: Why IS Execs Feel Left Out Of Big Decisions. In: Datamation, International Edition, May 15, 1990.

Hildebrand, K.: Software-Tools: Automatisierung im Software Engineering, Berlin - Heidelberg, 1990.

Hill, W., Fehlbaum, R., Ulrich, P.: Organisationslehre 1, Ziele, Instrumente und Bedingungen der Organisation sozialer Systeme, 3. verbesserte Auflage, Bern - Stuttgart 1981.

Hinterhuber, H., Plörer, V., Popp, W., Pucher, R.: Die EDV-unterstützte Erstellung von Planbilanzen für strategische Geschäftseinheiten. In: Strategische Planung, Bd. 2, 1986.

Hinterhuber, H.: Strategische Unternehmungsführung, I. Strategisches Denken, 4. Auflage, Berlin - New York 1989.

Hinterhuber, H.: Strategische Unternehmungsführung, II. Strategisches Handeln, 4. Auflage, Berlin - New York 1989.

Hinterhuber, H.: Zur Objektivierung strategischer Entscheidungen. In: Spremann/Zur (Hrsg.): Informationstechnologie und strategische Führung, Perspektiven und Anwendungen, Wiesbaden 1989.

Hofstadter, D. R.: Gödel, Escher, Bach, ein endlos geflochtenes Band, Kapitel X, Beschreibungen und Computersysteme, 9. Auflage, Stuttgart 1986.

Hoyer, R.: Die Kommunikationsstrukturanalyse als Werkzeug zur Planung eines Informations- und Kommunikationssystems, TU Berlin 1985.

Hoyer, R.: Modell einer Kommunikationsstrukturanalyse: Rechnergestützte Darstellung und Aufbau einer Organisationsstruktur, Online 87, 10. Europäische Kongreßmesse für Technische Kommunikation, Symposium 31, Hamburg 4.2. - 7.2. 1987.

Hüttenhain, T.: Managementregeln zur Einführung von Standardsoftware. In: Österle, H. (Hrsg.): Integrierte Standardsoftware: Entscheidungshilfen für den Einsatz von Softwarepaketen, Band 1: Managemententscheidungen, Hallbergmoos 1990.

Hüttner, M.: Betriebswirtschaftslehre, Einführung und Überblick, Berlin - New York, 1990.

IBM, Business Systems Planning, Executive Overview, GE20-0630-0, 1978.

IBM, Information Systems Planning Guide, GE20-0527-2, 1975, 1978.

Kerner, D. V.: Business Information Characterization Study, DATA BASE, 10(4), Spring 1979.

Kießling, W., Güntzer, U.: Deduktive Datenbanksysteme auf dem Weg zur Praxis. In: Informatik, Forschung und Entwicklung, Band 5, Heft 4, 1990.

Kirsch, W.: Unternehmenspolitik und strategische Unternehmensführung, München 1990.

Kirsch, W.: Unternehmenspolitik: Von der Zielforschung zum strategischen Management, München 1981.

König, W., Niedereichholz, J.: Der Fortschritt der Informationstechnik und seine Auswirkungen auf Managementtechniken. In: ZfB 56. Jg., 1986, Heft 1.

Koreimann, D. S.: Methoden der Informationsbedarfsanalyse, Berlin - New York 1976.

Kowal, J. A.: Analyzing Systems, Prentice Hall, Englewood Cliffs 1988.

Krallmann, H. (Hrsg.): Planung, Einsatz und Wirtschaftlichkeitsnachweis von Büroinformationssystemen, Berlin 1986.

Krcmar, H.: Computerunterstützung für Gruppen - neue Entwicklungen bei -Entscheidungsunterstützungssystemen. In: IM 3/88, 1988.

Kroeber-Riel, W.: Vorteile der Business Graphik: Zu den Wirkungen von Bild und Graphik auf das Entscheidungsverhalten. In: IM 3/86, 1986.

Krüger, W., Pfeiffer, P.: Strategisches Management von Informationen. In: Office Management 10/1987.

Krüger, W.: Organisation der Unternehmung, Stuttgart 1984.

Kuba, R. W.: Computergestützte Projektorganisation, Kompendium mit Arbeitsformularen, Köln 1987.

Kühnel, B., Partsch. H., Reinshagen, K.: Requirements Engineering, Versuch einer Begriffserklärung. In: Informatik Spektrum, August 1987, Band 10, Heft 6.

Kupper, H.: Zur Kunst der Projektsteuerung, Qualifikation und Aufgaben eines Projektleiters bei DV-Anwendungsentwicklungen, 5. Auflage, München - Wien 1988.

Kurbel, K.: Entwicklung und Einsatz von Expertensystemen, Eine anwendungsorientierte Einführung in wissensbasierte Systeme, Berlin - Heidelberg 1989.

Kurbel, K.: Wirtschaftsinformatik = Betriebswirtschaftslehre und/oder Informatik? Arbeitsbericht 6 Betriebsinformatik, Dortmund 1987.

Lehner, F.: Entwicklung von Informatik-Strategien, Paper, Institut für Wirtschaftsinformatik, Universität Linz 1989.

Lockemann, P., Schreiner, A., Trauboth, H., Klopprogge, M.: Systemanalyse, DV-Einsatzplanung, Berlin - New York 1983.

Lohmann, M.: Einführung in die Betriebswirtschaftslehre, 4. Auflage, Tübingen 1964.

Luhmann, H.: Zweckbegriff und Systemrationalität, Frankfurt a. M. 1973.

Maag, D.: Methoden resultieren aus dem Verständis ihres Entwicklers. In: Computerwoche Nr. 35, 1990.

MacMillan, I., Wiseman, C.: Creating Competitive Weapons from Information Systems, Journal of Business Strategy, Fall 1984.

Martin, J.: Computer Data-Base Organization, Prentice-Hall, Inc., Engelewood Cliffs, N.J., 1975.

Martin, J.: Einführung in die Datenbanktechnik, übersetzt und teilweise überarbeitet, München - Wien 1987.

Martin, J.: Manifest für die Informationstechnologie von Morgen. Econ Verlag Düsseldorf - Wien, 1985.

Martin, J.: Principles of Data-Base Management, Englewood Cliffs 1976.

Martiny, L., Klotz, M.: Strategisches Informationsmanagement, Bedeutung und organisatorische Umsetzung, München - Wien 1989.

Mauere, H., Tomek, I.: Some aspects of Hypermedia Systems an their treatment in Hyper-G. In: Wirtschaftsinformatik 2/90, April 1990, Braunschweig.

McFarlan, F. W.: Information technology changes the way you compete, Harvard Business Review Nr. 3, May-June 1984.

McNurlin, B. C.(Hrsg): Uncovering Strategic Systems, EDP Analyzer, October 1986, Vol. 24, No. 10, Montgomery Ave 1986.

Meffert, H.: Informationssysteme, Grundbegriffe der EDV und Systemanalyse, Düsseldorf 1985.

Meffert, H.: Strategische Unternehmensführung und Marketing: Beitrag zur marktorientierten Unternehmenspolitik, Wiesbaden 1988.

Meffert, H.: Systemtheorie aus betriebswirtschaftlicher Sicht. In: Schenk, K. (Hrsg.): Systemanalyse in den Wirtschafts- und Sozialwissenschaften, Berlin 1971.

Mertens, P., Schumann, M., Hohe U.:   Informationstechnik als Mittel zur Verbesserung der Wettbewerbsposition - Erkenntnisse aus einer Beispielsammlung. In: Spreman/Zur (Hrsg.): Informationstechnologie und strategische Führung, Wiesbaden 1989.

Mertens, P., Borkowski, V., Geis, W.: Betriebliche Expertensystemanwendungen, 2. völlig neu bearbeitete und erweiterte Auflage, Berlin Heidelberg 1990.

Mertens, P., Plattfaut, E.: Informationstechnik als strategische Waffe. In: Information Management, 2/86.

Mertens, P., Schumann, M., Hohe, U.: Nutzeffekte strategischer Informationsverarbeitung. In: Angewandte Informatik, Dezember 1988.

Mertens. P., Zeitler. P., Schumann, M., Koch, H.: Untersuchungen zum Nutzen-Kosten-Verhältnis der Büroautomation. In: Krallmann, H. (Hrsg.): Planung, Einsatz und Wirtschaftlichkeitsnachweis von Büroinformationssystemen, Berlin 1986.

Meyer-Piening, A.: IT ist ein Maßstab für Unternehmenserfolg. In: Computerwoche, 20. 11. 1987.

Moad, J.: Why You Should Be Making IS Allies. In: Datamation, International Edition, May 1, 1990.

Mock, A.: Wirtschaftskybernetische Erfahrungen in der Wirtschaftspraxis. In: Witte, T. (Hrsg): Wirtschaftskybernetik und Systemanalyse, Band II, Systemforschung und Kybernetik für Wirtschaft und Gesellschaft, Berlin 1986.

Moser, F.: Müssen Manager Datenbanken verstehen. In: Zeitschrift für Betriebswirtschaft, 53. Jg. 1983, Heft 3.

Müller-Wünsch, M.: Computer-assistiertes Strategie Audit - ein wissensbasiertes System zur Strategieberatung. In: Information Management, 2/89.

Nagel, K.: Nutzen der Informationsverarbeitung, Methoden zur Bewertung von strategischen Wettbewerbsvorteilen, Produktivitätsverbesserungen und Kosteneinsparungen, München - Wien 1988.

Neumair, H. (Hrsg.): State of the Art 6, Relationale Datenbanken, München - Wien 1989.

Nickel, E.: Computergestützte Projektinformationssysteme, Grundlagen einer anwendungsbezogenen Gestaltung mit besonderer Berücksichtigung des Großanlagenbaus, Idstein 1985.

Noth, T., Kretzschmar, M.: Aufwandschätzung von DV-Projekten, Darstellung und Praxisvergleich der wichtigsten Verfahren, Zweite Auflage, Berlin - Heidelberg 1986.

Orsey, R.: Methodologies for Determining Information Flow, IBM Corporation, 1972.

Österle, H. (Hrsg.): Integrierte Standardsoftware: Entscheidungshilfen für den Einsatz von Softwarepaketen, Band 1: Managemententscheidungen, Hallbergmoos 1990.

Österle, H., Heuer, K.: Planung und Realisierung eines Software-Entwicklungs-systems. In: Scheibl, H. (Hrsg.): Software-Entwicklungs-Systeme und -Werkzeuge Kolloqium 3. - 5. Setptember 1985, Ostfildern 1985.

Österle, H.: Entwurf betrieblicher Informationssysteme, München - Wien 1981.

Österle, H.: Erfolgsfaktor Informatik - Umsetzung der Informationstechnik in der Unternehmensführung. In: Information Management, 3/87.

Österle, H.: Unternehmensstrategie und Standardsoftware: Schlüsselentscheidungen für die 90er Jahre. In: Österle, H. (Hrsg.): Integrierte Standardsoftware: Entscheidungshilfen für den Einsatz von Softwarepaketen, Bd. 1: Managemententscheidungen, Hallbergmoos 1990.

Österle, H., Brenner, W., Hilbers, K.: Unternehmensführung und Informations-system, Stuttgart 1991.

Palffy, T.: Rechnergestützte Analyse der Beschreibung im Entwurf betrieblicher In-formationssysteme, St. Gallen 1985.

Pfeiffer, P.: Technologische Grundlage, Strategie und Organisation des Informa-tionsmanagements, Berlin - New York 1990.

Plattfaut, E.: DV-Unterstützung strategischer Unternehmensplanung, Beispiele und Expertensystemansatz, Berlin - Heidelberg 1988.

Popper, Karl: Die Logik der Sozialwissenschaften. In: Adorneo, T. W. (Hrsg.):
     Der Positivismusstreit in der deutschen Soziologie, Berlin 1967.

Porter, M., Millar, V.: How information gives you competitive advantage, Harvard
     Business Review, July-August 1985.

Porter, M., Millar, V.: Wettbewerbsvorteile durch Information, Harvard Manager,
     1/1986.

Porter, M.: How Competitive Forces Shape Strategy. In: Harvard Business
     Review Nr. 5, 1979.

Quiel, G.: Moderne DV-Anwendungssysteme methodisch entwickeln, Praxis-
     orientierte Verfahren für mittlere und kleine DV-Organisationen, Köln
     1983.

Riekhof, H. (Hrsg.): Strategieentwicklung, Stuttgart 1989.

Rockart, J. F.: Chief executives define their own data needs. In: Harvard Business
     Review, March - April 1979.

Rockart, J. F.: The Line Takes the Leadership - IS Management in a Wired
     Society. In: Information Management, 4/88.

Roithmayr, F. (Hrsg.): Der Computer als Instrument der Forschung und Lehre in
     den Sozial- und Wirtschaftswissenschaften, Wien - München 1989.

Roithmayr, F.: Controlling der Softwareentwicklung. Welcher Ansatz ist richtig?.
     In: Controlling, Heft 4, Juli 1989.

Roithmayr, F.: Controlling von Informations- und Kommunikationssystemen,
     München - Wien 1988.

Savory, S. (Hrsg.): Expertensysteme, State of the Art 3, München 1987.

Savory, S.: Expertensysteme: Nutzen für ihr Unternehmen, Ein Leitfaden für Ent-
     scheidungsträger, München - Wien 1987.

Savory, S.: Künstliche Intelligenz und Expertensysteme, Ein Forschungsbericht
     der Nixdorf AG, 2. Auflage, München - Wien 1985.

Scheer, A. W. et al (Hrsg.): Betriebliche Expertensysteme I, Einsatz von Experten-
     systemen in der Betriebswirtschaft - Eine Bestandsaufnahme, Wiesbaden
     1988.

Scheer, A. W.: EDV-orientierte Betriebswirtschaftslehre, Grundlagen für ein effi-
     zientes Informationsmanagement, vierte, völlig neu bearbeitete Auflage,
     Berlin - New York 1990.

Scheer, A. W.: Wirtschaftsinformatik, Informationssysteme im Industriebetrieb,
     zweite, verbesserte Auflage, Berlin - Heidelberg 1988.

Scheer, A.W., Steinmann, D.: Einführung in den Themenbereich Expertensysteme. In: Scheer, A. W. et al (Hrsg.): Betriebliche Expertensysteme I, Einsatz von Expertensystemen in der Betriebswirtschaft - Eine Bestandsaufnahme, Wiesbaden 1988.

Schenk, K. (Hrsg.): Systemanalyse in den Wirtschafts- und Sozialwissenschaften, Berlin 1971.

Schertler, W.: Unternehmensorganisation, 3. Auflage, München - Wien 1988.

Schlageter, G., Stucky, W.: Datenbanksysteme: Konzepte und Modelle, 2. neubearbeitete und erweiterte Auflage, Stuttgart 1983.

Schlierenbeck, H.: Grundzüge der Betriebswirtschaftslehre, 9., völlig überarbeitete und erweiterte Auflage, München-Wien 1987.

Schmidt, R.: Expertensysteme zur Unterstützung der strategischen Planung. In: Spremann/Zur (Hrsg.): Informationstechnologie und strategische Führung, Wiesbaden 1989.

Schneider, H.J. (Hrsg.): Lexikon der Informatik und Datenverarbeitung, 2. Auflage, München 1986.

Schneider, U.: Projektmanagement, Arbeitsunterlage, Innsbruck 1990.

Schultze, D.: Weniger Komplexität durch Redundanzen. Geschäftsfallorientierte Systementwicklung macht große Systeme überschaubar. In: Computerwoche, 10. März 1989.

Selig, J.: EDV-Management, Eine empirische Untersuchung der Entwicklung von Anwendungssystemen in deutschen Unternehmen, Berlin - Heidelberg 1986.

Sen, A., Kerschberg, L.: Enterprise modeling for database specification and design. In: Data & Knowledge Engineering 2, North Holland 1987.

Shlaer, S., Mellor, S.: Object-Oriented Systems Analysis, Modeling the World in Data, Englewood Cliffs 1988.

Shneiderman, B., Kearsley, G.: Hypertext Hands-On, An Introduction to a New Way of Organizing and Accessing Information, Addison-Wesley Publication 1989.

Shneiderman, B.: Software Psychology - Human Factors in Computer and Information Systems, Winthrop, Cambridge 1980.

Siemens, (Hrsg.): Organisationsplanung, Planung durch Kooperation, 6. Auflage, München 1984.

Simon, H.: Management strategischer Wettbwerbsvorteile. In: ZfB 58. Jg., 1988, Heft 4.

Snellman, T.: Weichen für die 90er Jahre. In: Computerwoche Extra, Ausgabe Nr. 3, 1989.

Sommerlatte, T.: Jenseits von Darwin und Schumpeter. In: Arthur D. Little International (Hrsg.): Management des geordneten Wandels, Wiesbaden 1988.

Spremann/Zur (Hrsg.): Informationstechnologie und strategische Führung, Perspektiven und Anwendungen, Wiesbaden 1989.

Stäehle, W.H.: Management: Eine verhaltenswissenschaftliche Perspektive, 4. neubearb. Auflage, München 1989.

Statland, N.: Controlling Software Development, A Guide for Information Resource Managers, New York 1986.

Steinbuch, P., Moos, A.: EDV - besser und billiger, Köln 1985.

Steinmann, H., Schreyögg, G.: Strategische Kontrolle, Unsicherheit und Flexibilität. In: Ballwieser, W., Berger, K.H. (Hrsg.): Information und Wirtschaftlichkeit, Hannover 1985.

Turban, E.: Decision Support and Expert Systems, Management Support Systems, Second Edition, New York 1988.

Ulrich, H., Probst, G.: Anleitung zum ganzheitlichen Denken und Handeln, Bern - Stuttgart 1988.

Ulrich, H.: Die Unternehmung als produktives, soziales System, Grundlagen der allgemeinen Unternehmenslehre, Stuttgart - Bern 1970.

Unterstein, M.: Systemanalyse und Datenbankentwurf. In: Computer Magazin, 9/90.

Vesely, E.: Strategic Data Management, Englewood Cliffs 1990.

Vetter, M.: Aufbau betrieblicher Informationssysteme mittels konzeptioneller Datenmodellierung, 5. durchgesehene Auflage, Stuttgart 1989.

Vetter, M.: Strategie der Anwendungssoftware-Entwicklung, Planung, Prinzipien, Konzepte, Stuttgart 1988.

Walther, A.: Einführung in die Wirtschaftslehre der Unternehmung, 1. Bd., 2. Auflage, Zürich 1959.

Wender, J.: Strategische Informationssystemplanung, Diplomarbeit Bd. 1, Institut für Wirtschaftsinformatik, Innsbruck 1991.

Wild, J.: Grundlagen der Unternehmensplanung, 4. Auflage, Reinbek bei Hamburg 1982.

Winograd, T., Flores, F.: Understanding Computers and Cognition, A New Foundation for Design, Reading Mass. 1987.

Wiseman, C.: Strategic Information Systems, Illinois 1988.

Wöhe, G.: Einführung in die allgemeine Betriebswirtschaftslehre, 14. überarbeitete Auflage, Saarbrücken 1981.

Yourdon, E.: Managing the System Life Cycle, second edition, Englewood Cliffs 1988.

Yourdon, E.: Modern Structured Analysis, Englewood Cliffs 1989.

Zehnder, C. A.: Informatik-Projektentwicklung, Zürich 1985.

Zehnder, C. A.: Informationssysteme und Datenbanken, 4. Auflage, Stuttgart 1987.

Zelewski, S.: Einsatz von Expertensystemen in den Unternehmen, Anwendungsmöglichkeiten, Bewertungsaspekte und Probleme künstlicher Intelligenz, Stuttgart 1989.

Index